本书由河南师范大学学术出版基金、河南师范大学青少年问题研究中心、河南省社会工作与社会治理软科学研究基地资助。

城乡居民基本养老保险财政投入责任分担机制研究

海 龙 尹海燕 著

中国财经出版传媒集团
中国财政经济出版社

图书在版编目（CIP）数据

城乡居民基本养老保险财政投入责任分担机制研究／海龙，尹海燕著．－－北京：中国财政经济出版社，2020.11

ISBN 978－7－5095－9938－9

Ⅰ.①新… Ⅱ.①海… ②尹… Ⅲ.①农村－社会养老保险－财政支出－投入机制－研究－中国 Ⅳ.①F842.612

中国版本图书馆CIP数据核字（2020）第136073号

责任编辑：胡　博　　　　　责任印制：刘春年
封面设计：孙俪铭　　　　　责任校对：张　凡

中国财政经济出版社 出版

URL：http://www.cfeph.cn

E-mail：cfeph@cfemg.cn

（版权所有　翻印必究）

社址：北京市海淀区阜成路甲28号　邮政编码：100142
营销中心电话：010－88191522
天猫网店：中国财政经济出版社旗舰店
网址：https://zgczjjcbs.tmall.com
北京财经印刷厂印刷　各地新华书店经销
成品尺寸：170mm×240mm　16开　17.5印张　296 000字
2020年11月第1版　2020年11月北京第1次印刷
定价：78.00元
ISBN 978－7－5095－9938－9
（图书出现印装问题，本社负责调换，电话：010－88190548）
本社图书质量投诉电话：010－88190744
打击盗版举报热线：010－88191661　QQ：2242791300

前　言

　　经过长期的探索、改革与发展，以农村居民为主体的城乡居民基本养老保险制度已成为世界上覆盖人口最多的社会养老保险制度。目前，城乡居保正处在"从有到优"的转变关键期。在新的阶段，居民对城乡居保的期待更高，对城乡居保公共财政投入机制有更高的要求。城乡居保财政投入主要由中央政府和地方政府共担，因而，城乡居保财政投入责任分担机制合理与否对城乡居保制度影响深远。尤其是在人口老龄化加剧和养老金福利刚性的影响下，中央政府和地方政府的财政投入责任应如何界定并合理分担，以确保各级政府财政对城乡居保制度的有效支持，应该引起全社会的高度关注。

　　城乡居保财政投入责任由多级政府分担。从筹资责任分担方式来看，针对中西部地区，中央政府承担了中西部基础养老金最低标准的所有资金。对于东部地区，中央政府仅承担最低标准基础养老金的一半，另一半则由东部地区地方政府进行筹资。可见，在基础养老金资金投入方面，中央政府采取了差异化的财政投入方式。在参保补贴方面，省、市、县之间的财政投入责任分担方式也不尽相同，具体可归纳为"一视同仁"型、"区别对待"型和"相机行事"型。因而，城乡居保财政投入责任分担机制合理与否将直接决定参保居民能否享受均等的公共服务。从目前城乡居保制度的运行实践来看，城乡居保财政投入分担机制设计不合理的负面效应已经凸显。研究发现，不论是中央政府财政投入分担政策，还是地方政府间财政投入责任分担政策，均在一定程度上使部分地区陷入财政负担苦乐不均的困境。城乡居保财政投入分担机制不合理严重损害了城乡居保财政投入的稳定性。

　　同时，城乡居保财政投入方式直接决定了财政投入资金使用用途和投入方向，这不仅决定了城乡居保财政投入责任分担的形式，而且直接影响了城乡居保财政投入责任分担机制的运行效率。研究发现，现行城乡居保财政投入方式效果并不理想。地方财政投入是城乡居保个人账户资金的主要来源，但是地方财政投入激励居民"多缴多得"的效果不仅没有达到，反而出现逆向补贴、投入资金贬值等问题。地方财政投入资金如同进入"漏桶",出现效率和公平双重损失。城乡居保社会统筹账户资金主要来源于中央财政投入,现实问题是财政资金支撑的基础养老金难以有效保障老年人的生存需要,且各省的基础养老金替代率存在较大的差别,中央财政投入支持的基础养老金缺乏公平。

鉴于此,完善城乡居保财政投入责任分担机制,应坚持城乡统筹和顶层设计的原则、公平与效率相协调的原则。在坚持城乡统筹和顶层设计的原则方面,贝弗里奇报告提出了社会保障改革与发展三条指导性原则。第一条原则是:"在规划未来的时候,既要充分利用过去积累的丰富经验,又不要被这些经验积累过程中形成的部门利益所限制。世界历史上的划时代时刻属于破旧立新的变革,而不是头疼治头、脚痛治脚的改良。"尽管我国城乡居保制度取得快速发展,但当前制度尚未成熟与定型。因而,城乡居保财政投入责任分担的设计需要充分考虑养老金待遇水平、财政投入方向、政府财政事责和财力的匹配度等关键环节,实现财政投入机制相关构件能够围绕制度目标形成有机衔接、关联和匹配;在公平与效率相协调的原则方面,城乡居保财政投入责任分担机制实质上是在既定的财政资源下,中央政府和地方政府如何来承担相应的财政责任,既确保参保居民享受大致均等的公共服务,又确保财政事责与自身财力匹配。因此,城乡居保财政投入责任分担机制首要强调公平,确保各地参保居民享受大体一致的城乡居保公共服务,确保城乡居保待遇水平的均等化,从而为城乡养老保险全国统筹做好铺垫。效率则体现为中央政府和地方政府财政投入责任要明晰,特别是省、市、县政府财政责任分担明确,这主要由城乡居保公共产品的层次性所决定。在坚持上述原则的基础上,为优化城乡居保财政投入责任分担机制,应采取以下举措:首先,应进一步加大政府财政投入力度,助力乡村振兴和缩小城乡养老待遇水平差距。缺乏稳定、充足的财政资金投入,任何科学合理的财政投入责任分担机制都将是"空中楼阁"。在全面推行乡村振兴战略的大背景下,需要政府进一步加大财政支农力度,尤其是欠账较多的农村民生领域更是财政投入的重点,这既是弥补"三农"福利损失的需要,也是满足居民"老有所养"美好生活的需要。其次,科学界定城乡居保财政投入责任,确保各级政府财政投入责任的法制化。科学界定各级政府财政投入责任并加以法制化是确保城乡居保财政投入责任分担机制有效落实的前提。最后,实现政府间财政投入事权与财力的匹配,促进社会公平。实现政府间财政投入事权与财力的匹配是城乡居保财政投入分担机制的基本目标,也是城乡居保财政投入分担机制持续运行的根本保障。

目　　录

1　绪　　论 ·· 1
　　1.1　研究背景与研究意义 ··· 1
　　1.2　国内外文献综述 ··· 6
　　1.3　研究思路与研究方法 ··· 25
　　1.4　研究内容 ·· 26
　　1.5　创新点与不足 ·· 28

2　城乡居保财政投入责任分担的理论基础 ································· 31
　　2.1　城乡居保财政投入责任分担机制的内涵 ······················· 31
　　2.2　城乡居保财政投入责任分担的学理基础 ······················· 39
　　2.3　城乡居保财政投入责任分担的综合效应 ······················· 47
　　2.4　本章小结 ·· 48

3　城乡居保财政投入政策的嬗变 ·· 50
　　3.1　我国城乡居保制度的变迁与评估 ·································· 50
　　3.2　城乡居保财政投入政策的演变 ····································· 56
　　3.3　现行城乡居保财政投入政策 ·· 72
　　3.4　本章小结 ·· 84

4　城乡居保财政投入的总量与结构 ··· 85
　　4.1　我国城乡居保财政投入的总量 ····································· 85
　　4.2　城乡居保财政投入的结构 ··· 93
　　4.3　城乡居保财政投入责任的比较与评估 ··························· 105

4.4 本章小结 ······ 111

5 城乡居保财政投入政策的认知度与满意度分析 ······ 112
   5.1 调查实施说明与样本描述 ······ 113
   5.2 城乡居保财政投入政策的认知度及影响因素分析 ······ 115
   5.3 城乡居保财政投入责任的满意度及影响因素分析 ······ 127
   5.4 本章小结 ······ 137

6 城乡居保财政投入责任分担机制的类型与评估 ······ 139
   6.1 城乡居保财政投入责任分担机制的内容与类型 ······ 140
   6.2 城乡居保财政投入责任多级分担的理论阐释 ······ 149
   6.3 城乡居保政府层级间财政投入负担分析 ······ 152
   6.4 城乡居保财政投入责任分担机制均等化效应评估 ······ 159
   6.5 地方政府财政投入责任分担机制类型及其均等化效应 ······ 166
   6.6 城乡居保财政投入责任分担机制问题的成因 ······ 173
   6.7 本章小结 ······ 179

7 城乡居保财政投入责任分担机制改革 ······ 181
   7.1 现行城乡居保财政投入方式的困境 ······ 182
   7.2 非缴费型基础养老金制度的确立 ······ 190
   7.3 非缴费型基础养老金待遇水平厘定 ······ 197
   7.4 非缴费型基础养老金财政投入责任分担机制设计 ······ 202
   7.5 非缴费型基础养老金财政投入规模测算与评估 ······ 206
   7.6 本章小结 ······ 220

8 国外养老保障财政投入的实践与启示 ······ 221
   8.1 欧洲典型国家养老保险财政投入实践 ······ 223
   8.2 亚洲典型国家养老保障财政投入实践 ······ 227
   8.3 拉丁美洲典型国家养老保障财政投入实践 ······ 231
   8.4 非洲典型国家养老保障财政投入现状 ······ 234
   8.5 国外养老保障财政投入经验总结 ······ 238
   8.6 本章小结 ······ 242

9 优化城乡居保财政投入责任分担机制的原则与方略 …………… 244

    9.1 优化城乡居保财政投入责任分担机制的原则 …………… 244

    9.2 优化城乡居保财政投入责任分担机制的方略 …………… 248

参考文献 ……………………………………………………………… 256
后　　记 ……………………………………………………………… 270

1 绪 论

1.1 研究背景与研究意义

1.1.1 研究背景

党的十九大报告提出:"按照兜底线、织密网、建机制的要求,全面建成覆盖全民、城乡统筹、权责清晰、保障适度、可持续的多层次社会保障体系。"[①] 这明确了新时代我国社会保障制度建设的基本方向和工作重点。经过30多年的探索、改革与发展,我国覆盖城乡居民的社会保障体系已基本建成,基本实现全体国民"人人享有社会保障",让全体人民在共建共享发展中的安全感、获得感与幸福感不断提升。党的十八大以来,我国社会保障制度建设取得了较快发展,尤其是社会保障扩面工作受到国际社会的广泛认可。2016年,国际社会保障协会(ISSA)将"社会保障杰出成就奖"授予中国。我国社会保障扩面工作取得举世无双成就的关键在于以农村居民为主体的城乡居民基本养老保险(以下简称城乡居保)的确立和快速发展。2009年9月,新型农村社会养老保险(以下简称新农保)试点启动,2012年新农保已实现制度全覆盖,比预计时间提前了8年。人力资源和社会保障事业发展统计公报最新数据显示,2018年末,我国城乡居民基本养老保险参保人数已逾5.2亿,领取养

[①] 习近平. 决胜全面建成小康社会 夺取新时代中国特色社会主义伟大胜利: 在中国共产党第十九次全国代表大会上的报告[EB/OL]. http://cpc.people.com.cn/n1/2017/1028/c64094-29613660.html, 2019-7-3.

老金待遇人口近 1.6 亿人①。可见，城乡居保制度的确立和发展是中国社会保障发展进程中的里程碑事件。

近 10 年以来，特别是在党的十六大之后，在各级政府财政的有力支持下，我国社会保障快速发展。新型农村合作医疗制度、农村最低生活保障制度、新型农村社会养老保险制度先后确立。与新农合和农村低保制度相比，只有面向农民的社会养老保险是从无到有，填补了社会保障制度的空白②。社会养老保险是农村社会保障制度的主体构成部分。受财政支持缺位、制度设计缺陷、农村传统养老文化等因素的影响，我国农村社会养老保险长期处于缺位的状态，民政部主导的"老农保"发展缓慢且历经波折。要实现全面建成覆盖城乡居民社会保障体系的目标，建立健全农村社会养老保险制度成为一项重要、迫切而又艰巨的任务。我国农村社会养老保险发轫于 20 世纪 80 年代末，社会各界探索农村社会养老保险的过程可谓一波三折。1992 年《县级农村社会养老保险基本方案（试行）》的颁布标志着老农保试点开始推行。该时期农村社会养老保险试点工作由民政部主导。遗憾的是，老农保并未实现预期目标。1998 年国务院叫停老农保试点工作。老农保停滞的根本原因在于其最终异化为一项自我储蓄保险制度，挫伤了农民参保的积极性。老农保失败的因素有很多，最为关键的因素在于当时政府财政支持的缺位。尽管老农保失败了，但各地政府仍积极探索科学的农村社会养老保险制度，以应对农村土地保障功能弱化、家庭原子化、人口老龄化带来的养老问题。在总结老农保失利的基础上，部分地区逐步开始探索财政补贴农村社会养老保险的举措，其中北京、广州、江苏等地的做法取得了较好的效果。在充分总结地方农村社会养老保险经验的基础上，2009 年，国务院出台了《关于开展新型农村社会养老保险试点的指导意见》（以下简称《指导意见》），《指导意见》规定："探索建立个人缴费、集体补助、政府补贴相结合的新农保制度。"明确政府财政补贴责任成为我国城乡居民基本养老保险发展历程中的关键，标志着我国财政补贴型社会养老保险制度的真正确立。同时，明确政府的财政支持也是新农保与老农保最为显著的差别。2014 年新农保和城镇居民基本养老保险并轨，统一的城乡居民基本养老保险制度确立。至此，新农保制度演化为城乡居民基本养老保险制度。

---

① 中华人民共和国人力资源与社会保障部. 2018 年度人力资源和社会保障事业发展统计公报 [EB/OL]. http://www.mohrss.gov.cn/SYrlzyhshbzb/zwgk/szrs/tjgb/201906/t20190611_320429.html, 2019 - 7 - 28.

② 郑功成. 中国新型社保制度建设的重要里程碑：论城乡居民养老保险制度的建立与发展 [J]. 中国社会保障, 2016（3）：28 - 31.

回顾城乡居保的发展进程,城乡居保制度从无到有,政府财政责任逐渐从缺失到归位。城乡居保制度离不开政府财政支持已成为社会各界的共识,明确政府财政责任是城乡居保制度的最大亮点,设置财政投入方式、财政补贴标准,财政投入责任分担机制为城乡居保制度成功落地奠定基础。在城乡居保制度发展过程中,政府"真金白银"的财政投入更是城乡居保取得迅猛发展的核心因素。目前,我国城乡居保制度正处在"从有到优"转变的关键期。在新的阶段,广大城乡居民对城乡居保制度的期待更高,对政府公共财政投入有更高的要求。值得注意的是,当前我国经济发展面临诸多风险挑战,国内经济下行压力加大,财政收入高速增长的态势难以维系,这也给城乡居保财政投入带来深刻影响。城乡居保财政投入主要由中央政府和地方政府共担,因而,城乡居保财政投入责任分担机制对城乡居保制度影响深远。受人口老龄化加剧和社会保障福利刚性的影响,城乡居保财政投入规模将会不断增加。中央政府和地方政府的财政投入责任应如何界定并合理分担,以保障各级政府财政对城乡居保制度的有效支持,应该引起社会各界的高度关注。鉴于此,需要从理论上深入探讨城乡居保财政投入责任分担的必要性与责任分担的目标定位。在实践中,分析城乡居民对城乡居保财政投入责任的认知度和满意度,评估现行城乡居保财政投入责任分担机制的效果。最关键的是在我国养老保险全国统筹的大背景下,城乡居保财政投入责任机制如何保障城乡居民享受大致均等的基础养老金,并实现各级政府财力和事权的匹配。因而,亟待加强对城乡居保财政投入责任分担机制的研究,以确保城乡居保制度的稳定和持续发展。

1.1.2 研究意义

当前城乡居保制度已成为世界上覆盖人口最多的养老保险制度,其对健全中国社会保障体系具有重要意义,而且对全球社会保障的发展产生了积极的影响。城乡居保制度实现了社会养老保险制度从面向职业劳动者到面向全民、从市民专利到覆盖全民的重大转变。同时,这一制度安排动员了国家财政特别是中央财政资源,对缩小城乡差距具有特别的意义[①]。可见,城乡居保制度成功与否事关全面建成覆盖城乡居民的社会保障目标的实现。当前,城乡居保财政

---

① 郑功成. 中国新型社保制度建设的重要里程碑:论城乡居民养老保险制度的建立与发展[J]. 中国社会保障, 2016(3): 28-31.

投入已取得社会各界的广泛共识。然而，现行财政投入责任分担机制能否适应新时期城乡居保制度迈向更高质量发展的要求？中央、省、市、县多级政府的财政投入责任应该如何界定并合理分担以适应我国区域经济社会发展不平衡、不充分的客观现实？系统研究城乡居保财政投入责任多级分担的理论与实践，构建与我国现阶段经济社会现实相适应，同养老保障全国统筹、适度保障水平目标相契合的城乡居保财政投入责任分担机制，具有重要的理论和现实意义。

1.1.2.1　学术意义

（1）城乡居保财政投入责任分担机制涉及社会保障学、公共财政学、公共政策学等学科。通过多学科理论，不仅能够拓展城乡居保财政投入政策的研究视角，而且可以促进不同学科对城乡居保财政投入责任分担政策的关注和研究，进而推动社会保障学、公共财政学、公共政策学等多学科的交叉融合发展。

（2）本书主要是从财政分权层面考量城乡居保财政投入责任分担问题。运用公共物品层次理论、公共财政理论阐释城乡居保财政投入责任分担的必要性与合理性。公共物品层次理论与财政分权理论揭示了城乡居保财政投入责任分担的效率目标，基于公共服务均等化理论和财政地位均等化理论论述了城乡居保财政投入责任分担机制的公平追求。在此基础上，进一步分析城乡居保财政投入机制可能带来的协同效应与社会和谐效应。上述研究有助于加深对各层级政府财政投入责任分担的理解，对丰富和发展城乡居保财政投入理论具有重要的学术价值。

1.1.2.2　应用价值

（1）研究城乡居保财政投入责任分担机制，是落实党的十九大报告中"完善城乡居民基本养老保险制度"和"建立权责清晰、财力协调、区域均衡的中央和地方财政关系"的重要举措。自新农保试点以来，我国逐步建立了城乡居保基础养老金政策调整机制和缴费补贴调整机制，这对完善城乡居保制度发挥着重要的作用。然而，城乡居保财政投入责任分担机制一直未调整。从目前城乡居保制度运行实践来看，城乡居保财政投入分担机制不合理的负面效应已经凸显，很大程度上诱发了地方政府财政投入的随意性，损害了城乡居保财政投入的稳定性。城乡居保基础养老金待遇水平和缴费补贴标准的调整均需要城乡居保财政投入责任分担机制的配合。未来城乡居民对城乡居保的预期将逐渐提高，基础养老金水平将逐渐提升，中央和地方政府如何合理分担基础养老金财政投入责任，以保障基础养老金调整机制的落实，是亟待解决的现实问题。因而，要对现行城乡居保财政投入责任分担机制进行评估，尝试设计财力与事权相匹配的财政投入责任分担机制，以实现城乡居保各级政府财政投入责任的明晰化、制度化，是落实十九大报告中"完善城乡居民基本养老保险制度"和"加快建立现代财政制度，建立权责清晰、财力协助、区域均衡的中央和地方财政关系"的重要举措。

（2）城乡居保财政投入责任分担机制直接影响城乡居保制度的持续运行。城乡居保已提前完成实现制度全覆盖的目标，如何实现可持续发展是今后城乡居保制度的重要任务。城乡居保制度可持续发展的关键在于资金来源稳定。在个人缴费、集体补助、财政投入的筹资来源中，个人缴费短期难以大幅提高，集体补助资金"有名无实"，财政投入成为稳定城乡居保制度的"定海神针"。在城乡居保财政投入责任分担体系中，中央财政和地方财政分别有不同的分工。从目前来看，中央财政实力较为雄厚，具备持续财政投入的能力；而地方政府财政投入资金面临着诸多的不确定性，特别是贫困地区基层政府财政投入资金能否直接及时投入城乡居保，将直接影响城乡居保制度的发展。因而，合理分担中央政府和地方政府的财政责任，确保地方政府财政具备持续投入城乡居保制度的能力，实现财力与事责的协调，是确保城乡居保制度可持续发展的关键。

（3）合理的城乡居保财政投入责任分担机制能有效缩小城乡与区域收入分配差距。中共中央、国务院印发的《乡村振兴战略规划（2018—2022年）》认为，城乡差距是我国经济发展不平衡和不充分的主要表现[①]。当前，农村居民是城乡居保制度的参保主体。缩小城乡差距，推进城乡基本公共服务均等化是满足城乡居民美好生活的重要路径。改革开放以来，城乡收入差距扩大的趋势尚未扭转，农村基本公共服务长期发展滞后，特别是农村大量青壮年进城离乡，年龄偏大的人口滞留农村，人口老龄化问题非常突出，家庭养老难以维系，必须建立城乡居保制度，让农村居民享受同城镇职工一样的养老保障权益。转移支付和社会保障是缩小收入分配差距的重要手段。城乡居保财政投入

---

① 中国共产党中央委员会，中华人民共和国国务院. 乡村振兴战略规划（2018—2022年）[EB/OL]. http：//www.gov.cn/zhengce/2018-09/26/content_5325534.htm，2019-7-10.

机制直接通过财政补贴的形式让城乡老年人享受基础养老金,体现了中央财政向农村地区的转移支付,其对缩小城乡居民收入具有积极的意义。同时,合理的城乡居保财政投入分担机制能够缩小地区差距。在保障落后地区居民养老保障权益的基础上,合理的投入责任分担机制能够直接降低财政实力较弱政府的财政负担,从而有效缩小地区差距。

(4)研究城乡居保财政投入责任分担机制有助于提升财政投入资金的使用效率。受中美贸易摩擦和新冠病毒疫情的影响,当前我国经济发展的压力较大。为有效应对我国经济下行压力,往往需要扩张性财政政策稳定经济。不论是降税减费,还是扩大财政支出,都会直接或间接增加财政支出的压力。财政部公布的2019年上半年财政收支数据显示:在财政收入方面,全国一般公共预算收入107846亿元,同比增长3.4%;在财政支出方面,全国一般公共预算支出123538亿元,同比增长10.7%[①]。3.4%的增速是近10年来我国财政收入的低点,而财政预算支出却保持着10%左右的增长。在此背景下,需要提高财政支出效率。作为财政投入项目,实现城乡居保财政投入资金的帕累托最优,需要权责清晰的城乡居保财政投入责任分担机制来保障。优化城乡居保财政投入责任分担机制,对提升城乡居保财政投入资金使用效率,适应新时代财政"新常态"具有重要的现实意义。

1.2 国内外文献综述

1.2.1 国外文献综述

我国城乡居民基本养老保险主要包括新农保和城镇居民基本养老保险。其中,新农保是城乡居民基本养老保险的主体。为全面梳理城乡居保制度研究现状,本书重点介绍农村社会养老保险和城乡居保的相关文献。国外学者对农村社会养老保险的关注比较少,现有文献主要聚焦于发展中国家农村社会养老保险,有关农村社会养老保险财政投入和财政投入责任分担的文献寥寥可数。该情况主要受以下因素的影响:首先,欧洲是社会养老保险的发源地,且欧美国

---

① 中华人民共和国财政部. 2019年上半年财政收支情况 [EB/OL]. http://gks.mof.gov.cn/zhengfuxinxi/tongjishuju/201907/t20190716_3301309.html, 2019-7-10.

家经济较为发达,第二次世界大战后欧美大多数国家纷纷建立了城乡统一的社会养老保险制度。同时,欧美国家不存在显著的城乡二元结构,因而,很少有二元结构的社会养老保险制度。尽管一些国家为农民单独建立社会养老保险,如德国、法国等,但这些国家的农民享受的养老金待遇标准与城市其他行业职工的社会养老保险待遇标准并无显著的差别,农民能够获得与城市居民大致相当的养老保险待遇。其次,相比发展中国家,欧美国家的农村人口数量少,农民占全国人口的比重低。从社会养老保险覆盖的人口规模来看,欧美国家确立社会养老保险的经济成本较低,同时,欧美国家也具备承担社会养老保险的经济能力。而发展中国家往往农村人口数量多,且经济社会发展的底子比较差,政府财政实力薄弱,农民增收困难,构建农村社会养老保障制度困难重重。因而,有关发展中国家农村社会养老保障制度的研究文献比较多。需要指出的是,世界银行、亚洲开发银行等国际组织和一些国外学者也表现出了对我国新农保制度建设的兴趣,并开展了一些研究。

亚洲开发银行长期以来关注中国农村社会养老保险制度,并为农村养老保险提供制度设计方案。早在2000年,亚洲开发银行援助项目就在山东、湖北和云南三省分别选取了四个市县进行调研,评估了当时的农村社会养老保险制度,认为民政部通过的《基本方案》是比较现实的。尽管当时的农村养老保险设计具有一定的局限性,类似于一种组织化的储蓄,但它是一个可行的方案,适合经济条件较好的地区。同时,在对当时养老金政策环境条件进行分析的基础上,亚洲开发银行提出了填补农村老年保障空白的行动计划。主要建议有:中国农村应该建立公共养老金,养老保障计划是可行的,但要考虑到中国不同地区巨大的经济差异。可将地区划分为富裕、中等、贫困三类,分别设计老年保障体系。贫困地区不建立养老金计划,着重依赖传统的扶贫和救助政策;中等地区建立农村低保政策;富裕地区建立养老保险计划[①]。2009年我国开展新农保试点之后,亚洲开发银行又重点考察了农村居民参与新农保状况与财政补贴的可持续性,还通过全国层面和典型新农保试点调查,建立了政策分析的基础数据库[②]。

世界银行一直关注发展中国家的社会保障改革,所提出的改革方案对包括

[①] ADB, "Old-Age Pensions for the Rural Areas: from Land Reform to Globalization", Asia Development Bank, Manila. 2000.

[②] ADB, "Technical Assitance to People's Republic of China: Rural Pension Reform", Asia Development Bank. Manila. 2009.

中国在内的发展中国家产生了重要的影响。2013年世界银行出版了有关中国养老金制度改革最新著作《China's Pension System：A Vision》。该著作在第一个附录中详细论述新农保制度，在考察我国农村社会养老保险制度发展历史的基础上，指出新农保制度基金管理层级低、个人账户收益率低等问题，认为应该在充分性（Adequacy）、可持续性（Sustainability）、可支付性（Affordability）、多层次性（Multilayered）的指导原则下重新设计新农保制度，新的农村养老保险方案设计为双支柱计划：第一支柱是缴费型的社会养老金（Citizen's Social Pension，CSP），旨在为农村贫困老年人提供基本养老保障，待遇标准应高于各地的低保水平；第二支柱是自愿性的个人年金计划（A Voluntary Individual Retirement Insurance Scheme，VIRIS），该计划是自愿性的，农村居民可灵活地按月、年等缴费，同时政府对缴费给予补助，政府应确保个人账户的回报率，以防止养老金贬值风险（World Bank，2013）[1]。Herd Richard，Yu-Wei Hu，Vincent Koen（2010）认为新农保的出台进一步加剧了中国养老保险制度的碎片化。根据现行新农保制度的规定，新农保的养老金替代率非常低，经预测替代率还将进一步降低，加上家庭养老能力的弱化，新农保的可持续性堪忧。此外，中国老年人口主要集中在农村，地方政府不得不承担更多的财政负担，那些财政吃紧的地区并没有足够财力来支撑。因而，中央政府应该加大对地方财政负担较重地区的转移支付力度[2]。Shen C，Williamson J B（2005）则论述了中国建立新型农村社会养老保险的原因，介绍新农保制度内容和制度特征，指出新农保存在覆盖水平不均衡、保障水平较低、受益人界定不合理等问题，尽管中国政府已为农村社会养老保险的建设付出了巨大的努力，但为了解决存在的结构性问题，应该建立一个适度的社会养老金计划作为个人账户制度的补充[3]。

国际助老协会（Help Age International）是一个从事老年人研究的非政府国际组织。国际助老协会与中国人民大学联合对宝鸡新农保试点进行调研，并发布了调查报告。报告显示，参保农村居民普遍对新农保持赞赏态度，认为养

---

[1] World Bank. China's Pension System：A Vision. 2013.

[2] Herd Richard，Yu-Wei Hu，Vincent Koen. "Providing greater old-age security in China". OECD working paper. http：//www.oecd.org/china/economic survey of china 2010 providing greater old-age security.htm，2010.

[3] Shen C，Williamson J B. "China's new rural pension scheme：Can it be improved?" International Journal of Social Welfare，2005，Vol. 14，pp. 305–314.

老金能支付食品、医药、衣服等必要的生活开支,减少了老年人对家人的经济依赖。老人有了自己稳定的收入,提高了自己在家庭中的地位,增进了家庭和谐。国际助老协会认为新农保制度的"捆绑制"可能起了鼓励农民参保的作用,但是这种老年人享受养老金的权利与其子女是否参保缴费挂钩的做法,使得一部分人无法按时领取基础养老金。同时,报告还分析了农村老年人子女不参保的几个原因:一是因家庭贫困缺乏相应的参保支付能力;二是部分农村居民缺乏对新农保制度的了解,对制度心存疑虑;三是一些在城市务工的农民认为新农保的基础养老金数额较低,自己对未来养老是否能够依赖新农保养老金存在诸多不确定性[①]。Shen C,Williamson J B(2010)认为改革开放以来,随着中国经济快速增长,农村贫困率大大降低。但是由于城乡之间存在不公平现象,农村社会养老保险制度的长期缺失妨碍了农村贫困率的降低。2009年,中国政府实施了新的农村社会养老项目,该项目的最大特征是政府历史上第一次大规模直接为农村老年人发放养老金。参考发展中国家的社会养老金制度,新农保制度应该引入普惠型、非付费的社会养老金,该制度具有能够帮助农村居民脱贫、制度管理成本低、有益于社会整合等优点。实施普惠型社会养老金制度,需要政府为农民老年生活提供更多的财政投入,具体可借鉴尼泊尔的经验,政府仅提供适度的补贴,并且提高待遇领取者的年龄。普惠型社会养老金制度提高了目前中国农村养老金改革的效率[②]。

综合分析上述研究,新农保试点开展以后,亚洲开发银行、助老协会等国际组织,以及部分国外学者也对新农保实施的情况进行了分析和评估,并提出一些有益于新农保开展的建议。整体来看,国外学者对新农保制度的关注较少,研究成果有限,而研究新农保财政投入责任分担政策的文献更是屈指可数。

1.2.2 国内文献综述

1.2.2.1 新农保文献的量化分析

2009年我国开始推行新型农村社会养老保险试点,2014年新型农村社会

---

① Help Age International. "New Pension Insurance in Rural China Benefits Older People", Retrieved from:http://www.globalaging.org/pension/world/2008/insurance.htm,2008.
② Shen C. "How to improve New Pension Insurance in Rural China", World Development, 2010, Vol. 35, No. 1, pp. 24–51.

养老保险与城镇居民社会养老保险并轨，确立统一的城乡居民基本养老保险制度。在中国知网数据库中，分别以新型农村社会养老保险、新农保、城乡居民基本养老保险为主题进行检索，可以直观反映出城乡居保制度研究文献的整体概况。从表1-1可以看出，学界关于"新型农村社会养老保险"的研究始于20世纪90年代初期，以"新农保"为主题的研究则主要从2005年开始，以城乡居民养老保险为主题的研究从2008年开始。从文献数量看，2011年以新农保、新型农村社会养老保险为主题的文献数量均达到最大值，之后呈现出数量减少的态势，而城乡居民养老保险的文献量在2016年达到最大值。

表1-1　　新型农村社会养老保险、新农保、城乡居民基本养老保险为主题的文献数量　　　　单位：篇

发表年度	新型农村社会养老保险	新农保	城乡居民基本养老保险
1992	1	0	0
1993	1	0	0
1994	3	0	0
1995	3	0	0
1996	4	0	0
1997	5	0	0
1998	1	0	0
1999	1	0	0
2000	7	0	0
2001	4	0	0
2002	15	0	0
2003	22	0	0
2004	34	0	0
2005	77	1	0
2006	112	1	0
2007	171	4	0
2008	214	11	1
2009	619	222	4
2010	718	453	0
2011	872	724	12
2012	802	638	1

续表

发表年度	新型农村社会养老保险	新农保	城乡居民基本养老保险
2013	740	573	6
2014	622	429	88
2015	371	218	82
2016	261	146	109
2017	218	124	100
2018	80	87	74

资料来源：根据中国知网相关主题检索并进行计量可视化分析统计而得。

从以新型农村社会养老保险、新农保、城乡居民基本养老保险为主题进行检索的文献数量看，国内学者对新农保的研究较为契合我国城乡居民基本养老保险政策的实施和发展。为更好展示城乡居保研究现状，本书分别从文献数量、文献关键词共现网络、文献来源机构等三个方面对以新型农村社会养老保险、新农保、城乡居民基本养老保险为主题进行检索的文献进行量化分析。

（1）新型农村社会养老保险。以新型农村社会养老保险为主题进行检索的文献总量为5988篇，从图1-1可以看出，自2008年开始，学者们对于新型农村社会养老保险的研究呈现出明显的上升趋势，这与当时刚刚开始实施新农保制度紧密相关。随着我国对社会养老保险的项目种类进行整合，从2011年开始，国内学者在该方面的研究呈现出下降趋势。

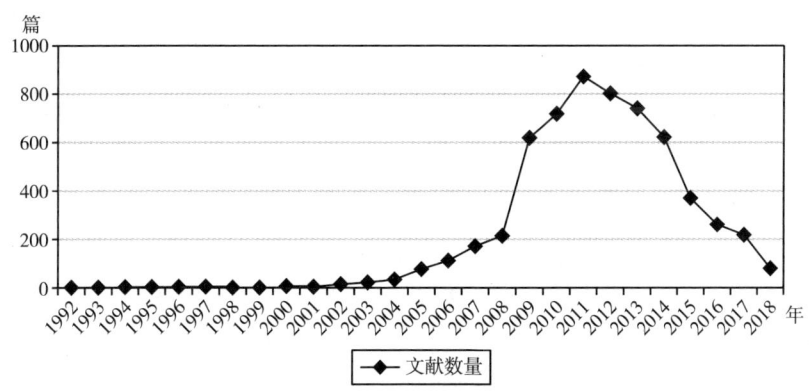

图1-1 以新型农村社会养老保险为主题的文献总体趋势

资料来源：中国知网新型农村社会养老保险计量可视化分析统计。

从图1-2可以看出，以新型农村社会养老保险为主题的文献关键词共现网络中涉及的内容较为广泛，其中的相关议题包括人口老龄化、城乡统筹、影响因素、农村社会保障、农村养老等。这些均与新型农村社会养老保险自身的保险属性密切相关。

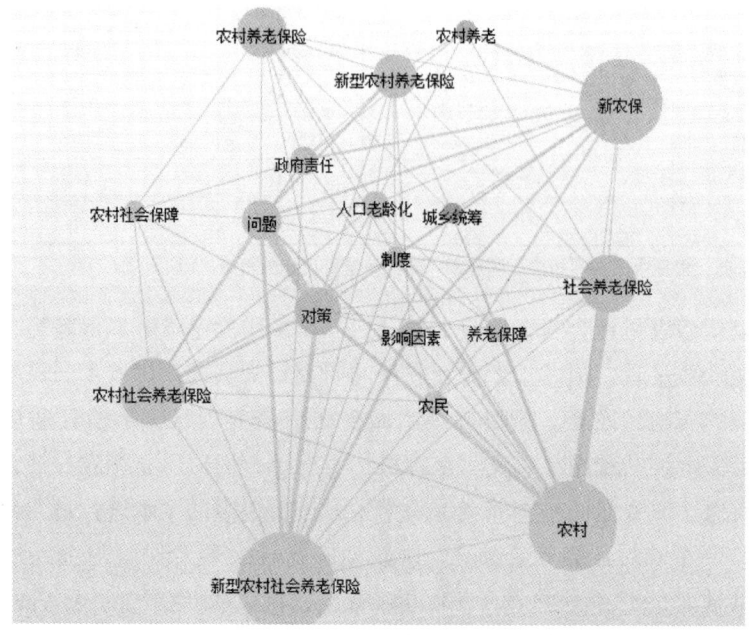

图 1-2 以新型农村社会养老保险为主题的文献关键词共现网络
资料来源：中国知网新型农村社会养老保险计量可视化分析统计。

从图 1-3 可以发现，以新型农村社会养老保险为主题进行研究的机构排名显示，最靠前的五位分别是武汉大学、西南财经大学、吉林大学、河北大学、辽宁大学。该排名不仅与五所高校对社会保障专业的研究定位有关，更与其所依托的基地和学术传统紧密相连。

（2）城乡居民基本养老保险。以城乡居民基本养老保险为主题进行检索的文献总量为 465 篇。从图 1-4 可以看出，从 2008 年开始，对有关城乡居民基本养老保险议题的研究热度逐渐提升，之后的研究文献数量呈波浪式上升。具体而言，2008—2013 年，学者们对城乡居民基本养老保险的研究文献比较少，只是在 2009 年出现了一次研究的小"高峰"；2014 年以来有关城乡居民基本养老保险方面的文献数量陡然上升，这与当时国家将新农保与城镇居民基本养老保险合并密切相关。2014—2018 年，相关研究文献数量呈现出一定的波动性。2016 年城乡居民基本养老保险文献数量达到峰值，之后呈现出逐年减少的态势。

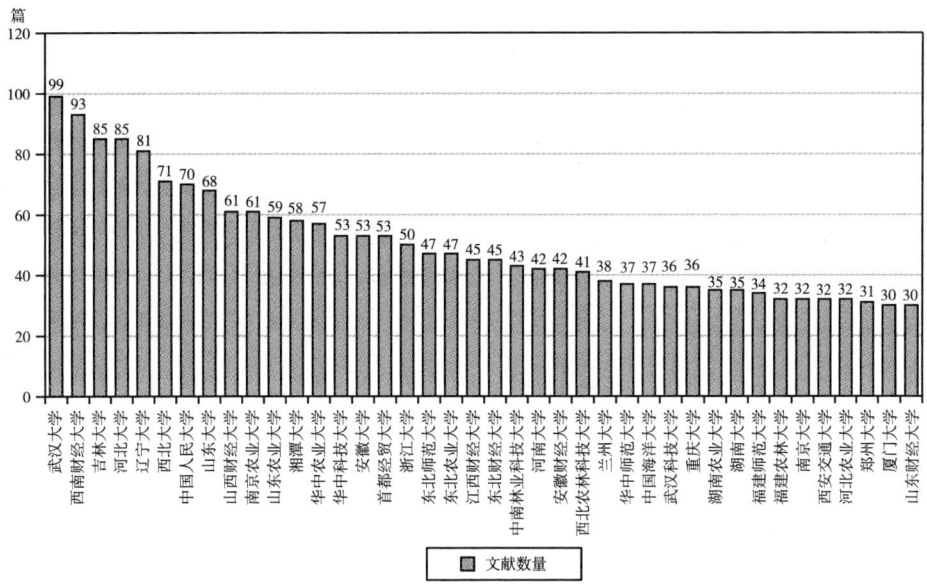

图1-3 以新型农村社会养老保险为主题的机构分布

资料来源：中国知网新型农村社会养老保险计量可视化分析统计。

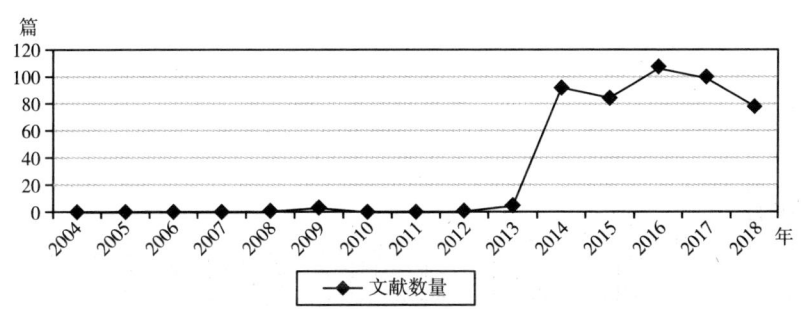

图1-4 以城乡居民基本养老保险为主题的文献总体趋势

资料来源：中国知网城乡居民基本养老保险计量可视化分析统计。

从图1-5可以看出，以城乡居民基本养老保险为主题的文献关键词共现网络涉及的内容也较为丰富，其中包括政府补贴、财政责任、影响因素、基本养老保险制度、缴费档次、保障水平等。

从图1-6的检索结果不难发现，湘潭大学、吉首大学、武汉大学（吉首大学与武汉大学并列）对城乡居民基本养老保险的研究排名位列前三位。整体看，不同学术机构对城乡居民基本养老保险研究所发表的文献数量差距不大。

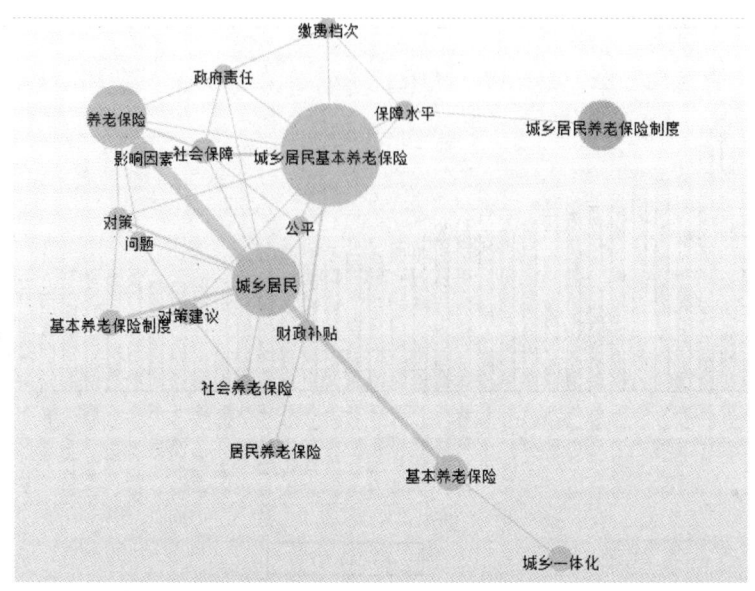

图1-5 以城乡居民基本养老保险为主题的文献关键词共现网络

资料来源：中国知网城乡居民基本养老保险计量可视化分析统计。

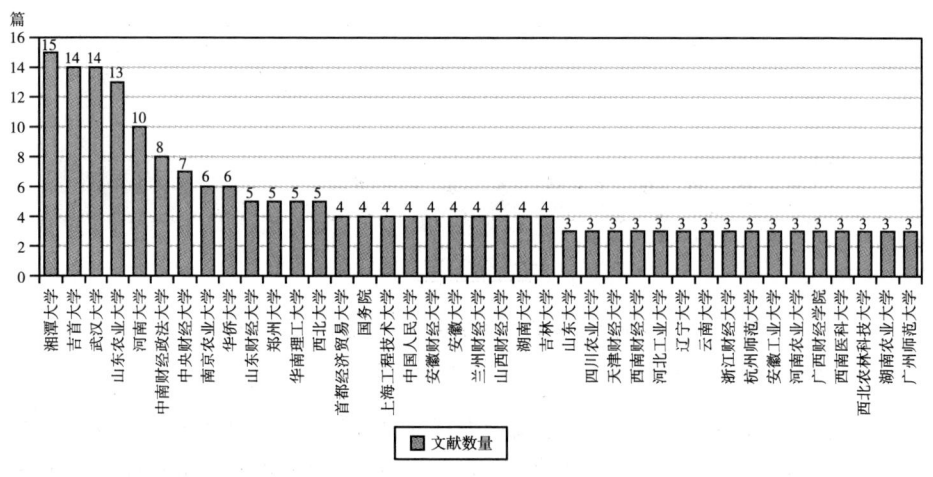

图1-6 以城乡居民基本养老保险作为主题的机构分布

资料来源：中国知网城乡居民基本养老保险计量可视化分析统计。

（3）新农保。以新农保作为主题进行检索的文献总量为3703篇。从图1-7可以看出，从2005年开始，学者们对有关新农保相关的议题展开研究，2005—2008年，学界对新农保的研究相对较少。2008年之后，新农保文献数量骤然增加，2011年文献数量达到最高峰，2011年以后，相关研究文献数量不断减少。

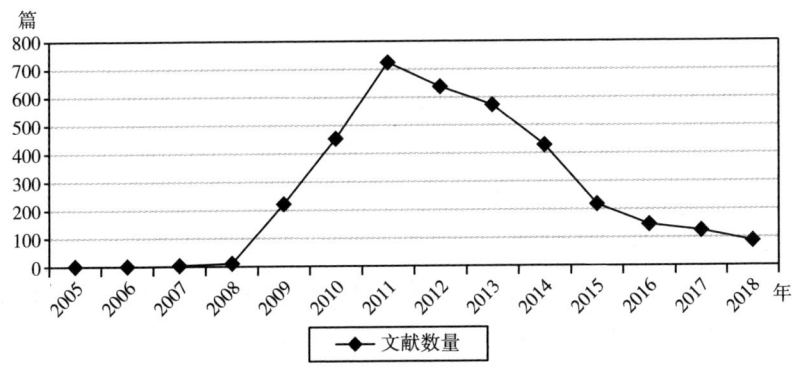

图1-7　以新农保作为主题的文献总体趋势

资料来源：中国知网新农保计量可视化分析统计。

从图1-8可以看出，以新农保作为主题的文献关键词共现网络中涉及的方面较为广泛，其中的相关议题包括农村养老、财政补贴、社会保障、试点、参保意愿等。这与新农保自身的保险属性紧密相关。

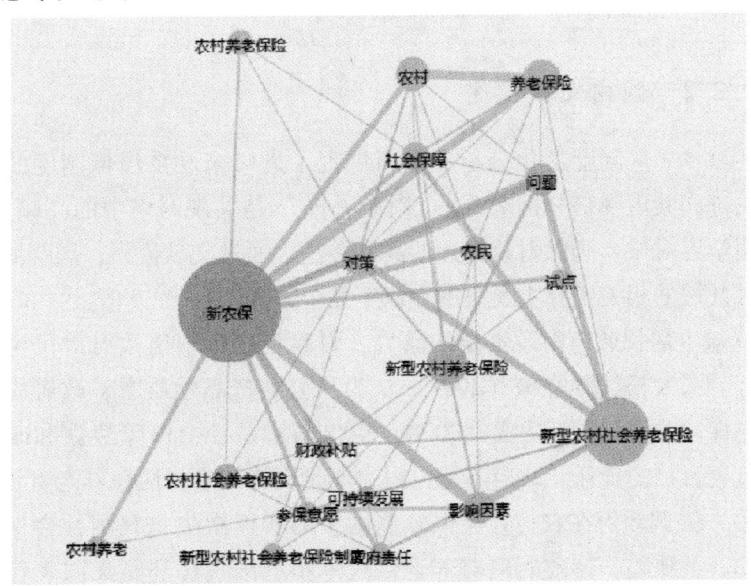

图1-8　以新农保作为主题的文献关键词共现网络

资料来源：中国知网新农保计量可视化分析统计。

从图 1-9 可以发现，以新农保作为主题进行研究的机构排名最靠前的分别是武汉大学、中国人民大学、辽宁大学、华中农业大学、西南财经大学。这可能与五所高校对社会保障专业的研究定位有关。

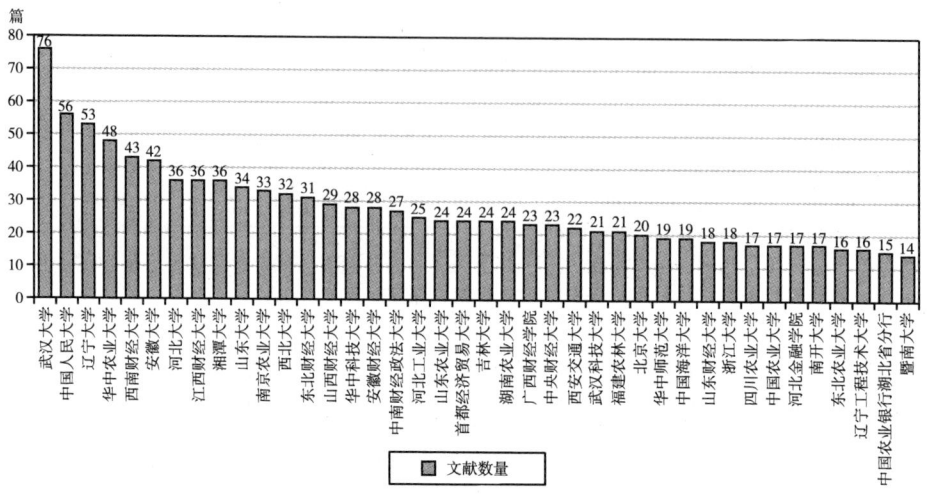

图 1-9　以新农保作为主题的机构分布

资料来源：中国知网新农保计量可视化分析统计。

1.2.2.2　国内文献综述

上述城乡居保制度量化分析，清晰展现了近年来城乡居保制度的研究走势。从关键词共现网络分析来看，"财政补贴"是共现网络中的高频关键词。这也表明学界对城乡居保财政投入的高度关注。通过文献梳理，围绕城乡居保财政投入开展的相关研究主要集中在以下几个方面：

（1）城乡居保政府财政责任的研究。财政责任体现出政府对民生建设的财政偏好。邓大松、方晓梅（2001）认为从公共产品性质看，政府应承担必要的养老保险责任[①]。郑功成（2002）指出国家是社会保障建立和改革的主体，肩负着直接的责任。政府不能以财力不足而推卸农村居民养老责任。陈少晖（2004）强调政府在农村社会保障制度中的责任缺失是我国社会保障体系建设中的一大缺陷。在政府应对养老保险承担有限责任还是无限责任的讨论

---

① 邓大松，方晓梅．从公共政策的角度看政府在社会保障中的职能[J]．经济评论，2001（6）：53-55．

中，多数学者倾向于有限责任①。有限财政责任是政府对城乡居保提供的资金支持，是一种限额限时的责任。李永杰（2004）认为政府在养老保险中应该承担有限责任②。杨翠迎、米红（2007）提出建立有限财政责任理念是突破老农保困局的关键③。在政府对城乡居保的财政责任研究中，毕红霞、薛兴利（2011）认为在财政支持农村社会养老保险的过程中应该把握好两点：其一是体现地区之间的差异性；其二是展现财政责任的有限性④。郭光芝、杨翠迎、冯广刚（2014）通过构建指标体系，评估了我国政府财政责任的阶段与总体责任水平，并基于国际经验进行了比较式的分析。研究结论认为，与其他国家相比，我国新农保制度中的缴费和养老金支出阶段的补贴比例较高，同时，补贴占养老金总支出的比例也较高。基于此，建议从中央到地方建立科学完整的制度要素增长机制，加强新农保制度中财政责任履行的可预测性与可持续性⑤。徐强、张开云（2015）依据财政联邦主义理论，分析现行的新农保中财政投入责任分担的不合理之处，指出在合理安排财政投入边界时要着重考虑省、市、县三级财政如何分担农民养老保险财政责任问题⑥。周志凯等（2015）将城乡居民基本养老保险分为基础养老金给付责任、个人账户养老基金补贴责任、制度运行成本责任、基金最低收益率担保责任、高龄老人个人账户养老金责任五类，并对五类财政责任属性进行分析⑦。毕红霞、薛兴利、焦民赤（2014）以山东省为例，发现各地政府财政责任存在地域差异性，应该分类对各地进行财政支持⑧。

在对政府财政责任的评估方面，郭光芝、杨翠迎、冯广刚（2011）比较

---

① 陈少晖. 农村社会保障：制度缺陷与政府责任［J］. 福建师范大学学报（哲学社会科学版），2004（4）：35-41.
② 李永杰，游炳俊. 论社会保障的政府责任［J］. 华南师范大学学报（社会科学版），2004（1）：30-35，43-158.
③ 杨翠迎，米红. 农村社会养老保险：基于有限财政责任理念的制度安排及政策构想［J］. 西北农林科技大学学报（社会科学版），2007（3）：1-7.
④ 毕红霞，薛兴利. 财政支持农村社保的差异性及其有限责任［J］. 改革，2011（2）：41-48.
⑤ 郭光芝，杨翠迎，冯广刚. 国家新农保制度中政府财政责任的动态评估：基于国际经验的比较分析［J］. 人口与经济，2014（2）：120-128.
⑥ 徐强，张开云. 财政投入责任分担视角下我国"新农保"制度质量优化研究［J］. 宏观质量研究，2015，3（2）：71-80.
⑦ 周志凯，徐子唯，林梦芸. 论城乡居民基本养老保险制度中的财政责任［J］. 财政研究，2015（1）：20-23.
⑧ 毕红霞，薛兴利，焦民赤. 新农保地方财政责任：差异下的选择：基于山东省的实证研究［J］. 经济与管理评论，2014（5）：149-154.

了中部、东部和西部地方政府所承担的财政责任,研究结果发现,在基础养老金补贴责任方面,东部地区比中西部地区承担了更多的财政责任[①]。毕红霞、薛兴利、焦民赤(2014)以山东为例,将各地市新农保进行分类并确立差异化财政支持政策[②]。郭光芝、杨翠迎、冯广刚(2014)通过比较部分建立农民养老保险制度的国家的财政责任,发现我国新农保政府财政补贴占养老金总支出比重比国外的要高[③]。杨斌、丁建定(2015)基于五维分析框架分析了经济环境、政治环境、社会环境、文化环境与制度环境对我国养老保险制度财政责任改革的影响[④]。舒晏丹(2015)通过测算发现,各地区的财政责任有一定的差异,发现人口多的地区财政责任会更大[⑤]。杨斌(2016)基于2013年统计数据,考量了城乡居民养老保险财政责任、中央政府财政责任、地方政府财政责任、人均政府财政责任,研究发现我国城乡居民养老保险政府财政责任差异较大,其中地方政府财政责任差异最大。相比之下,人均政府财政责任差异最小[⑥]。杨斌、丁建定(2016)从经济增长视角评估城乡居民基本养老保险地方财政责任,研究发现区域经济发展、人口老龄化、附加基础养老金等多种因素是影响不同地区地方基本养老保险财政责任的主要成因[⑦]。汤艳(2017)通过评估河南省新农保实施的现状,从农民投保能力及政府的财政负担能力两个方面进行分析,认为政府完全承担得起当前新农保的财政补贴责任[⑧]。景鹏、陈明俊、胡秋明(2018)通过评估不同政府层级间政府财政责任,发现推迟待遇领取年龄、增加个人账户计发月数和提高基金投资收益率都能减少政府财政

---

① 郭光芝,杨翠迎. 新农保中地方财政补贴责任的区域比较研究[J]. 人口学刊,2011(4):75-82.

② 毕红霞,薛兴利,焦民赤. 新农保地方财政责任:差异下的选择:基于山东省的实证研究[J]. 经济与管理评论,2014(5):149-154.

③ 郭光芝,杨翠迎,冯广刚. 国家新农保制度中政府财政责任的动态评估:基于国际经验的比较分析[J]. 人口与经济,2014(2):120-128.

④ 杨斌,丁建定."五维"框架下中国养老保险制度政府财政责任机制改革的环境分析[J]. 社会保障研究,2015(1):22-26.

⑤ 舒晏丹. 新农保地方财政补贴负担的区域差异研究:基于2010年和2011年新农保试点地区相关数据估算[J]. 农业科研经济管理,2015(2):20-27.

⑥ 杨斌. 城乡居民养老保险政府财政责任和负担的地区差异[J]. 西部论坛,2016(1):108-114.

⑦ 杨斌,丁建定. 经济增长视角下城乡居民基本养老保险地方财政责任评估[J]. 江西财经大学学报,2016(3):37-44.

⑧ 汤艳. 河南省"新农保"制度实施中的问题及对策研究:基于财政负担能力分析[J]. 河南农业,2017(18):18-19,22.

责任①。王敏、李济博（2017）通过考察传统农村社会养老保险、新型农村社会养老保险、城镇居民社会养老保险、统一的城乡居民基本养老保险四个阶段的财政负担情况，认为我国政府切实履行了财政投入的职责，有守住民生底线的责任担当②。

地方财政责任不平衡是城乡居保财政投入中较为明显的问题，一些学者对此进行研究。杨翠迎等（2013）指出通过制度化办法保证资金持续有效供给③。周志凯、徐子唯、林梦芸（2015）提出省级和以下各级地方政府的财权和事权没有进一步明确划分，导致下级政府因缺乏足够的财权，无法有效提供公共产品和服务，指出合理划分各级政府的事权和财权是城乡居民养老保险健康发展的重要条件④。朱梅、唐丹（2015）指出在农村社会保障中地方政府财政责任内涵的界定至关重要，科学而明晰的界定对推动农村社会保障管理、促进社会保障公共服务有重要影响⑤。陆淑平（2017）指出我国区域经济发展不平衡问题，是造成我国城乡居民基本养老保险方面，政府财政责任以及负担之间的地区差异明显的原因；提出应加强激励机制，促进各地区基础养老金政府财政补贴制度的统一⑥。高萍、刘崇涛（2018）通过运用热量支出法与ELES模型测算城乡居民基础养老金适度给付水平区间，并对其进行中长期预测；同时，对中央与地方财政负担可行性进行分析，得出地方政府应对适度给付水平与基础养老金最低标准的差值予以支持⑦。

（2）城乡居保财政投入政策的绩效研究。财政投入政策是城乡居保制度设计的重要内容，是城乡居保制度有效实施的关键所在。邓大松、仙蜜花（2015）认为统一后的城乡居民基本养老保险制度仍存在财政补贴激励机制不

---

① 景鹏，陈明俊，胡秋明．城乡居民基本养老保险的适度待遇与财政负担［J］．财政研究，2018（10）：66-78.
② 王敏，李济博．我国城乡居民养老保险财政负担的历史嬗变［J］．河南财政税务高等专科学校学报，2017（4）：1-4.
③ 杨翠迎，郭光芝，冯广刚．新型农村社会养老保险的财政责任及其可持续性研究：基于养老金支出视角的分析［J］．社会保障研究，2013（1）：85-96.
④ 周志凯，徐子唯，林梦芸．论城乡居民基本养老保险制度中的财政责任［J］．财政研究，2015（1）：20-23.
⑤ 朱梅，唐丹．农村社会保障中地方政府财政责任的内涵：基于社会治理的视角［J］．农村经济与科技，2015（5）：174-175，190.
⑥ 陆淑平．论城乡居民基本养老保险政府财政责任和负担的地区差异［J］．中国集体经济，2017（28）：125-126.
⑦ 高萍，刘崇涛．城乡居民基础养老金财政补贴政策优化研究［J］．海南大学学报（人文社会科学版），2018（5）：86-94.

健全、统筹层次低、中青年参保积极性比较低、基金保值增值难等问题①。刘柳（2015）调查全国四省共486名农民的结果显示，农民对新农保的了解以及政府补贴方式均对农民参与新农保有促进作用。建议政府加大政策宣传，保持补贴和提高补贴率，做好医疗和养老两种政策的协调工作，以促进农民参保②。尹海燕（2015）采用聚类分析方法将我国各省（区、市）划分为四类地区，构建了差异化财政补贴政策③。郭婷（2016）通过研究地方政府财政负担，发现城乡居民基本养老保险中央财政补贴政策具有一定的不公平性，没有完全促进城乡居民基本养老保险横向均等的实现④。张慧芳、雷咸胜（2017）基于负所得税的视角，通过调整新农保财政补贴的结构性，认为采取差异化的财政补贴政策更能让农村贫困居民和低收入者受益⑤。王雯（2017）认为新农保财政补贴机制是其与旧农保的重要区别。一方面，财政补贴机制体现了政府职能，体现了对参保人社会保障缺失的补偿，适应了低收入群体的低缴费能力；另一方面，此项制度的财政补贴机制存在不可持续、道德风险、逆向再分配、效率低下等问题⑥。宋元梁、郑亚楠（2017）以陕西省为例，通过对陕西新农保的缺口预测，分析缺口变动趋势，评估了新农保的财政投入水平⑦。王敏（2018）通过分析现有财政补贴政策，指出城乡居民基本养老保险政策尚存在财政补贴方式的激励性不足，责任分担失衡的困境⑧。林芬（2018）认为城乡居民养老保险的财政补贴主要体现在两个方面：首先是制度筹资，其次是发放。她指出财政补贴的对象是一些低收入群体，通过鼓励他们缴纳少量的保

---

① 邓大松，仙蜜花. 新的城乡居民基本养老保险制度实施面临的问题及对策 [J]. 经济纵横，2015（9）：8-12.

② 刘柳. 政府责任对农民参与新型农村社会养老保险的影响：基于2013年四省调查的实证研究 [J]. 贵州社会科学，2015（9）：108-113.

③ 尹海燕. 我国新农保差异化财政补贴政策研究 [J]. 呼伦贝尔学院学报，2015（4）：8-12，46.

④ 郭婷. 城乡居民基本养老保险中央财政补贴政策探讨：基于公平视角 [J]. 财政监督，2016（14）：65-70.

⑤ 张慧芳，雷咸胜. 精准扶贫背景下新农保财政补贴机制的优化设计 [J]. 税务与经济，2017（1）：25-29.

⑥ 王雯. 城乡居民基本养老保险财政补贴机制研究 [J]. 社会保障研究，2017（5）：3-13.

⑦ 宋元梁，郑亚楠. 陕西农村居民社会养老保险财政支持研究 [J]. 农村经济与科技，2017（7）：222-226.

⑧ 王敏. 城乡居民基本养老保险财政补贴政策研究 [J]. 中央财经大学学报，2017（12）：12-21.

险费用获得同等的养老金,来减少我国贫富差距的进一步恶化①。史征征(2018)从新农保地方财政补贴方式存在的问题出发,提出政府在新农保制度的财政补贴中应追求更大的社会效益,发挥个人在新农保中的作用,有效地减少地方政府的财政负担②。杨娅(2018)以云南省为例,认为对所有缴费档次普遍实行30元补贴的办法,使得100元最低缴费档次获得的补贴收益率最高达到30%,而500元缴费档次的补贴收益率快速下降至14%,应建立长缴多得的激励机制。同时,由于基础养老金财政投入水平较低,应建立基础养老财政补贴的指数化调整机制③。

值得关注的是,在参保行为方面,国内学者关于财政补贴对居民参保行为的影响产生争议。部分学者认为合并后的城乡居民基本养老保险能产生多补多缴的激励效果。王晓洁(2012)构建养老平衡模型,分析了"没有财政补贴、现行财政补贴和提高财政补贴"对农民缴费能力的影响,发现现行财政补贴和提高财政补贴显著增强了农民的有效缴费能力,扩大了农民有效缴费档次的选择④。郑秉文(2014)认为合并的城乡居民基本养老保险体现缴费补贴的多缴多得的激励机制,能调动不同缴费群体的参保积极性⑤。而部分学者认为财政补贴并未产生相应的激励效应。王晓洁、王丽(2015)从缴费补贴和基础养老金补贴两个方面分析了财政补贴新农保全覆盖的激励效应,并指出了现有财政补贴在"全覆盖"中的不足⑥。郑军、朱甜甜(2015)发现政府财政投入是影响新农保制度社会效果的重要因素,但政府缴费补贴低且不同缴费档次补贴差额较小,一定程度上抑制了新农保制度的社会效果⑦。刘海英(2016)构建了精算模型,以西藏为例进行实证测算,研究发现当前财政政策不能激励参

---

① 林芬. 城乡居民基本养老保险财政补贴机制探究 [J]. 劳动保障世界, 2018 (15): 16.
② 史征征. 新农保地方财政补贴方式探讨 [J]. 经贸实践, 2018 (15): 178, 180.
③ 杨娅. 城乡居民基本养老保险待遇水平确定及缴费机制探讨 [J]. 学术探索, 2018 (6): 53-61.
④ 王晓洁. 新型农村养老保险制度中财政补贴对农民缴费能力影响分析:基于2010年河北省37个试点县数据的考察 [J]. 财贸经济, 2012 (11): 29-36.
⑤ 郑秉文. 居民养老保险制度再思考 [J]. 中国人力资源社会保障, 2014 (4): 26-27.
⑥ 王晓洁, 王丽. 农村新型养老保险"全覆盖"中财政补贴的激励效应分析 [J]. 经济研究参考, 2015 (15): 4-7.
⑦ 郑军, 朱甜甜. 政府财政补贴与社会效果:新农保制度的绩效评估:以西藏自治区为例 [J]. 西藏大学学报(社会科学版), 2015 (1): 17-24.

保人选择较高档次进行缴费①。刘海宁（2018）通过理论测算发现，居民缴费补贴造成选择低缴费档次的收益大于选择高缴费档次，因而在缴费期应实施多缴多补贴的政策②。

（3）城乡居保财政投入支付能力的研究。国家财政投入是城乡居保制度快速发展的推动器，因而，国家财政投入的可持续性引起学者的广泛关注。宫晓霞、王亚娟（2016）提出要促进农村居民养老保险的可持续发展，必须有政府财政的大力支持，而财政支持能力能否可持续是农村居民养老保险可持续发展的关键③。郭光芝、杨翠迎（2011）认为我国中部、东部和西部均具备承担新农保财政总补贴的能力，各地对新农保最低标准的补贴承受能力较强，各地根据实际情况，适当增加财政补贴完全可行④。杨翠迎等（2013）通过构建养老金支出模型，从养老金支出视角对2012—2049年新农保财政支持的持续性进行预测，结果表明在现行补贴水平下，政府财政能够持续负担新农保资金补助⑤。郭光芝等（2014）的测算结果发现，在总量上看，政府具备支付新农保财政补贴的能力，其中养老金支出和缴费补贴的比例较高⑥。李琼、汪慧（2015）认为随着参保人员的增加，公共财政投入的绝对数额不断增加，但城乡居民养老保险公共财政占全国财政支出的比重比较低，公共财政具备支持城乡居民保险制度的能力，但这是"低水平"下的广覆盖⑦。欧君华（2015）通过综合分析影响财政补贴可持续的多种因素，指出中央财政用于社会保障的比重较国外还有很大提升空间。受多种因素的制约，特别是财力的限制，新农保

---

① 刘海英. 城乡居民基本养老保险的财政激励机制研究：基于效率与公平双重价值目标的考量[J]. 兰州学刊，2016（2）：144–152.

② 刘海宁. 契合收益公平期望的城乡居民基本养老保险财政补贴研究：以辽宁省沈阳市方案为例[J]. 辽宁大学学报（哲学社会科学版），2018（1）：79–87.

③ 宫晓霞，王亚娟. 山东省农村居民养老保险财政支持能力测算[J]. 经济与管理评论，2016（1）：98–103.

④ 郭光芝，杨翠迎. 新农保中地方财政补贴责任的区域比较研究[J]. 人口学刊，2011（4）：75–82.

⑤ 杨翠迎，郭光芝，冯广刚. 新型农村社会养老保险的财政责任及其可持续性研究：基于养老金支出视角的分析[J]. 社会保障研究，2013（1）：85–96.

⑥ 郭光芝，杨翠迎，冯广刚. 国家新农保制度中政府财政责任的动态评估：基于国际经验的比较分析[J]. 人口与经济，2014（2）：120–128.

⑦ 李琼，汪慧. 统一的城乡居民基本养老保险筹资机制构建研究[J]. 甘肃社会科学，2015（2）：100–103.

地方财政补贴有提升的可能，但上升空间有限①。穆怀中、张文晓、沈毅（2016）考察养老保险全国统筹对政府财政支付能力的要求，通过测算设计两大类型全国统筹方案与具体实施方案，在财政投入水平适度的情形下，政府财政投入能够实现分比例全国统筹方案的落地②。陆淑平（2017）提出完善横向转移支付以进一步缩小地区差异③。李俊、温馨（2018）通过构建人口和精算模型，得出应进一步提高基础养老金待遇水平，确保替代率水平为农村居民可支配收入的30%。该水平能够保障农村居民的基本生活需求，政府能够完全负担新农保财政补贴支出④。张向达、张声慧（2019）对我国城乡居民养老保险基金的财务可持续现状进行分析和预测，研究发现按照低替代率方案，可将收支平衡维持至2040年左右，中替代率方案可维持至2030年左右，而在高替代率方案下，2025年基金收支失去平衡⑤。

综合上述分析可知，伴随城乡居保制度的推进和快速发展，学术界对城乡居保制度的研究逐渐深入和系统，特别是城乡居保财政投入问题引起学界的广泛关注，成为城乡居保制度研究的热点和焦点。系统梳理当前的文献成果，围绕城乡居保财政责任、城乡居保财政投入方式、城乡居保财政投入效果、城乡居保财政投入可持续性等主题，一大批非常具有价值的研究成果不断涌现，这也为今后的研究奠定了坚实的基础。与此同时，对一些事关城乡居保持续发展的核心问题还需进一步研究。这具体体现为城乡居保财政投入责任分担机制的研究还比较薄弱。遗憾的是，城乡居保财政投入的责任分担问题并未引起研究者的高度关注。少数学者关注城乡居保财政投入责任分担问题，如各级财政投入责任分担问题是城乡居保制度运行的难点（林义，2009）。潘楠、杨春雷（2013）利用2010年数据分析认为农村养老保险中财政供给效率未达到预期状态，并指出产生这种现象的原因主要是财政筹资

---

① 欧君华. 新型农村养老保险制度财政补贴支付能力研究［J］. 企业技术开发, 2015（3）: 123 – 124.

② 穆怀中, 张文晓, 沈毅. 基于财政支付适度水平的养老保险全国统筹路径选择［J］. 城市发展研究, 2016（12）: 100 – 107, 117.

③ 陆淑平. 论城乡居民基本养老保险政府财政责任和负担的地区差异［J］. 中国集体经济, 2017（28）: 125 – 126.

④ 李俊, 温馨. 城乡居民养老保险财政支持能力［J］. 中国老年学杂志, 2018（7）: 1748 – 1752.

⑤ 张向达, 张声慧. 城乡居民养老保险的财务可持续性研究［J］. 中国软科学, 2019: 143 – 154, 192.

机制有待完善，央地政府间财政责任缺乏约束，财政补贴激励作用不足等，建议明确央地财政供给责任，划分出边界，并完善城乡养老保险的转移支付①。张永春等（2014）认为我国的新农保发展在取得成绩的同时，也存在着各级政府财政补贴分担比例不合理等方面的问题，基于实证调研的分析提出应该合理分配各级政府的财政补贴新农保的责任，提高其入口补和出口补的待遇②。徐强、张开云（2015）从财政投入责任分担视角审视新农保制度质量，认为新农保制度中中央政府与地方财政的责任划分不合理，省级政府、市级政府与县级政府的责任划分没有统一界定，基层政府承担的事责较多③。赵建国、海龙（2014）认为现行新农保财政投入责任分担机制尚未实现公共服务均等化的目标④。张登利、杨斌（2018）指出新农保制度待遇调整应该适时、适度且具备协调性，要优化各级政府的财政责任分担机制，并完善监督制度⑤。从整体来看，现有关于城乡居保财政投入责任分担的研究成果少且零散，缺乏针对城乡居保财政投入责任分担机制的系统研究。可见，目前亟待对城乡居保财政投入责任分担问题进行系统、深入的研究。

从目前城乡居保制度运行实践来看，城乡居保财政投入责任不合理，投入分担机制模糊化的负面效应已经凸显，很大程度上诱发了地方政府财政投入的随意性，损害了城乡居保财政投入的稳定性。有鉴于此，本书拟从理论上系统论证城乡居保财政投入分担的合理性，在全面梳理城乡居保中央和地方政府财政投入责任分担政策的基础上，评估现行城乡居保财政投入责任分担的均等化效应。从城乡养老保险全国统筹的视角，尝试设计财力与事权相匹配的财政投入责任分担机制，以实现城乡居保各级政府财政投入责任的明晰化、制度化，并最终保障城乡居保制度的稳定和持续运行。

---

① 潘楠，杨春雷. 农村养老保险财政供给效率探析［J］. 人民论坛，2013（8）：152－153.
② 张永春，王姣，张立琼，雷羡梅. "新农保"筹资机制的可持续发展研究［J］. 西北大学学报（哲学社会科学版），2014（4）：71－76.
③ 徐强，张开云. 财政投入责任分担视角下我国新农保制度质量优化研究徐强［J］. 宏观质量研究，2015（2）：71－80.
④ 赵建国，海龙. 我国新农保财政补贴筹资责任分担机制研究：基于公共服务横向均等化的视角［J］. 宏观经济研究，2014（7）：10－20，57.
⑤ 张登利，杨斌. 新型农村社会养老保险制度待遇调整的原则及战略选择［J］. 贵州社会科学，2018（4）：71－76.

1.3 研究思路与研究方法

1.3.1 研究思路

本书的研究思路如图1-10所示，按照"确定研究问题——分析基础——实证分析——政策优化"的研究思路展开。首先，绪论部分提出研究问题。其次，理论基础阐释和政策演进为后续实证分析奠定基础。再次，实证分析部分包括城乡居保制度财政投入规模与结构、城乡居保制度财政投入责任认知度和满意度、财政投入责任分担机制的类型与评估、非缴费型基础养老金财政投入责任分担机制再设计等四部分，这四部分内容层层递进、相辅相成。最后，借鉴国外经验，提出城乡居保制度财政投入责任分担机制的原则和策略。

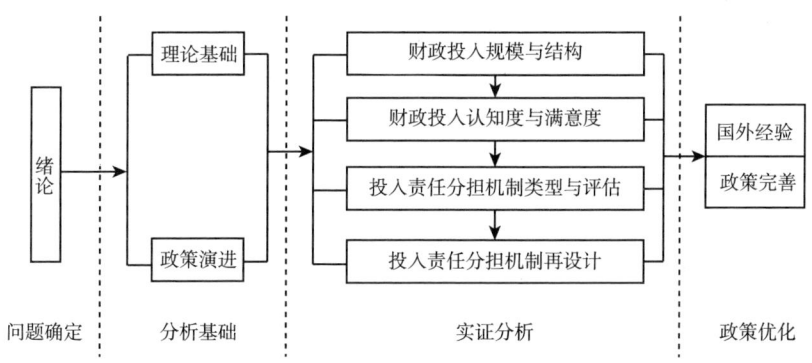

图1-10 本书研究思路

1.3.2 研究方法

1.3.2.1 研究方法

本书主要采用文献研究方法、问卷调查法和访谈法、统计分析方法等多种研究方法展开研究。其中，文献研究方法旨在搜集相关文献，建构理论基础；问卷调查法、访谈法、统计分析方法旨在收集有关数据和资料，通过定量研究检验理论假说和理论模型，进而实现理论与实践的有机统一。

(1) 文献研究法。文献研究是通过搜集和整理研究文献以对事实形成科学认识的方法。本书的选题和写作均以国内外相关研究文献搜集与梳理为基础。综合应用了国内的中国知网资源数据库、万方数据库、维普数字资源等数据库，国外的 Ebsco，Willy，OECD 图书馆等综合性数据库，以及谷歌、百度等搜索引擎网站，搜集城乡居保和城乡居保财政投入政策相关文献，并对获取的文献进行系统的梳理和分析。在此基础上，整理出本书的研究思路和分析框架。

（2）问卷调查法和访谈法。本书采用随机抽样、立意抽样相结合的方法选取河南省 18 个地市的城乡居民作为样本。同时，结合研究主题进行问卷设计并采用一对一访问填答方式和结构化访谈方法，搜集研究所需的资料，以了解城乡居民对城乡居保财政补贴政策的认知度和满意度。同时，为获取更全面和深入的资料，在进行入户调查的同时，还对部分城乡居保中心和财政部门人员进行了访谈，访谈内容在一定程度上丰富了调查内容，提高了问卷的可信度。

（3）统计分析法。调查问卷回收、整理并形成调查问卷数据库，主要运用了描述性统计、交叉列联表分析、多元有序回归分析等多样的统计分析方法，对调查问卷数据进行分析。统计分析软件主要有 Excel，Spss 和 Stata 等。

1.3.2.2 研究数据

（1）公开数据。本书参考和使用历年《中国统计年鉴》《中国人口与就业统计年鉴》《中国财政年鉴》《河南统计年鉴》、中经网统计数据库等。

（2）调研数据。一部分是笔者在城乡居保中心和财政部门调研过程中获得的有关部门的数据；另一部分是笔者利用寒暑假时间，组织带领本科生和研究生深入城乡进行访谈和问卷填答，从而获取的调研数据。

1.4 研究内容

本书以前人研究成果为基础，采用演绎和归纳的方法，综合运用社会保障学、公共财政学、区域经济学等理论，阐释城乡居保财政投入责任划分发生的内在机理，论述了城乡居保财政投入事责与财力二者的内在逻辑。通过考察城乡居保财政投入政策的嬗变进程，全面分析城乡居保财政投入总量和结构。在系统研究城乡居保财政投入责任分担类型的基础上，评估城乡居保中央政府和地方政府财政投入责任分担机制的均等化效应，进而优化城乡居保财政投入责任分担机制，实现城乡居保财政投入事责与财力的匹配；结合国外养老保障财政投入责任分担的成功经验，提出优化城乡居保财政投入责任分担的策略，从而为政府财政有效支持城乡居保提供理论支撑与实践指导。

第1章绪论。介绍研究城乡居保财政投入责任分担机制的研究背景与研究意义，围绕国内外关于城乡居保财政投入责任分担的文献进行述评。在此基础上，阐述本书的研究思路和研究方法，总结主要研究内容，提出本书研究的创新点，并指出研究存在的不足。

第2章城乡居保财政投入责任分担的理论基础。政府财政投入责任是研究城乡居保财政投入责任分担的逻辑起点，投入责任分担是投入责任的重要内容。本章首先界定城乡居保财政投入责任分担机制的内涵，探讨城乡居保与政府财政投入的关系，基于公共产品层级理论、财政地位均等化理论等为城乡居保财政投入责任划分与财力匹配的研究奠定理论基础。在此基础上，明确城乡居保财政投入责任划分的必要性、合理性以及城乡居保政府间财政投入的责任边界，阐释城乡居保财政投入责任划分发生的内在机理，论述城乡居保财政投入责任划分与财力匹配二者的内在逻辑，分析城乡居保财政投入责任分担产生的协同效应，增进社会和谐效应。

第3章城乡居保财政投入政策的嬗变。首先，基于社会保障三体系框架，从整体上回顾我国城乡居保制度的变迁，并对其进行评估。其次，着重分析城乡居保投入政策的演变，具体分析城乡居保财政投入政策演变的经济环境、政治环境以及社会环境。最后，阐述我国现行城乡居保财政投入政策。通过对城乡居保财政投入政策演变与现状的分析，为后续研究提供历史和现实依据。

第4章城乡居保财政投入的总量与结构。研究公共财政投入总量和结构是研究政府层级间财政投入责任分担的基础。本部分着重分析了城乡居保制度实施以来，城乡居保财政投入的总量与结构。研究公共财政投入总量和结构是研究政府层级间财政投入责任分担的基础。首先，测算2009—2018年我国城乡居保财政投入的总量。其次，通过计量分析方法研究城乡居保财政投入的结构。最后，对城乡居保财政投入责任进行评估。

第5章城乡居保政投入政策的认知度与满意度分析。本部分通过实地问卷调查的方式，以河南省年满16周岁的城乡参保居民为调查对象，每个地市通过随机抽样方式选取部分居民进行调查。在调研数据的基础上，探讨城乡居民对城乡居保财政投入责任的认知度及其影响因素，分析城乡居保财政投入责任满意度及其影响因素，为完善城乡居保财政投入政策提供参考。

第6章城乡居保财政投入责任分担机制的类型与评估。城乡居保财政投入是由中央、省、市、县等多级财政共同分担。在分析中央政府和地方政府财政投入责任分担类型的基础上，分别测算了我国中央政府和各省财政投入负担。接着，从公共服务均等化视角评估中央政府和地方政府财政投入责任分担机制的政策。

第7章重新设计城乡居保财政投入责任分担机制。这是本书的重点和难点。本书以城乡居保财政投入方式为着眼点，在分析城乡居保基础养老金财政投入和个人账户财政投入功能与问题的基础上，基于城乡居保制度结构，变革城乡居保财政投入方式，将城乡居保转变为名副其实的非缴费型基础养老金，进而设计非缴费型基础养老金财政投入责任分担机制，确保在基础养老金均等化的前提下，实现纵向政府间财政投入事责和财力的匹配。

第8章国外养老保障制度财政投入的实践与启示。自2009年新农保试点推行以来，我国目前已构建起世界上覆盖农村人口最多的养老保险计划。然而，相对于发达国家和部分发展中国家，我国城乡居民社会养老保险的起步比较晚，制度设计尚未定型，尤其是城乡居保财政投入运行的实践经验不足。因而，本书选取欧洲、亚洲、拉丁美洲和非洲的典型国家，尽可能全面总结世界各国农村养老保障计划的财政投入经验。在充分总结和梳理德国、日本、印度、巴西等国养老保险制度内容和养老保障财政投入运行经验的基础上，通过分析和比较得出完善我国城乡居保财政投入责任的有益经验。具体包括：进一步增加财政投入力度，使中央财政在城乡居民社会养老保险中发挥主导作用，重视多层次养老保险体系建设，以更好保障城乡居民养老需求，实行多元化筹资机制。

第9章优化城乡居保财政投入责任分担机制的原则与方略。提出优化城乡居保财政投入责任分担机制的三大原则和完善城乡居保财政投入责任分担机制的方略，具体包括：加大政府财政投入力度，科学界定城乡居保财政投入责任，完善财政投入方式，等等。

1.5 创新点与不足

1.5.1 创新点

1.5.1.1 研究视角的创新

目前关于城乡居保财政投入政策的研究往往局限于社会保障学、公共财政学等学科内的研究,跨学科的研究视角和研究成果稀缺。城乡居保财政投入责任分担涉及社会保障学、公共财政学、区域经济学、公共政策学等学科的内容。本书基于多学科理论,拓展现有研究视角和研究空间,系统构建"城乡居保财政投入总量和结构的区域差异——城乡居保财政投入责任分担财力和事责匹配——城乡居保财政投入责任分担的公平性"的分析框架,从学理上阐释了它们之间的内在联系和作用机理,实现通过跨学科视角对城乡居保财政投入责任分担问题进行研究,进而弥补现有研究的不足。

1.5.1.2 研究内容的创新

首先,当前城乡居保财政投入责任分担机制研究成果较少且较为零散,缺乏理论和现实参照。本书植根于我国经济社会现实,采用财政分权理论、公共产品层次性理论,全面阐释城乡居保财政投入责任分担的内涵、必要性以及责任分担的综合效应,明确了城乡居保财政投入责任分担与投入规模二者的内在关系,增加了研究的深度。其次,全面梳理城乡居保财政投入责任分担的形式,特别是在全面考察我国除了香港和澳门两个特别行政区,及台湾省外的31个省(区、市)的城乡居保财政投入责任分担形式的基础上,将其归纳为"一视同仁"型、"区别对待"型与"相机行事"型三种地方政府财政投入责任分担类型。最后,按照城乡统筹和顶层设计的原则,变革现有城乡居保财政投入方式,构建统账分离的非缴费型基础养老金制度。在此基础上,设计"中央政府——省级政府——市级政府——县级政府"分层负担的财政投入责任分担机制,并从公共服务横向均等化视角对其进行检验。

1.5.2 不足之处

本书调研样本和数据的选取受到一定程度的限制。河南省是农业人口大省,农村人口位居全国前列。截至2018年底,全省参保人数为5082.46万,参保率达到99.02%,位居全国第一位①,河南省城乡居保制度在全国具有较强的代表性。基于此,本书样本在河南省18地市进行选取。尽管河南省城乡居保制度具有代表性,但难以完全反映全国的问题。同时,调研主要在暑期进

---

① 河南省出台《关于建立城乡居民基本养老保险待遇确定和基础养老金正常调整机制实施意见》[EB/OL]. http://www.mohrss.gov.cn/ncshbxs/NCSHBXSgongzuodongtai/201903/t20190306_311428.htm, 2019-5-15.

行，受农村外出务工人员流动的影响，样本数据在年龄结构、性别比例方面会受到一定程度的干扰。

城乡居保制度是一项复杂工程。城乡居保制度包括基金筹集、经办管理服务系统，基金管理、制度衔接、组织领导等内容。城乡居保制度运行需要基金筹资、经办服务、制度衔接的有效配合。财政投入是城乡居保制度的最大亮点。本书选择城乡居保财政投入责任分担机制进行研究，固然会对城乡居保制度的平稳运行产生重要的意义；然而，从系统论视角来看，城乡居保经办服务能力、城乡居保基金管理也是城乡居保制度的重要内容。随着参保人口的增加和城乡居保基金规模的增大，如何进一步提升城乡居保经办能力？如何实现城乡居保基金的保值增值？本书对以上问题关注不足，有待今后深入研究。

2

城乡居保财政投入责任分担的理论基础

政府财政投入责任是研究城乡居保财政投入责任分担的逻辑起点,财政投入责任分担是政府财政投入责任的重要内容。在界定城乡居保财政投入责任分担机制内涵的基础上,基于公共产品理论、公共产品层级理论、政府间资源配置理论、财政地位均等化理论等,为城乡居保财政投入责任划分与财力匹配研究奠定理论基础。基于上述理论,明确城乡居保财政投入责任划分的必要性、合理性以及政府间城乡居保投入的财政责任边界,阐释城乡居保财政投入责任划分的内在机理,论述城乡居保财政投入责任划分与财力匹配二者的内在逻辑,并进一步探讨城乡居保财政投入责任分担的综合效应。

2.1 城乡居保财政投入责任分担机制的内涵

2.1.1 城乡居保的内涵与特征

养老行为和思想古已有之。早在原始社会的氏族公社时期,不能从事生产的老弱病残也能得到其他氏族成员的帮助。但现代意义上的养老保险制度最早诞生于工业社会时期的德国。1883—1889 年,德国议会先后通过了《疾病保险法》《工业伤害保险法》《退休金保险计划》等社会保险制度[①]。之后,其他国家纷纷效仿德国建立起养老保险制度。通常来讲,社会养老保险是现代社

---

① 袁志刚. 养老保险经济学:解读中国面临的挑战 [M]. 北京:中信出版集团,2016:21.

会保障体系最重要的制度安排，它是国家通过相应的法律法规，采取强制的手段平滑个人生命周期内的收入，通过筹集保险基金实现代内和代际的收入再分配，从而有效应对劳动者退出劳动领域后收入减少的风险，满足老年人基本生活需求，实现"老有所养"目标的一项制度安排①。从各国社会养老保险的实施情况来看，养老保险制度的具体设计往往表现出一定的差异性。

从社会养老保险的发展进程来看，养老保险制度最先覆盖产业工人，然后逐步扩展到农民，呈现出从工业延展到农业，从城市延伸到农村的态势②。同多数国家一样，我国农村社会养老保险的发展也出现滞后于城镇职工基本养老保险的状况。20世纪90年代初期，我国政府就开始对农村社会养老保险制度进行探索，直至2009年开始确立新型农村社会养老保险制度，2014年新型农村社会养老保险制度与城镇居民基本养老保险制度合并为统一的城乡居民基本养老保险制度。新型农村社会养老保险是国家通过特定方式筹集养老保险费，形成养老保险基金，进而为符合条件的农村老年人发放养老金，以保障农村老年人基本生活需求的保障项目。值得一提的是，并轨后的城乡居保和新农保的基本制度结构并未发生较大变化③。城乡居保制度的本质特征主要表现在两个方面：一是为城乡老年人提供基本的收入保障；二是实现再分配④。目前，城乡居保制度覆盖人口多、保险基金数额庞大，其已成为我国社会保障体系中最为重要的构成项目。

从制度基本内容来看，2014年国务院通过的《关于建立统一的城乡居民基本养老保险制度的意见保险试点的指导意见》（以下简称《意见》）充分学习和借鉴了城镇职工基本养老保险的经验，如两项养老保险制度均采取社会统筹与个人账户相结合的方式，个人账户养老金月计发办法、养老金待遇构成也相同。然而，相比城镇职工基本养老保险，城乡居保制度具有自身的特性，具体表现为：

2.1.1.1 居民参保的自愿性

自愿参保是城乡居保制度的原则之一。2009年国务院《关于开展新型农

---

① 袁志刚. 养老保险经济学：解读中国面临的挑战 [M]. 北京：中信出版集团，2016：27.
② 杨翠迎. 农村基本养老保险制度理论与政策研究 [M]. 浙江：浙江大学出版社，2007：42.
③ 新型农村社会养老保险和城乡居民基本养老保险的制度结构基本相同且农村居民是城乡居民基本养老保险的参保主体，因而文中有关新农保的论述同样适用于城乡居保。
④ 李珍. 社会保障理论：第三版 [M]. 北京：中国劳动社会保障出版社，2013：174.

村社会养老保险试点的指导意见》中明确提出:"政府主导和农民自愿相结合,引导农村居民普遍参保。"自愿参保主要表现为两个方面:一是农村居民可自主选择是否参加养老保险制度。《指导意见》规定:"年满16周岁(不含在校学生)、未参加城镇职工基本养老保险的农村居民,可以在户籍地自愿参加新农保。"二是自愿选择缴费档次。参保人可在每年100元、200元、300元、400元、500元等若干个档次中,自主选择缴费档次参保。尽管2014年并轨后的城乡居保制度没有提及"自愿参保",但在实践中并未强制城乡居民参保。而城镇职工基本养老保险对职工参保具有明显的强制性。这种强制性要求所有符合条件的参保人员(城镇各类企业职工、个体工商户和灵活就业人员)必须参加养老保险。同时,城镇职工基本养老保险规定了明确的职工缴费办法,要求所有符合条件的职工必须参保,个人参保严格按照社会平均工资的8%缴费。

2.1.1.2 财政投入的直接性

在资金筹资方面,城乡居保与城镇职工基本养老保险存在明显的差别。从表2-1可知,城乡居保资金主要由个人缴费、集体补助、政府补助构成,城镇职工基本养老保险资金主要来源于个人缴费和单位缴费。由于农村集体经济衰落,集体补助在城乡居保制度实际筹资中微乎其微,个人缴费和政府补贴是城乡居保制度的主要资金来源。可见,相比城镇职工基本养老保险,政府财政的直接补贴成为城乡居保制度的亮点。政府财政补贴不仅包括中央政府的财政投入,而且包括地方政府的财政投入,中央政府和地方政府财政有着不同的责任分工。对城镇职工基本养老保险而言,政府财政主要承担兜底功能,即在城镇职工基本养老保险基金入不敷出时,政府才会给予相应补贴。相比城乡居保显性的财政投入,这种政府财政责任主要是隐性的。

表2-1　　　　　新农保与城镇职工基本养老保险的基本内容

类别	新型农村社会养老保险	城镇职工基本养老保险
覆盖对象	年满16周岁(不含在校学生)、未参加城镇职工基本养老保险的农村居民,可以在户籍地自愿参加新农保	城镇各类企业职工、个体工商户和灵活就业人员都要参加企业职工基本养老保险
制度模式	社会统筹和个人账户相结合	社会统筹和个人账户相结合
资金筹集	个人缴费、集体补助、政府补助	个人缴费、单位缴费

续表

类别	新型农村社会养老保险	城镇职工基本养老保险
个人缴费	每年100元、200元、300元、400元、500元5个档次，地方可根据实际情况增设缴费档次	个人缴费按本人缴费工资的8%划入个人账户
养老金待遇	基础养老金和个人账户养老金组成	基础养老金和个人账户养老金组成
基础养老金待遇领取资格	年满60周岁、未享受城镇职工基本养老保险待遇的农村有户籍的老年人，可按月领取养老金	缴费年限（含视同缴费年限，下同）累计满15年的人员，退休后按月发给基本养老金
基础养老金	中央确定的基础养老金标准为每人每月55元	基础养老金月标准以本地上年度在岗职工月平均工资和本人指数化月平均缴费工资的平均值为基数，缴费每满1年发给1%

资料来源：根据新农保和城镇居民基本养老保险的相关规定整理而得。

2.1.1.3 基础养老金的普惠性

尽管城乡居保和城镇职工基本养老保险的养老金待遇构成均由基础养老金和个人账户两部分构成，但是两项制度在基础养老金待遇领取资格方面存在较大的差异。城乡居保的基础养老金主要由政府财政补贴，年满60周岁符合领取条件的农村老年人均可领取基础养老金。而城镇职工基本养老保险对基础养老金领取有着严格的规定，职工达到退休年龄且缴费累计满15年方能领取基础养老金。2005年《国务院关于完善企业职工基本养老保险制度的决定》规定："达到退休年龄但缴费年限累计不满15年的人员，不发给基础养老金。"同时，城镇职工基本养老保险的基础养老金主要源于单位缴费。可见，城镇职工基本养老保险的基础养老金更多强调权利与义务的对等，如果没有达到规定的缴费年限，则无法领取基础养老金。而源于税收的城乡居保基础养老金则更倾向于普惠性，参保人员即便没有参保缴费，只要符合退休年龄，均可享受到政府提供的基础养老金。值得注意的是，当前城乡居保基础养老金的水平远低于职工基础养老金。

2.1.2 城乡居保与公共财政投入的关系

2.1.2.1 城乡居保制度的发展离不开公共财政支持

缺乏政府财政的支持是我国早期农村社会养老保险失败的最大教训。老农保失败的原因有很多，财政投入缺失是其中最重要的原因之一。在《基本方案》中政府并没有直接承诺对农村社会养老保险进行补贴。《基本方案》规定："资金筹集坚持以个人缴纳为主，集体补助为辅，国家给予政策扶持的原则。"李迎生（2001）认为《基本方案》虽然在保险资金筹集问题上体现出将国家、集体与个人责任相结合，但更强调的是摆脱国家应尽的责任，以不让国家财政背包袱为出发点，重点在"以个人缴纳为主，集体补助为辅"，国家仅仅给予"政策扶持"。由于对国家、集体的责任未通过约束性规范加以具体规定，因而在实际管理工作中，"以个人缴纳为主"则变为"完全由个人缴纳"。国家虽肩负农村社会保险事业管理之责，但养老保险管理机构的运行费用仍取自社会保险基金。这样的养老保险，实难称为"社会养老保险"[①]。可见，在老农保制度设计中，政府并没有成为真正意义上的资金筹集主体，而国家予以"政策扶持"主要是通过对乡镇集体的补助以税前列支体现。这种税收优惠政策并不能让农民切身体会到财政补贴所带来的实惠。由于财政补贴既没有对农村居民缴费给予"入口"补贴，也没有对领取养老金的农村老年人口发放"出口"补贴，可以说老农保资金来源主要靠农民个人缴费，以致老农保逐渐异化为农民个人的养老储蓄计划。老农保的自我储蓄计划对农民的吸引力大打折扣：一方面，个人账户制与储蓄相比，缺乏流动性，难以充分调动农民的参保积极性；另一方面，个人账户累积的余额只能维持很低的领取水平。2006年，1947个县中，有1484个县的参保农民人均领取的养老金低于当地农村最低生活标准。领取农保养老金的331万名农民中，领取额低于当地农村最低生活标准的占88%，有120万人月领取额在10元以下，占36%[②]。

2.1.2.2 财政支持城乡居保是公共财政的应有之义

公共财政具有资源配置职能（resource allocation）、收入分配职能（income distribution）与稳定经济的职能（economic stability）[③]。公共财政的资源配置职能主要表现为政府为满足社会成员公共需求承担公共产品的活动。马克思认为："需求是人们的本性。"对于大多数人，在个体的生命周期中，都存在着养老需求。养老需求指的是满足个体生命所需的基本生活消费。在不同的历史

---

① 李迎生. 论我国农民养老保障制度改革的基本目标与现阶段的政策选择［J］. 社会学研究，2001（5）：105 - 116.
② 封进，郭瑜. 新型农村养老保险制度的财政支持能力［J］. 重庆社会科学，2011（7）：50 - 58.
③ 储敏伟，章辉. 财政学（第四版）［M］. 北京：高等教育出版社，2018：26 - 28.

阶段，满足养老需求的方式呈现出一定的差异。就农村居民养老需求而言，长期以来，依靠家庭是满足农村老年人需求最主要的保障形式。然而，随着我国计划生育的实施，家庭成员规模不断减少，家庭结构趋于小型化。家庭的核心化、子女数量的减少使得传统家庭养老方式难以持续。同时，农村土地收益不断减少，致使土地保障功能弱化。可见，家庭规模的缩小和土地保障功能的弱化给传统的家庭养老模式带来巨大的冲击，农民养老问题非常突出。建立农村养老保障的首要问题是资金来源问题。养老保险发轫于工业时代，其资金来源主要是个人缴费和单位缴费。相对于企业职工，农民并不存在企业或单位的归属，加上农村集体经济衰落，个人成为农村社会养老保险的唯一缴费主体。农民收入比较低且波动性比较大，个人缴费的积极性不高。老农保失败的根源在于财政投入的缺位。众所周知，养老是一种公共需求。当社会中多数农民养老需求无法得到有效满足时，养老问题可能演变为社会风险，影响社会的稳定。因此，政府财政必须为农民建立社会养老保险制度，确保农村老年人能够老有所养。

公共财政的收入分配职能主要表现为政府运用转移支付、税收调节等方式对社会收入进行分配和再分配。收入分配职能是公共财政重要的职能之一。现代经济学认为，首次分配强调效率，二次分配重在公平。市场在资源有效配置方面发挥着重要的作用。我国计划经济时期，城乡二元结构的体制为当时经济社会的发展发挥了重要的作用。然而，二元结构中的"剪刀差"政策，让农村居民在收入分配中处于劣势地位，长期承担经济社会发展成本。改革开放以来，社会主义市场经济给中国经济带来前所未有的活力，资源要素得到高效的配置，人民生活水平得到快速的提高。然而，伴随经济快速的增长，城乡之间的差距越来越大，城镇居民和农村居民之间的收入差距却越来越大。表2-2显示，我国城乡居民收入差距明显，2007年城乡收入比达到峰值3.14，随后城乡收入比有所回落，2015年之后城乡收入比又有所降低但下降幅度不大。首次分配造成了城乡贫富的差距，二次分配扩大了城乡贫富的差距。

表2-2　　我国城镇居民与农村居民人均可支配收入的差距

年份	农村居民人均可支配收入（元）	城镇居民人均可支配收入（元）	城乡收入比
2018	14617.03	39250.84	2.69
2017	13432.43	36396.19	2.71
2016	12363.41	33616.25	2.72

续表

年份	农村居民人均可支配收入（元）	城镇居民人均可支配收入（元）	城乡收入比
2015	11421.71	31194.83	2.73
2014	10488.88	28843.85	2.75
2013	9429.56	26467	2.81
2012	8389.3	24126.7	2.88
2011	7393.9	21426.9	2.90
2010	6272.4	18779.1	2.99
2009	5435.1	16900.5	3.11
2008	4998.8	15549.4	3.11
2007	4327	13602.5	3.14
2006	3731	11619.7	3.11
2005	3370.2	10382.3	3.08
2004	3026.6	9334.8	3.08
2003	2690.3	8405.5	3.12
2002	2528.9	7652.4	3.03
2001	2406.9	6824	2.84
2000	2282.1	6255.7	2.74
1999	2210.3	5854	2.65
1998	2162	5425.1	2.51
1997	2090.1	5160.3	2.47
1996	1926.1	4838.9	2.51
1995	1577.7	4283	2.71
1994	1221	3496.2	2.86
1993	921.6	2577.4	2.80
1992	784	2026.6	2.58

资料来源：历年《中国统计年鉴数据》。统计年鉴中关于农村居民人均可支配收入的统计方法有所变动，1992—2012年为农村居民人均纯收入，2013年以后变为人均可支配收入。

新中国成立以来，城镇职工有了较为健全的福利保障，养老保险、医疗保险覆盖了多数职工，但农村社会保障却长期缺位，这显然产生了不公平。我国《老年人权益保障法》（修正）规定，所有老年人都具有享受社会各界提供的物质帮助、社会服务、各种社会优待、积极参与社会发展以及共享社会发展成果的权利①。然而，事实上农村居民却一直没有养老保障制度的保护。农村居民养老问题，看病难、看病贵问题凸显。在此背景下，公共财政直接支持农村养老保障制度建设，不仅是缩小城乡差距的重要方式，而且是弥补农民福利损失的有效途径。

2.1.3 城乡居保财政投入责任分担的界定

城乡居保财政投入指的是为实现城乡居保制度的持续发展，政府对城乡居保进行财政资金预算、财政资金投入与资金管理等活动。这一安排主要包括以下几个方面：第一，政府直接通过公共财政投入的手段对农村居民的养老给予物质保障，公共财政和参保个人共同分担养老风险，农村居民获得基本养老保障。第二，政府应合理配置城乡居保财政投入资金，实现资金使用的公平和效率，提供城乡居保福利待遇。第三，政府对城乡居保财政投入资金进行监管，以确保财政资金按时足额到位和投入资金使用符合规范。城乡居保财政投入责任主要包括纵向政府间财政责任和横向政府间财政投入责任。本书研究的财政投入责任着重考察纵向政府间财政投入责任的界定和职责履行。

在城乡居保实际运行过程中，财政投入资金往往由多级政府分担，具体如表2-3所示。多级政府公共财政投入的合力实现了城乡居保制度的持续发展。

表2-3 城乡居保财政投入筹资责任分担机制的内容

补贴类别	补贴项目	补助对象	补助范围	负担主体	补贴标准
给付环节（出口补）	基础养老金最低标准补贴	60岁以上老年人	东部	中央政府 地方政府	中央和地方政府各负担一半
			中西部	中央财政	全部负担
	基础养老金加发补贴	60岁以上老年人	东部 中西部	地方政府	地方政府自定
参保补贴（入口补）	一般缴费补贴	全部参保人员	东部 中西部	地方政府	≥30元/年·人
	多缴缴费补贴	高档次缴费人员			地方政府自定
	长缴缴费补贴	长期缴费人员			

资料来源：依据《国务院关于开展新型农村社会养老保险试点的指导意见》整理而成。

---

① 全国人民代表大会常务委员会. 中华人民共和国老年人权益保障法 [EB/OL]. http://www.npc.gov.cn/wxzl/gongbao/1996-08/29/content_1479994.htm, 2019-6-16.

由表 2-3 可知,《指导意见》对中央政府和地方政府财政投入责任有着不同的分工安排①。从筹资责任分担来看,中央政府在城乡居保中的事责主要集中在给付环节,即承担基础养老保险资金的投入。《指导意见》规定:"政府对符合领取条件的参保人全额支付城乡居保基础养老金。"而地方政府的财政责任主要集中在入口补贴环节,即负责对参保人员个人账户进行资金补贴。从筹资责任分担方式来看,针对中西部地区,中央政府承担了中西部基础养老金最低标准的所有资金。对于东部地区,中央政府仅承担一半最低标准基础养老金,另一半则由东部地区地方政府进行筹资。可见,在基础养老金资金投入方面,根据不同地区经济发展的差异,中央政府对不同地区采取不同的转移支付方式。在参保补贴方面,省级政府、市级政府、县级政府之间的财政投入责任分担类型不尽相同。地方政府财政投入责任分担方式将在第 3 章进行具体的阐述。

通过上述分析发现,多级政府分担城乡居保财政资金必然涉及城乡居保财政投入责任分担问题。城乡居保财政投入责任分担指的是各级政府共同分担城乡居保财政补贴资金,以确保城乡居保制度的稳定持续发展的制度安排。这一制度安排实质上是从中央政府到地方政府,通过财政资源纵向配置实现城乡居保制度的稳定发展。主要包括两个方面:第一,确定不同层级政府的事责,即城乡居保筹资环节中政府财政投入责任的确定;第二,某一层级政府的事责的确定需要相应财力的保证,即政府具备负担城乡居保财政事责的财政实力。可见,城乡居保财政投入责任分担机制是一套精密的、系统的安排。其中,科学界定不同层级政府的财政投入责任是城乡居保财政投入责任分担机制的前提,不同层级政府事责和财力的匹配是城乡居保责任分担机制的内在要求。

2.2 城乡居保财政投入责任分担的学理基础

在探讨城乡居保与公共财政的关系、城乡居保财政投入责任分担机制内涵的基础上,着重从理论层面分析城乡居保财政投入责任分担机制形成的依据,主要阐述公共财政何以支持城乡居保,城乡居保财政投入责任分担的依据何在。

---

① 后文对地方政府(省、市、县)之间的财政投入责任分担状况进行具体探讨。

2.2.1 城乡居保财政投入责任确立的理论基础

政府财政投入责任是研究城乡居保财政投入责任分担的逻辑起点，投入责任分担是城乡居保财政投入责任的重要内容。因而，探寻城乡居保财政投入责任的理论依据是本书研究的首要问题。

人类社会的发展需要不同种类的产品和服务，但各式各样的产品和服务的受益范围和服务对象却千差万别。现代经济学根据产品和服务受益对象的不同，大致将其划分为私人产品和公共产品。私人产品通常由市场配置和提供，市场经济的主要消费群体是个人。公共产品具有较强的外部溢出效应，市场在供给公共产品方面往往失灵。因而，政府往往通过财政补贴、直接生产等方式直接供给公共产品。可见，城乡居保的内在属性直接决定了其是否需要政府财政的介入和支持。

财政是一种国家的经济行为。公共财政是以国家为主体的分配活动，它是国家为确保社会公平，提升资源配置效率，实现社会和谐发展的目标，通过集中调节部分国民收入，进而实现社会中供给和需求平衡的一种经济行为。西方公共财政学，从亚当·斯密提出政府守夜人角色，廉价政府是财政所追求的最高目标，政府只负责防止外来侵略和维持国内治安，到布坎南将财政视为公共部门经济，应更好地生产公共物品来满足公共需求。可见，在公共财政发展过程中，从最早的国防到后期形形色色的公共物品，关注社会公共需要、提供公共产品是现代公共财政关注的焦点。城乡居保是否需要财政投入以及财政投入的深度和广度，在很大程度上是由城乡居保的内在产品属性决定的。

2.2.1.1 公共物品理论

现代经济的公共物品理论研究开始于萨缪尔森，他认为某人对某种产品的消费不会影响他人对该产品的消费。萨缪尔森在1954年发表的论文《财政支出的纯理论》（The Pure Theory of Public Expenditure）中将公共物品界定为"每个人对这种产品的消费都不会导致其他人对这种产品消费减少"。依据萨缪尔森的定义，根据消费方式的不同，整个社会中的产品和物品可具体分为两类：私人物品和公共物品。根据萨缪尔森的界定，从消费方式来讲，私人物品不能够被多个消费者同时占有；而公共产品具有"共同消费性"（Collective Consumption），即全体社会成员共同从中受益，该物品或服务带来的效用是无法在各个社会成员之间进行分割的,只能作为一个整体而存在。由此可知,公共物品具有非竞争性与非排他性。消费的非竞争性表明某人的消费不会影响其他消费者的消费水平,即公共产品一旦产生,就能够满足更多的消费者的需求而不增加其边际成本。消费的非排他性表明产品的消费不可能排除他人,比如国防、公共安全等由国家提供,则该国的居民都能够享有它的保护,而某个居民也不会影响到其他居民享有国防、公共安全服务。在现实生活中,纯粹的公共物品并不多见,社会保障更多是公共性相对较强的混合产品。进入现代工业社会以来,社会成员面临工伤、养老、疾病等传统家庭无法应对的社会风险,由此产生对工伤、养老、疾病等的基本安全需求。上述基本需求的存在决定了社会保障的公共品特征,随着公民保障权的确立和选举政治的共同推动,提供社会保障公共品和建立社会安全网成为国家的基本职能[①]。

就城乡居民社会养老保险而言,从消费的竞争性特性来看,参加社会养老保险是所有城乡居民的权利,这也意味着某一居民自主参保缴费不会剥夺另一居民参保的权利。从参保的边际成本看,城乡居民参保的成本为零。这也说明城乡居民社会养老保险具有消费的非竞争性。从受益的排他性来看,城乡居民领取养老金待遇的前提是必须缴纳相应的养老保费,如不按时缴费,则在其到达相关年龄后不能享受政策规定的养老金待遇。所以,城乡居民养老保险制度在一定程度上具有排他性。此外,从效用的可分割性看,参保居民个人选择缴纳养老保险费的档次不同,则享受的养老金待遇也不相同。参保对象所缴纳的养老保险费是留给自己的老年的生活费用,从这个方面来说,城乡居民社会养老保险具有效用的可分割特性。综上所述,城乡居保社会养老保险制度所具有的准公共产品的非竞争性、排他性和效用的可分割性三个属性决定了政府介入城乡居民社会养老保险制度的必要性。

2.2.1.2 正外部效应理论

城乡居民社会养老保险是一种具有较强的正外部效应的准公共产品。其正外部性主要体现在以下三方面:一是城乡居民社会养老保险金增加了参保居民的老年收入,这不仅体现了政府的财政责任,还有助于提升城乡老年人的生活质量,同时对减轻子女的养老负担、促进家庭和谐也具有积极的意义。二是参

---

① 杨燕绥,闫中兴.政府与社会保障:关于政府社会保障责任的思考[M].北京:中国劳动社会保障出版社,2007:33.

保居民达到法定年龄即可享受到相应的养老金待遇，虽然养老金的数额有限，但在一定程度上有助于缓解城乡居民的养老压力。同时，对于部分老年生活条件比较好的城乡居民来说，稳定的养老金待遇有助于刺激其选择性消费，这对扩大消费市场、为经济发展提供一定的生机和活力起了推动作用。三是城乡居保社会养老保险制度的建立可以缩小城乡收入差距。城乡居民社会养老保险制度强调权利与义务的相统一，具有调节收入分配、缩小贫富差距的经济功能，有利于实现社会公平。但是城乡居民社会养老保险所具有的正外部效应特性会对养老保险的供需产生影响，容易造成"搭便车"的现象，因此需要政府进行适当干预。

2.2.1.3 财政补贴理论

财政补贴是政府的一种再分配政策，其实质是国家在特定的时期为实现一定的政策目标，对相关部门或对象所做出的经济补偿行动。具体来说，财政补贴是财政部门根据国家相关政策规定，在一定时期内对特定产业、部门或地区、企事业单位、居民个人等所给予的财政补助或财政津贴。财政补贴的经济效应主要体现为弥补市场失灵和增进社会福利。财政补贴的外部效应也会带来一定的负面影响，从而违背政府制定政策的初衷。就城乡居民社会养老保险制度而言，制度自身的外部性会导致私人边际收益和私人边际成本发生偏离，从而无法实现养老资源的有效配置。因此，政府应通过财政补贴矫正新老农保的外部性，即通过改变私人边际收益或成本，实现外部效应的内在化。

2.2.2　城乡居保财政投入责任分担的理论依据

通过阐释城乡居保财政投入责任基础理论可知，对于政府而言，城乡居保财政投入是政府运用公共财政手段，实现公共物品有效供给的职责所在。对于城乡居保而言，公共财政的直接投入是城乡居保稳定持续发展的关键。作为一项准公共物品，在当前多级政府体系下，城乡居保的有效供给显然需要不同级次政府的共同支持，这就涉及城乡居保财政投入的责任分担问题。那么，城乡居保财政投入责任分担的理论依据何在？从理论层面如何实现城乡居保财政投入责任分担的效率和公平？从本质上看，城乡居保财政责任分担机制是一种资源配置机制，实现财政补贴资金的帕累托最优是最终的目标，因而需要兼顾效率与公平。

2.2.2.1 城乡居保财政投入责任分担效率性的理论依据

城乡居保财政投入责任分担的效率性重点关注政府间财政投入责任分担的必要性和合理性。公共物品层级理论和财政分权理论是城乡居保财政投入责任分担的重要依据。

(1) 公共物品层级理论。公共物品具有公共消费的特征，但并非公共物品一旦提供，全体社会成员都能够享受其带来的好处。现实情况是，社会成员能否从某公共物品的提供中受益以及受益程度的大小，受地理、制度规则等因素的影响，因而，实际上绝大多数公共物品或服务有其特定的受益区域。公共物品具有不同受益范围的特性，依据该特征可以把公共物品大致分为以下几类：全国性公共物品、地方性公共物品及全球性公共物品。全国性公共物品面向全国所有社会成员，不论其收入和住址如何，均能从该公共物品和公共服务中受益。通常来讲，全国性公共物品主要由中央政府供给，地方政府由于受财力和权力的限制，往往无力承担全国性的公共物品。与全国性公共物品相比，地方性公共物品主要是仅能满足特定区域内社会成员需求的公共物品和服务。一般来讲，地方公共物品的受益群体基本上是地方行政辖区的社会成员，外地成员一般不会从相应的公共物品和服务中获得利益。当前，在我国行政管理体制下，国家政府是由中央政府和地方政府共同组成的多级政府体系（Multi-level Government）①。在多级政府体系下，地方性公共物品和服务均由某一层级的地方政府提供。根据提供主体的不同，地方性公共物品可具体分为：省级公共物品、市级公共物品、县级公共物品。与全国性公共物品相比，地方性公共物品具有如下几个特征：第一，受益范围的地域性。受益范围的地域性是地方公共物品最显著的特征。全国性公共物品的受益范围是全国社会成员，不论其居住何地、从事何种工作、收入状况如何，均能享受公共物品和服务带来的好处。而地方性公共物品的受益对象则仅限于特定辖区范围内的居民。第二，辖区外部性。尽管地方性公共物品对受益对象有明确的指向，但实际上公共物品被供给之后，受益对象往往不仅仅是辖区内的居民，从外流入到本辖区的居民和临近地区的居民也可以从中享受到公共物品和服务带来的好处，这就产生了公共物品的辖区外部性。地方公共物品的辖区外部性对地方政府是否提供某公共物品和服务将产生极为重要的影响，地方政府往往会对某公共物品的投入

---

① 王玮. 地方财政学 [M]. 北京：北京大学出版社，2013：27.

成本和受益进行权衡。此外，辖区外部性对不同层级政府财权关系和地方经济竞争都产生了重要的影响。第三，拥挤性。消费的非竞争性是公共物品的一个重要特征，这表明公共物品被提供后，增加一个人对公共物品的消费，都不会减少其他人对该物品或服务的消费。然而，地方性公共物品大多不是纯粹的公共物品，通常具有消费上的不完全非竞争性，这一特性决定了某公共物品和服务所承受的受益者是有限规模的。当人数不多时，增加一个人的消费并不会影响其他人的消费；当消费者达到一定规模时，增加一个消费者对该公共物品的消费，必须以减少其他人消费该物品或服务的数量或降低消费质量为代价，此时公共物品的拥挤性特征便显现出来。

作为一项准公共物品，城乡居民社会养老保险的有效提供需要各层次政府的协同支持。社会保障制度主要包括养老保障、医疗保障、失业保障、最低生活保障等内容。有些项目覆盖全民，有较强的全国性公共物品特征；有些项目仅覆盖部分社会成员，如最低生活保障制度，具有一定的地方性公共物品特性。就城乡居保而言，基础养老金针对所有60岁以上老年人，具有较强的普惠性，具有较强的全国性公共物品的特征；而针对个人账户缴费补贴，则具有一定的消费竞争性，但又具有较强的外部性，其地方性公共物品的特性比较突出。具有较强的全国性公共物品特征的项目主要由中央政府提供，具有较强地方性公共物品特征的项目主要由地方负责提供，而在本区域范围内的居民从地方性公共物品中均等受益。政府责任与其提供的公共物品的受益范围相对应，以保障不同层次范围的公共物品的供给。在我国行政管理体制下，为实现社会保障的有效供给，需要各级政府承担合理的责任，特别是财政责任。

（2）财政分权理论。现代财政学认为，财政集权（Fiscal Centralization）和财政分权（Fiscal Decentralization）是统筹和协调政府层级间财政关系的两种模式。财政集权是指在一个国家的政府体系框架内，财权和财力往更高层级政府集中的制度安排。与之相反，"财政分权"是指在政府体系内，更高层级的政府将相应的财权、财力逐渐向下级政府进行转移的活动安排。"分权"的思想早在古希腊时期就已产生，其实质是人类在发展过程中对社会分工的现实反映。随着经济社会的发展，分权思想不仅体现在政治领域，而且在经济领域崭露头角；尤其是战后凯恩斯主义的盛行，政府实施积极的财政政策，关于财政分权思想的研究越来越深入[①]。在财政学中，有关财政分权的研究最早集中

---

① 王玮. 地方财政学 [M]. 北京：北京大学出版社，2013：44.

在对财政联邦主义的探讨，其中提布特（Tiebout，1956）、马斯格雷夫（Musgrave，1959）、奥茨（Oates，1972）等学者对财政分权理论的形成和发展起了积极的作用。

市场失灵的存在，意味着必须有市场外的力量来满足社会成员的社会保障需求，而这个力量就是政府的干预。现代公共财政理论表明，市场是社会资源配置的手段，在市场失灵的情况下，需要政府的介入。理查德·马斯格雷夫把政府的财政功能分为三种，即稳定经济、收入分配和资源配置，其中，政府间资源配置职能主要涉及公共物品的提供。城乡居民社会养老保险是一项公共物品，需要政府间把有限财政资源进行合理的配置，以更好地提供公平和有效的社会保障服务。本书聚焦于城乡居保财政投入问题，着重探讨中央政府和地方政府如何有效地配置资源并提供养老保险服务。1956 年，提布特在《政治经济学杂志》发表题为"一个关于地方支出的纯理论"（A Pure Theory of Local Expenditures）的论文，首次提出"提布特模型"。提布特依据"用脚投票"理论，认为地方政府是地方性公共物品的理想供给者，地方政府更了解辖区内居民的真实偏好；同时，不同地方政府分别提供地方性公共物品而形成的政府间竞争还可以促进地方政府提高办公效率，进而更好地为本地区的居民提供理想的公共物品和服务。提布特模型解释了地方政府承担资源配置职能的效率问题，即地方政府是地方性公共物品最优的供给者[①]。提布特、马斯格雷夫等学者认为财政集权更可能引起公共物品供给的效率损失和决策失误，财政分权能在供给地方性公共物品方面具有得天独厚的优势。由于无法满足不同区域社会成员对公共产品的真实偏好，中央政府在统一供给公共产品时，会产生效率损失。相比中央政府，地方政府与当地居民联系更为紧密，其在搜集当地居民的公共物品需求信息方面更具有优势，这在很大程度上使得地方政府为当地社会成员提供更符合居民需求的公共物品。同时，实行财政分权后，地方政府之间的竞争将成为常态，这种竞争可以是纵向政府间的，也可以是横向政府间的。不论是何种形式的竞争，其结果是倒逼政府采取各种办法进行制度创新，提高地方性公共物品的质量，提升公共物品供给能力和效率，使得自己在竞争中能够占据优势地位。这种效率较高的公共物品供给模式还带来非常强的示范效应，促使落后地区的政府进行技术改进。而在财政集权模式下，中央政府制定和实施统一的政策，各地政府仅能落实政策，使得政策的创新性大打折扣。财

---

① 王玮. 地方财政学 [M]. 北京：北京大学出版社，2013：58 - 61.

政分权可以给居民带来更多的选择可能性。财政集权的统一性一般很难兼顾所有地区居民的需求和偏好,居民的差异性偏好很难得到满足。而财政分权赋予地方政府一定的自主权,能够充分考虑地方居民的偏好,进而在供给地方性公共物品时,给居民带来更多的选择。

2.2.2.2 城乡居保财政投入责任分担公平性依据

公共物品层次理论和财政分权理论揭示了公共物品供给中政府间分担责任的合理性和必要性,这为城乡居保财政投入责任分担提供了有力的理论依据。公平与效率是公共物品供给的核心价值诉求。效率主要是指资源的配置效率,配置效率是指资源的最优配置状态。不论是公共物品层次理论还是财政分权理论,都更多强调了公共物品供给的效率。与效率相对应的是公平,在提供公共物品的制度安排中,除了追求效率,作为一项社会保障制度的城乡居保供给更强调公平。机会公平、过程公平和结果公平是公平的三要素,政府对新农保财政投入更要注重机会公平和过程公平。

(1) 公共服务均等化理论。公共服务均等化(Fiscal Equalization)指的是一个国家的所有社会成员,不论其身份、地位、收入以及居住地点等状况如何,都有权享有政府提供的水平大体相同的公共服务[①]。由于各地经济社会发展存在一定的差异,政府所提供的公共物品和服务往往存在某种程度的差异,这种差异过大直接影响了社会公平。尤其是对于具有较强同质性的准公共物品,其在全国范围内具有较强的比较关系。如财政支持的城乡居保基础养老金和个人账户缴费补贴具有直接的区域间的比较关系。基础养老金标准差距过大,不仅影响社会公平,而且引起不同政府之间的恶性竞争,进而引发社会问题。因而,政府对城乡居保的财政投入不仅要强调效率,更要恪守公平原则,确保城乡居保财政投入能实现公共服务均等化。

(2) 财政地位均等化理论。边际收益与边际成本相等是最有效率的经济活动。公共物品有效率的供给的前提条件是提供公共物品的收益与成本完全内部化。然而,作为一项准公共物品,在人口流动较为频繁的当下,城乡居保具有显著的辖区外部性。城乡居保制度一旦确立往往存在外溢效应,导致城乡居保制度的实施无法实现成本和受益的平衡。因而,为矫正城乡居保制度的外部性,就需要更高层级政府通过转移支付、定向补贴等手段进行干预。

---

① 王玮. 地方财政学[M]. 北京:北京大学出版社,2013:51.

公共物品的层次在某种程度上需要多级政府和多级财政与之相适应。由于社会保障涵盖养老、医疗、工伤、失业等项目，每个项目具有不同的属性，因而，在提供社会保障的过程中，需要各层级政府承担相应的责任。各级政府的区域位置和资源禀赋的差异，导致政府之间经济和财力存在较大的差异。社会保障是保障社会成员基本生活需求的公共物品，政府承担的最基本的责任是确保最低标准的社会保障均等化。最低标准的社会保障均等化指的是政府应为社会成员提供水平大体相同的社会保障项目，而不论社会成员的身份、地位、收入以及居住地点等状况如何。为确保社会保障的均等化供给，各层级政府应该实现财政地位的均等化，如此才能保证政府社会保障事权和财权的匹配。

地方政府财政地位的均等化（Equalization of Fiscal Position）是实现公共服务均等化的一个重要前提。财政地位等于财政收入能力与财政支出需求之比。如果一个财政收入能力较高的地方政府面临着较低的财政支出需求，那么它的财政地位就比较强。地方政府财政支出需要与财政收入能力之间能否平衡，在不同的地区存在着明显的差异。对这种差异不应完全忽视不管，而应采取相应的措施，使各地区的差距不要拉得过大。要逐步实现均等化，至少应保持在一个可以接受的范围之内[①]。

2.3 城乡居保财政投入责任分担的综合效应

2.3.1 协同效应

协同效应（Synergy Effects）最早指的是物理化学现象，两种及以上的化学成分调配一起，产生的效果强于单独成分的效果的综合，经常被表述为 $1+1>2$。德国物理学家赫尔曼·哈肯认为协同是指在特定的环境中，各个系统存在相互合作与互相影响的复杂关系，协同现象在人类社会中也广泛存在。政府是国家实现社会治理的重要组织机构。当今世界，多数国家的政府都是由中央政府和地方政府共同组成，多级政府是社会分工的必然结果。我国是单一制国家，建立了中央政府、省（自治区、直辖市）、市、县、乡（镇）多级地方体制。在我国的多级政府体制中，每一个层级政府承担的职

---

① 王玮. 地方财政学 [M]. 北京：北京大学出版社，2013：52.

责和权限有所不同。就城乡居保财政投入而言，中央政府和地方政府有明确的分工。中央政府主要负责补贴全国性最低基础养老金，尽可能确保全国性公共物品的均等化；地方政府最接近本地居民，也最了解居民需求，地方政府负责缴费补贴和支付附加基础养老金。可见，合理的城乡居保财政投入责任分担是协同效应的充分体现，多级政府城乡居保财政投入的协同效应更是确保城乡居保制度稳定和可持续的关键。

2.3.2 增进社会和谐效应

社会保障制度是社会稳定的"减压阀"和"稳定器"。从社会保障发展历史来看，社会保障制度对促进社会稳定发挥着非常明显的积极作用。为应对严峻的劳资纠纷，19世纪80年代后期，德国先后发布了疾病、养老保险制度，这些保险制度的颁布和实施对社会稳定发挥了积极的作用。在我国社会保障实践过程中，社会保障制度呈现出典型的"二元模式"：政府在城市建立了相对完备的社会保障制度，其在保障和提升城镇居民基本生活质量方面具有显著的作用；而农村的社会养老保障制度却迟迟未能确立，尤其是农村居民社会养老保险制度长期缺位，无法给农村老年人带来生活安全感和幸福感。城乡养老保险制度的二元设计会诱发和激化社会矛盾，直接影响社会和谐和稳定。因而，财政支持建立的城乡居民社会养老保险制度直接增加了农村居民的收入，体现出增收效应。同时，由政府财政完全负担的基础养老金能够在一定程度上缓解城乡居民养老的后顾之忧，对增强城乡居民的安全感、提升老年人地位具有积极的意义。养老安全感的提升有助于增强城乡居民消费活力，助力消费升级。可见，不论是城乡居保财政投入直接带来的增收效应，还是激发的消费活力效应，财政支持的城乡居保制度均增强了居民的获得感和幸福感，最终增进了社会团结与和谐。

2.4 本章小结

城乡居保政府财政投入责任是研究城乡居保财政投入责任分担的逻辑起点。首先，探讨了城乡居保制度的内涵与特征。居民参保的自愿性、财政投入的直接性、基础养老金的普惠性是城乡居保制度的典型特征。城乡居保与公共财政投入的关系，主要表现为城乡居保建设离不开公共财政支持，财政支持城乡居保是公共财政的应有之义。其次，基于公共产品理论、公共产品层级理论、政府间资源配置理论、财政地位均等化理论等，为城乡居保财政投入责任划分与财力匹配的研究奠定了理论基础。最后，进一步探讨城乡居保财政投入责任分担的综合效应，具体表现为协同效应和社会和谐效应。

3 城乡居保财政投入政策的嬗变

自 2009 年新农保试点开展以来，历经 10 余年的时间，我国城乡居保制度建设取得飞速的发展。为确保城乡居保公平、稳定、可持续发展，需要反思总结城乡居保 10 年来的发展进程，特别是城乡居保财政投入政策的演变。尽管城乡居保制度确立的时间短，但合并前的农村居民社会养老保险可追溯到 20 世纪 80 年代。为梳理城乡居保财政投入政策演变进程，本章全面考察城乡居保财政投入政策的经济社会环境。首先，基于社会保障三体系框架，从整体上回顾我国从农村社会养老保险到统一的城乡居民基本养老保险的变迁，并对其进行评估。其次，着重分析城乡居保投入政策的演变，探讨城乡居保财政投入政策演变的经济环境、政治环境以及社会环境。最后，阐述我国现行城乡居保财政投入政策，通过对城乡居保财政投入政策演变与现状的分析，为后续研究提供历史和现实依据。

3.1 我国城乡居保制度的变迁与评估

3.1.1 社会保障三体系分析框架

自 2009 年开始实施新型农村社会养老保险（以下简称新农保）以来，我国城乡养老保障体系逐渐趋于完善。本章参考和借鉴丁建定教授提出的社会保障制度三体系分析框架，对我国城乡居保制度进行评估。丁建定（2010）认为社会保障三体系主要包括社会保障内容体系、社会保障结构体系与社会保障层次体系三个方面内容①。社会保障制度内容体系主要是指社会保障制度的基本项目构成，它表明社会保障制度对社会问题的覆盖，反映社会保障制度对社会风险的预防和保障能力。社会保障制度结构体系主要是指社会保障制度的对象构成，它表明了社会保障制度对社会成员的覆盖，反映了社会成员享受社会保障权益的普遍程度，因而反映了社会成员享受社会保障的公平程度。社会保障制度层次体系主要是指社会保障制度主体之间的相互关系，它表明了社会保障制度各主体参与社会保障制度的程度，反映了社会保障制度中政府、社会组织与个人的责权关系②。作为社会保障体系的重要构成，城乡居保制度也具备自身的内容体系、结构体系与层次体系。因而，本章参考和借鉴社会保障制度三体系分析框架，分别从内容体系、结构体系与层次体系来考察城乡居保制度的变迁，并对其进行评估。

3.1.2 城乡居保制度内容体系的变迁与评估

3.1.2.1 城乡居保制度内容体系的变迁

受人口老龄化、人口流动与家庭规模小型化等多重因素的影响，传统的家庭养老保障制度逐渐"力不从心"，且农村社会保障严重滞后于城镇，城乡社会保障严重失衡。为此，国家在"七五"计划中指出要抓紧研究建立农村社会保险制度。1986年民政部根据国家"七五"计划部署，开始探索在农村建立社会养老保险制度。同年，民政部在江苏召开了"全国农村基层社会保障工作座谈会"，会议决定根据我国农村实际情况，因地制宜地开展农村社会保障工作。1991年民政部制定了《县级农村社会养老保险基本方案（试行）》（以下简称《基本方案》），首次明确以县级为基本单位开展农村社会养老保险。1993年，民政部成立"农村社会保险司"，1995年组建"农村社会养老保险管理服务中心"。1998年国务院整顿保险业工作小组调研发现农村养老保险问题很多。受多种因素的影响，国务院做出了整顿和暂停农村社会养老保险制度的决定。2002年11月，党的十六大要求农村各地根据实际情况建立农村社会养老保险制度。2003年11月，劳动与社会保障部发布《关于认真做好当前农村养老保险工作的通知》（劳社部函

---

① 丁建定. 西方国家社会保障制度史［M］. 北京：高等教育出版社，2010：378-379.
② 丁建定. 略论中国社会保障制度体系的完善［J］. 黑龙江社会科学，2011（5）：132-138.

〔2003〕258号）。为贯彻党的十七大和十七届三中全会精神，2009年，国务院准备启动新农保试点工作。同年，国务院办公厅宣布成立国务院新型农村社会养老保险试点工作领导小组，以加强对新型农村社会养老保险试点工作的政策协调和组织指导。由此，新农保开始在全国范围内进行试点工作。2014年2月，国务院发布《关于建立统一的城乡居民基本养老保险制度的意见》（国发〔2014〕8号）。至此，我国城乡居民社会养老保险实现了从无到有的历史性跨越。

3.1.2.2 城乡居保制度内容体系的评估

中国城乡居民社会养老保险建设以来，历经了从无到有，从发展到改革再到重新发展的历程。自2009年新农保制度实施以来，我国城乡居保制度内容体系有了长足发展，取得了丰硕的成果。农村养老保障制度在老年人的覆盖范围上逐步扩大，建立了基本的新型农村社会养老保险制度、失地农民养老保障制度，出台了农村高龄老人津贴政策。此外，部分农村地区开始试点失能老人长期护理保险，细化农村失能老人的养老服务。农村养老保障制度由单一向多元化发展，内容体系逐渐完善。可以说，我国新农保实现了制度全覆盖，终结了广大城乡居民被养老保险排斥在外的历史。

我国城乡居保制度内容体系还存在很多不足，主要表现为现行城乡居保制度的待遇水平比较低，难以保障农村老年人的基本需求。同时，农村社会养老服务体系仍不健全：一方面是农村养老院数量不够，农村养老机构入住率不高；另一方面是民办养老机构收益少，导致民办养老机构可持续性难以保持。除此之外农村社会养老服务体系尚未完善。老年长期护理保险在农村尚处于部分地区试点工作阶段，在全国范围内建立完善的老年长期护理保险制度还有很长的路要走。

3.1.3 城乡居保制度结构体系的变迁与评估

3.1.3.1 城乡居保制度结构体系的变迁

城乡居保制度结构体系反映了制度对城乡居民的覆盖情况。我国农村养老保险的参保人数经历了由上升到下降的过程：1992—1998年，农村养老保险参保人数呈上升趋势；1999—2008年，农村养老保险参保人数呈下降趋势

(见图3-1)。参保人数变动情况与国家农村养老保险政策实施情况较为吻合。1999年,开始对农村养老保险进行整顿、改革。

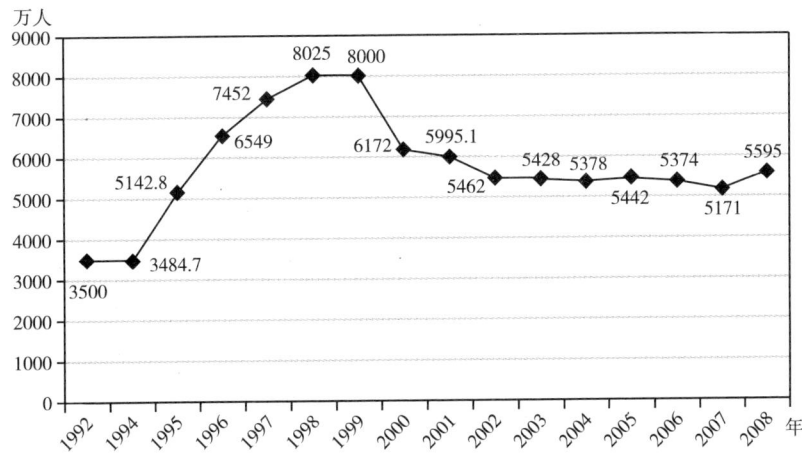

图3-1　1992—2008年老农保时期参保人数变动情况

资料来源：1992—1997年民政事业发展公报、1998—2008年人力资源和社会保障事业发展统计公报。

从农村养老保险基金的年末滚存结余金额来看（见图3-2），1993年到2008年养老保险滚存结余逐年增多，从1993年的14.79亿元增加到2008年的499亿元，涨幅超过32倍。

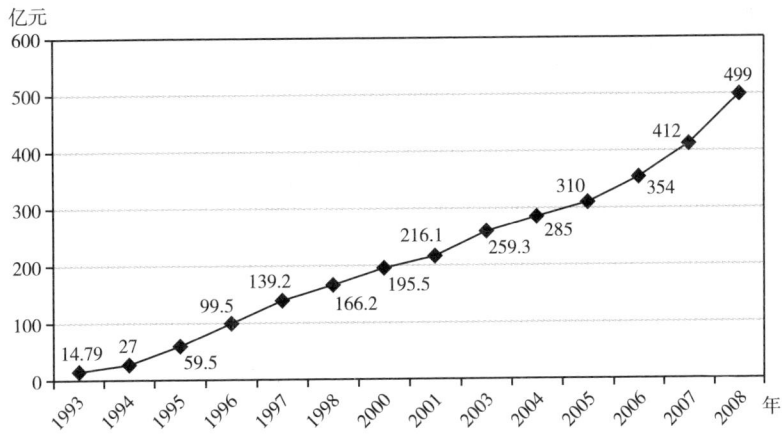

图3-2　1993—2008年农村养老保险基金滚存结余金额

资料来源：1993—1997年民政事业发展公报、1998—2008年人力资源和社会保障事业发展统计公报。

2009年新型农村养老保险试点以来，参保人数呈现上升趋势。2009年新农保参保人数为8691万，2018年参保人数达到52392万，是2009年的6倍。同时，伴随参保人口的增加，年末领取待遇人数、基金收入以及支出都在增多，年底养老保险基金滚存结余也呈现上升趋势。在养老保险基金收入方面，个人缴纳金额逐年增多，而个人缴纳金额占养老保险基金的百分比总体呈下降趋势，表明政府对农村养老保险基金的补贴不断增多，投入逐年加大。

3.1.3.2 城乡居保制度结构体系的评估

随着城乡居保制度体系的构建以及完善，城乡养老保障结构体系日趋完善。有针对失地农民的养老保障制度、农村高龄老人津贴制度，以及在农村部分地区试点的老人长期护理保障制度。但是，城乡居保制度结构体系还存在一定的问题，主要表现为低收入群体参保问题。现行的城乡居民基本养老保险属于权利与义务结合的社会保险范畴，参保人员只有缴纳保费，履行好义务后，才能够领取养老保险金。这要求参保人具备支付保险费的能力，而部分中低收入人群由于无力缴费被排斥在制度之外。城乡社会养老保险制度比较复杂，除了一般人群的基本养老保险外，还有失地农民养老保障制度、高龄老人的高龄津贴以及农民工养老保障制度等。城乡居民养老保险的多样性造成其结构体系的复杂性，难以将所有养老保险制度整合起来。城乡各项养老保障制度的多样性给其长远发展带来挑战，难以保障城乡居民养老的公平性。所以，城乡居保制度体系的完善要求现有各项养老保障制度的统一。

3.1.4 城乡居保制度层次体系的变迁与评估

3.1.4.1 城乡居保制度层次体系的变迁

（1）城乡居保制度中的政府责任。城乡居保制度中的政府责任主要体现为相关法律法规的制定、财政投入、监管体系构建等。从城乡居民养老保险的政府财政责任分析来看，1992年1月，民政部颁布的《县级农村社会养老保险基本方案（试行）》指出，养老保险"坚持资金个人交纳为主，集体补助为辅，国家予以政策扶持"，但是实际上政府并没有履行财政责任。2009年9月，国务院颁布的《关于开展新型农村社会养老保险试点的指导意见》对新农保资金来源做出明确说明，新型农村社会养老保险资金由个人缴纳、集体补助、政府补贴构成。政府财政直接补贴新农保是有别于老农保的关键点。政府财政补贴主要由中央政府与地方政府共同分担,其中中央政府负责基础养老金的财政资金投入,地方政府主要负责参保缴费补贴和附加基础养老金补贴金补贴。财政部公布的数据显示,2015—2017年城乡居民养老保险财政收入分别为2043.9939亿元、2092.087亿元、2319.19亿元。城乡居民养老保险财政投入逐年增多,政府在城乡居保缴费制度中的责任有所强化。

(2) 城乡居保制度中的个人责任。城乡居保制度中的个人责任主要体现为个人缴纳养老保险费用的责任。民政部主导推行的农村社会养老保险,过度强调了个人参保缴费责任。在筹集资金方面,老农保强调个人缴纳为主,政府对农村社会养老保险的责任仅体现在政策扶持方面,并没有直接的财政投入。老农保规定了2—10元共10个缴费档次供参保人选择。2009年人力资源与社会保障部主导的新农保规定参保居民应缴纳养老保险费,设置100—500元共5个固定额度的缴费档次供参保人选择。新农保明确规定个人缴费是新农保基金筹集的来源之一。2014年统一后的城乡居民基本养老保险对个人缴费责任的规定基本同新农保一致,规定个人缴费是城乡居民基本养老保险基金筹集的来源之一,城乡居保只是设置了更加多元化的缴费档次供参保人自主选择。相比新农保规定的5个缴费档次,城乡居民基本养老保险的缴费档次增加至12个。从老农保到城乡居保,国家政策明确鼓励个人多缴纳养老保险,多缴多得,确保个人履行养老保险缴费的责任。

3.1.4.2 城乡居保制度层次体系的评估

中国农村养老保险经历了由无到有的发展过程,自2009年新农保实施以来,我国农村养老保障制度不断发展和完善,建立了个人、集体、政府共同筹资的新型农村养老保险制度层次体系。2009年9月,由人力资源与社会保障部主导的新农保制度明确提出"探索建立个人缴费、集体补助、政府补贴相结合的新农保制度"①。城乡居保强调个人、集体以及政府的责任。在个人缴纳养老保险费方面,实行多缴多得的鼓励政策;在集体方面,城乡居保要求村集体经济较好的地区对参保人员缴费进行补助;在政府责任方面,政府对城乡居保参保人进行缴费补贴,多缴多补,主要包括中央财政和地方财政补贴。从

---

① 人力资源与社会保障部. 关于开展新型农村社会养老保险试点的指导意见 [EB/OL]. http://www.mohrss.gov.cn/gkml/zcfg/gfxwj/201407/t20140717_136099.html, 2019-7-1.

2009—2017 年城乡居保（2014 年前为新农保）基金收入来源构成可以明显看出，基金中的个人保费所占比例呈现逐年减少态势。2017 年，基金收入中，个人保费部分占 24.52%。这在一定程度上反映出政府对城乡居保的财政支持力度很大。政府财政投入政策能够较好地激发参保人员的参保热情与积极性。集体补助在发展较好的地方才能够实现，很多地方集体经济补助很难落实到位。因而，未来如何界定政府和个人责任是城乡居保制度面临的重要问题。

3.2 城乡居保财政投入政策的演变

伴随社会经济的不断发展和进步，我国城乡居保制度也逐步完善。在城乡居保发展进程中，政府的财政补贴起着举足轻重的地位。本部分在回顾以往新型农村养老保险及其政府财政补贴政策研究的基础上，详细阐述城乡居保财政补贴政策的演变路径及内容。从财政投入责任的视角，把我国城乡居保制度及其财政补贴政策分为三个阶段：农村基本养老保险（也称老农保）财政投入政策的缺失阶段（1978—2002 年），新型农村养老保险财政投入政策的发展阶段（2002—2014 年），城乡居民社会养老保险财政补贴政策的完善阶段（2014 年至今），在此基础上，进一步探讨城乡居保财政投入政策嬗变的经济环境、政治环境与社会环境。

从中国城乡居保制度发展历程来看，我国城乡居保财政补贴政策经历了一个从无到有的历史发展过程，政府财政补贴责任也经历了从缺失到逐渐确立，再到逐步完善的阶段，每一步的实践都历经艰辛的探索。不少学者对农村社会养老保险制度进行过历史阶段的划分。刘晓梅（2010）根据主管部门的变化，将新农保制度划分为三个阶段：民政部时期的老农保制度，原劳动与社会保障部的新农保制度探索，人社部时期的新农保制度[1]。曹信邦（2012）将新农保制度分为政府责任缺失期和政府逐渐回归期两个阶段[2]。刘海英、梅琳（2015）把农村养老保险制度的变迁分为两个阶段——传统农村社会养老保险制度阶段（1986—2002 年）和新农保及城乡居保阶段（2003 年至今）[3]。海龙

---

[1] 刘晓梅. 中国农村社会养老保险理论与实务研究［M］. 北京：科学出版社，2010：139.
[2] 曹信邦. 农村社会养老保险政府责任供给机制的构建［J］. 社会保障研究，2012（1）：92-106.
[3] 刘海英，梅琳. 公共财政视角下农村社会养老保险制度变迁研究［J］. 社会保障研究，2015（6）：3-14.

（2016）将我国城乡居保财政补贴政策演变界定为老农保财政补贴政策缺失阶段、地方政府新农保财政补贴政策探索阶段与新农保财政补贴政策的确立阶段①。

可以看出，学界对我国城乡居民社会养老保险制度的历史演变有着不同的认识和阶段划分方法。2009年新农保制度确立以来，政府对新农保的财政投入规模不断增加，特别是2014年新农保和城镇居民基本养老保险制度并轨后，很多地区对城乡居保财政投入方式进行了不同形式的创新。因而，在借鉴以往研究的基础上，充分考虑到并轨后城乡居保财政投入的新变化，将我国城乡居保财政补贴政策演进界定为以下三个阶段：老农保财政补贴政策的缺失阶段（1978—2002年），新型农村养老保险财政补贴的发展阶段（2002—2014年），城乡居民社会养老保险财政补贴政策的完善阶段（2014年至今）。

3.2.1 老农保财政投入政策的缺失阶段

新中国成立之初，我国经济基础薄弱，城乡发展不平衡，农村社会保障基本上是一片空白，家庭养老一直是农村老人的主要养老方式。20世纪80年代，我国进行经济体制改革，推行家庭联产承包责任制，极大激发了农村经济发展的活力，农村经济实力较之前实现了质的飞跃，中国部分地区开始进行农村社会养老保险的探索。党的十一届三中全会通过的《农村人民公社条例（施行草案）》规定："有条件的基本核算单位可以实行养老金制度。"1984年全国有23个省、直辖市的9460个村实行了养老金制度，享受人数超过60万人②。由于养老金制度需要以较好的经济基础为保障，所以该制度并没有在全国全面展开。

改革开放后随着社会经济的变化，农村社会保障严重滞后于城市，城乡社会保障呈现明显失衡状态。"七五"计划指出："抓紧研究建立农村社会保险制度，并根据各地的经济发展情况，进行试点，逐步实行。"1986年"全国农村基层社会保障座谈会"在江苏召开，会议决定选择部分有条件的地区开展农村社会养老保险，这标志着我国农村养老保险制度真正迈出了探索的第一

---

① 海龙. 新型农村社会养老保险财政补贴政策研究［M］. 北京：经济科学出版社，2016：53.
② 张敬一，赵新亚. 农村养老保障政策研究［M］. 上海：上海交通大学出版社，2007：88-91.

步。1991年民政部出台了《县级农村社会养老保险基本方案》（以下简称《基本方案》），首次明确以县级为基本单位开展农村社会养老保险[1]，并选取山东、湖北等省份进行农村社会养老保险的试点工作，试点进展较为顺利。据统计，截至1992年底，全国有170个县基本建立了农村社会养老保险制度，参保农民达3500万人，保费收入10亿多元。1997年底，有2008个县和285个地区实施养老金计划。此外，大约57%的乡镇、几乎所有的县、接近3/4的地区和57%的省份建立了专门的管理机构，参保农民达8200万人[2]。然而，农村社会养老保险的发展并非一帆风顺，1998年我国不断下调银行利率，受此影响农民养老保险待遇水平不断降低，不少地方政府面临养老保险待遇给付的财政压力。不久后，国务院开始对农村社会养老保险进行整顿，要求暂时停止接受新业务。至此，中国农村社会养老保险事业基本处于停滞时期。

从制度的实践层面来看，老农保确实产生了一定的积极意义，如增强了农民的保险意识，减轻了农民的养老负担，培育了一批业务员等。同时也存在覆盖面窄、参保率低、保障水平有限、管理水平不高以及制度的财务可持续性差等问题。关于"老农保"失败的原因，杨礼琼（2011）认为根本原因在于制度设计本身，现行农村养老保险制度政府财政投入力度不足，其保障功能不能很好地体现[3]。吴连霞等（2012）指出，农民的短视、对政府的怀疑和养老给付水平不高等原因使得农民参保积极性和参保率不高[4]。可见，老农保失败的原因有很多，缺乏政府财政投入是主要因素之一。老农保资金来源主要靠农民个人缴费，财政补贴既没有对参保农民给予"入口"补贴，也没有对养老金领取者发放"出口"补贴，老农保实质上相当于农民个人的养老储蓄计划。老农保提及的"政策扶持"，并没有让农民享受到真正的财政补贴实惠。此外，还要从农民的参保总收入中提取3%作为农村社会养老保险管理机构的经费。管理费的提取使得农民宁愿选择银行储蓄也不参加养老保险。我国农村社会养老保险工作陷入了缓慢甚至停滞状态。

---

[1] 民政部. 县级农村社会养老保险基本方案 [EB/OL]. http://www.gov.cn/banshi/2005-08/04/content_20283.htm, 2019-7-1.
[2] 张敬一, 赵新亚. 农村养老保障政策研究 [M]. 上海: 上海交通大学出版社, 2007: 91.
[3] 杨礼琼. 城乡统筹背景下中国特色农村养老保障路径选择 [J]. 理论探讨, 2011 (3): 97-100.
[4] 吴连霞, 吕学静. 新老农保制度成败原因之对比 [J]. 山东工商学院学报, 2012 (2): 86-91.

3.2.2 新农保财政投入政策的探索与确立阶段

3.2.2.1 地方政府对新农保财政投入政策的探索

尽管老农保政策以失败告终,但这并没有阻止地方政府对农村社会养老保险制度的探索。自 2003 年以来,各地政府在《基本方案》的基础上先后展开对新的农村养老保险模式的探索,如加大对农村社会养老保险的调查研究,完善养老保险基本规范管理办法,其中最大的亮点在于地方政府尝试对农村社会养老保险进行补贴,并开展了形式各异的养老保险财政补贴政策实践。北京、上海、广州、江苏等省(市)在《基本方案》的基础上,结合自身的发展情况,对农村社会养老保险补贴制度开展调整,制定相应的养老保险政策并进行试点。在实践过程中逐渐形成了比较有代表性的养老保险财政补贴模式,如北京的大兴模式,江苏的苏州模式,广州的中山模式、东莞模式等。具体方案模式如表 3-1 所示。

表 3-1　我国典型试点城市农村社会养老保险财政补贴方案

	模式	典型试点地区	方案
入口补	比例补贴	青岛、苏州、东莞	青岛:确立个人、村集体、市(区)、镇(街道)四方筹资机制。各地区都明确规定了各自缴费和财政补贴的比例
	固定金额补贴	宝鸡	见下
出口补	固定额度补贴	北京大兴、苏州、宝鸡	北京大兴:提供每人每月 280 元的养老金
两口补	入口固定补+出口固定补	宝鸡、中山	宝鸡:在入口补方面,县(区)财政的补贴标准不低于元 15 元/年·人,市级财政不低于 15 元/年·人;在出口补方面,市、县(区)财政提供 60 元/月·人的基础养老金
	入口按比例补+出口固定补贴	东莞、苏州、中山	苏州:在入口补方面,将农村居民分为三类,针对不同类别人员实行不同比例的财政支持;在出口补方面,规定达到特定年龄的农民和无固定收入的外来人员,可享受 80 元/月·人的社会养老补贴

资料来源:根据典型试点地区农村基本养老财政补贴政策整理所得。

与以往农村社会养老保险制度相比，我国地方政府探索农村社会养老保险实践中最大的亮点是采取多元化的方式补贴农村养老保险。根据各地养老保险政策文件，可以把政府财政补贴分为三类：入口补贴、出口补贴、两头补。第一类是入口补贴，主要包括比例补贴和固定补贴两种。多数试点地区采取比例补贴方式，如青岛市规定市、镇、村集体对农民参保进行补贴不能低于一定的比例；东莞市和苏州市规定市、镇（区）两级财政要为所有参保人实施规定比例的财政补贴；宝鸡市采取了固定额度补贴模式，宝鸡市规定县（区）财政对参保农民的补贴标准不低于15元/年·人，市级财政不低于15元/年·人。第二类是出口补贴，主要采用固定额度补贴的方式，如北京大兴、苏州和宝鸡。北京市规定凡达到法定退休年龄的辖区内农民，北京市政府向其提供280元/月·人的养老金；苏州规定达到特定年龄的农民和无固定收入的外来人员，可享受80元/月·人的社会养老补贴。宝鸡市由市、县（区）财政提供的养老补贴标准为60元/月·人。第三类是两头补，既进行入口补贴，又进行出口补贴。这类城市均具有良好的经济基础，如中山、东莞、苏州、宝鸡等。

3.2.2.2 新农保财政投入政策的确立与内容

党的十七大报告提出"探索建立农村养老保险制度"。2008年10月，党的十七届三中全会通过《中共中央关于推进农村改革发展若干重大问题的决定》，强调："按照个人缴费、集体补助、政府补贴相结合的要求，建立新型农村社会养老保险制度。"这为农村社会养老保险筹资方式指明了基本方向。经过长期的探索和实践，2009年9月，国务院正式颁发了《关于开展新型农村社会养老保险试点的指导意见》（以下简称《指导意见》），规定新农保要逐步扩大试点地区，目标是2020年之前基本实现对农村适龄居民的全覆盖，并在全国范围内实施。我国农村社会养老保险制度由此开始了新的起点。60岁及以上的农村老年人将享受到国家普惠式的基础养老金；每人每月可以领取不低于55元的基础养老金；适龄参保对象还能享受到地方政府给予的缴费补贴，补贴标准每人每年不低于30元。新型农村社会养老保险的基本内容如表3-2所示。

表 3-2　　2019 年我国新型农村社会养老保险的基本内容

基本原则	保基本、广覆盖、有弹性、可持续
任务目标	2009 年试点覆盖为全国 10% 的县（市、区、旗），以后逐步扩大试点，在全国普遍实施，2020 年之前基本实现对农村适龄居民的全覆盖
覆盖范围	年满 16 周岁（不含在校学生），未参加城镇职工基本养老保险的农村居民
基金筹集	个人缴费、集体补助、政府补助
制度模式	采取社会统筹和个人账户相结合
个人缴费	缴费标准目前设为每年 100 元、200 元、300 元、400 元、500 元 5 个档次，地方可根据实际情况增设缴费档次
集体补助	有条件的村集体应当对参保人缴费给予补助，补助标准由村委会召开村民会议民主决定
政府补贴	基础养老金补贴和缴费补贴
个人账户	个人缴费、集体补助及其他经济组织、社会公益组织、个人对参保人缴费的资助，地方政府对参保人缴费的补贴，全部计入个人账户
养老金待遇	基础养老金和个人账户养老金组成
待遇领取资格	年满 60 周岁，未享受城镇职工基本养老保险待遇的农村有户籍的老年人，可按月领取养老金
基金管理	新农保基金纳入社会保障基金财政专户，实行收支两条线管理，单独记账核算，按有关规定实现保值增值。试点阶段，新农保基金暂实行县级管理

资料来源：根据《国务院关于开展新型农村社会养老保险试点的指导意见》整理而得。

通过表 3-2 可以发现新农保具有如下几个特征：

第一，确立政府财政补贴责任。与老农保相比，政府成为新农保制度中一个重要的筹资主体。新农保财政补贴主要表现在出口环节和入口环节。在出口环节，年满 60 岁以上的农村居民均可领取基础养老金。基础养老金最低标准是每人每月 55 元，地方政府可提高基础养老金标准，但附加的基础养老金由地方财政支出。在入口环节，政府对农民参保缴费给予配套补贴，补助标准根据参保者选择的缴费档次不同有所不同，最低标准要高于每人每年 30 元[①]。此外，《指导意见》规定，政府应给予部分低收入群体补贴，确保其能够参

---

① 人力资源与社会保障部. 关于建立统一的城乡居民基本养老保险制度的意见 [EB/OL]. http://www.gov.cn/zhengce/content/2014-02/26/content_8656.htm, 2019-7-1.

保。在缴费方面，考虑到农民的收入和养老需求的不同，政府设置了不同档次的缴费标准。《指导意见》规定，参保农民必须缴纳养老保险费，但参保人可结合自身状况在100元和500元之间的缴费档次中自主选择。同时，地方政府可根据当地实际情况增设或提高养老保险缴费档次，并结合社会经济发展进行调整。

第二，确立统账结合的模式。《指导意见》在任务目标中明确指出："新型农村养老保险实行社会统筹与个人账户相结合的模式。"

第三，确立普惠式的基础养老金制度。《指导意见》规定，年满60周岁、未享受城镇职工基本养老保险待遇的农村有户籍的老年人，都可按月领取养老金。这在一定程度上不仅有利于提升农村老年人的生活水平，也有助于提升公共服务均等化，最终促进社会公平。

3.2.3 城乡居民基本养老保险财政补贴政策的完善阶段

3.2.3.1 城乡居民基本养老保险制度的确立

随着经济的快速增长和城镇化水平不断加快，我国社会经济结构发生了巨大的变化。2012年6月，新农保在全国实现了制度的全覆盖，比制度目标提前了8年。然而，我国社会养老保险长期以来一直维持着"重城轻乡"的局面，城镇基本养老保险制度较为完善、待遇水平较高，而新农保待遇水平较低，这种城乡二元分割的局面逐渐拉大了城乡差距，造成了社会不公平。同时，新型农村养老保险制度和城镇居民基本养老保险制度在制度设计上基本一致，均采用统账结合的模式，缴费标准的设置也基本一致，其中：新农保规定每人每年缴费100元到500元不等，共有5档可供选择；城镇居保设置了10个缴费档次，从100元到1000元不等。由于新农保和城镇居保均采取社会统筹与个人账户结合的模式，且城镇居保制度的参保人数很少[①]，所以有些省份在2011年城镇居保建立之初就直接将两种保险制度合并为一个制度。2014年国务院正式下文将新农保和城镇居保两项制度统一为城乡居民基本养老保险制度。城乡居民基本养老保险仍采用"个人缴费＋集体补助＋政府补贴"的筹资模式。

---

① 2009年新农保开始试点，截至2013年，新农保参保人数已达4亿多人次。相比新农保，城居保参保人数比较少，多数城镇居民更倾向于选择参加城镇职工基本养老保险。

3.2.3.2 城乡居民基本养老保险财政投入政策的完善

同新农保制度一样，我国城乡居民基本保险财政补贴政策由中央财政补贴和地方财政补贴两部分构成。中央财政主要承担"出口补贴"责任，即全国基础养老金待遇发放环节的补贴；地方财政既肩负着"入口补贴"的职责，也承担"出口补贴"的任务，既在缴费环节进行补贴，又在待遇发放环节进行补贴。自城乡居民基本养老保险制度确立以来，城乡居民基本养老保险财政投入政策的完善主要表现在以下几个方面：

（1）参保缴费档次与缴费补贴政策的调整。相比新农保制度，城乡居民基本养老保险增设了缴费档次，从之前5个缴费档次，增至12个缴费档次。参保居民可结合实际，自主选择规定的12个缴费档次中的任何一档。地方政府可对缴费档次进行调整。同时，城乡居民基本养老保险制度明确提出，缴费档次可根据城乡居民收入增长等情况适时调整。各省结合国家指导意见，纷纷制定了辖区内的参保缴费档次，具体如表3-3所示。参保缴费档次的调整增加了参保居民选择的自由度。伴随参保缴费档次的调整，政府对城乡居民基本养老保险制度的缴费补贴政策也做出了相应的调整。城乡居民基本养老保险制度规定，对选择最低档次标准参保的，补贴标准仍保持在每人每年不低于30元。同时，国家加大了对选择较高档次标准缴费的财政投入力度，如对选择500元及以上档次的，补贴标准不低于每人每年60元[①]。国家仅给出了缴费标准补贴的原则性意见，各省具体的缴费补贴标准参见后文。

表3-3　　2014年各省城乡居民养老保险缴费档次设置情况

缴费档次	省（区、市）个数	具体政策内容
低于12个缴费档次	3	天津市规定600—3300元（每增进300元进1档）共10档 广东省规定120—600元（每增进120元进1档，计5档），960元、1200元、1800元、2400元和3600元共10档 黑龙江省规定100—1000元（每增进100元进1档）共10档
12个缴费档次（中央规定）	14	100—1000元（每增进100元进1档，计10档），1500元、2000元共12个档次
高于12个缴费档次	14	福建省20个（100—2000元，每增进100元进1档）

资料来源：根据各省（区、市）城乡居民基本养老保险文件整理而得。

---

① 人力资源与社会保障部.关于建立统一的城乡居民基本养老保险制度的意见［EB/OL］. http://www.gov.cn/zhengce/content/2014-02/26/content_8656.htm, 2019-7-1.

（2）基础养老金正常调整机制初步确立。2009 年新农保试点开展以来，中央政府明确规定最低标准基础养老金为每人每月 55 元。这一标准一直延续到城乡居民基本养老保险制度的确立。2014 年统一的城乡居民基本养老保险制度实施不久，中央政府首次提升了基础养老金的最低标准。人力资源与社会保障部与财政部联合发布《关于提高全国城乡居民基本养老保险基础养老金最低标准的通知》（人社部发〔2015〕5 号），决定从 2014 年 7 月 1 日起把全国城乡居民基本养老保险基础养老金最低标准从每人每月 55 元提高至每人每月 70 元①。5 号文件特别强调："此次增加的基础养老金金额，不得冲抵或替代各地自行提高的基础养老金。"② 其中，中央政府对中西部地区和东部地区的财政补贴政策保持不变。2018 年 3 月 29 日，人力资源与社会保障部与财政部颁布《关于建立城乡居民基本养老保险待遇确定和基础养老金正常调整机制的指导意见》（人社部发〔2018〕21 号）③，明确建立基础养老金政策调整机制，"统筹考虑城乡居民收入增长、物价变动和职工基本养老保险等其他社会保障标准调整情况，适时提出城乡居民全国基础养老金最低标准调整方案，地方基础养老金的调整，应由当地人力资源社会保障部门会同财政部门提出方案，报请同级党委和政府确定"④。2018 年 5 月 10 日，人力资源与社会保障部与财政部再次联合发布《关于 2018 年提高全国城乡居民基本养老保险基础养老金最低标准的通知》（人社部规〔2018〕3 号），决定自 2018 年 1 月 1 日起，全国城乡居民基本养老保险基础养老金最低标准提高至每人每月 88 元，即在原每人每月 70 元的基础上增加 18 元。提高标准所需资金，中央财政对中西部地区给予全额补助，对东部地区给予 50% 的补助⑤。这是《关于建立城乡居民基本养老保险待遇确定和基础养老金正常调整机制的指导意见》（人社部发〔2018〕21 号）颁布后⑥，国家首次提升基础养老金最低标准。可见，城乡居民基础养老金财政补贴政策不断完善，基础养老金待遇标准稳步提高，不仅给

---

① 人力资源与社会保障部. 关于提高全国城乡居民基本养老保险基础养老金最低标准的通知 [EB/OL]. http：//www.mohrss.gov.cn/gkml/zcfg/gfxwj/201805/t20180511_293808.html，2019 - 7 - 1.
② 同①。
③ 人力资源与社会保障部. 关于建立城乡居民基本养老保险待遇确定和基础养老金正常调整机制的指导意见 [EB/OL]. http：//www.mohrss.gov.cn/gkml/zcfg/gfxwj/201803/t20180329_291008.html，2019 - 7 - 1.
④ 同③。
⑤ 同①。
⑥ 同③。

老年人带来看得见的经济实惠，增加了人们对养老政策的获得感和支持度，而且有利于缩小城乡经济发展差距。

此外，城乡居民基本养老保险制度还设置了附加基础养老金。附加基础养老金主要面向特定群体和长期缴费参保人员。从全国来看，针对长期缴费参保者加发的基础养老金补贴，大致可分为定额加发和定率加发两种类型①。其中大多数省份执行的是定额加发式的养老金补贴，实施加发的条件基本一致，即参保对象缴费年限要大于15年。缴费时长每多1年，其获得的基础养老金加发的额度有所提升，但各地政府给予的补贴力度不尽相同。绝大多数省份规定在法定缴费年限的基础上多缴费1年，增发基础养老金1—2元。目前，江西、江苏等地区采取定率加发基础养老金的方法。其中，江苏省规定对于超过法定缴费年限仍继续缴费的，多缴费1年，给予1%的基础养老金补贴。整体上看，上述两种基础养老金补贴模式所给予的基础养老金补贴力度比较小。此外，各省还规定了特定群体增发的基础养老金补贴。该特定群体主要包括烈士遗属、独生子女户等。部分省份会在发放基础养老金的基础上，为特定群体额外增发一定的基础养老金。

（3）完善特殊群体财政补贴政策。相比新农保制度，城乡居民基本养老保险增加了鼓励各地探索丧葬补助金的政策，如北京的丧葬补贴标准为每人5000元。同时，再次强调了特殊群体的缴费补贴政策。各省在国务院文件的指导下开展了形式多样的探索，分别针对独生子家庭、失独家庭、高龄老人、被征地农民、贫困户、重度残疾人等群体给予不同程度的补贴。特殊群体财政补贴主要由地方政府负担。尽管特殊群体补贴额度不高，但对实现城乡居保制度应保尽保的目标发挥了重要的作用。

3.2.4 城乡居保财政投入政策演变的环境分析

自1992年1月民政部颁布《县级农村社会养老保险基本方案（试行）》（民办发〔1992〕2号）以来，我国正式拉开了农村养老保险事业的序幕。老农保历经波折，以失败告终。尽管老农保失败了，但在农村家庭养老式微和土地养老功能弱化的背景下，部分地区仍积极探索符合农村实际的农村养老保险。为贯彻和落实党的十七大和十七届三中全会精神，2009年我国开始启动新型农村社

---

① 王敏. 城乡居民基本养老保险财政补贴政策研究［J］. 中央财经大学学报，2017（12）：12–21.

会养老保险试点，2014年国务院将新型农村社会养老保险与城镇居民社会养老保险并轨，建立了统一的城乡居民基本养老保险制度。在新型农村社会养老保险的发展进程中，政府财政投入责任也逐渐从缺位到回归。纵观城乡居保制度的发展，城乡居保财政投入政策深受我国经济环境、政治环境和社会环境的影响。

3.2.4.1 经济环境

我国经济的发展状况是影响城乡居保政府投入政策的因素之一。从表3-4可知，1992—2018年国内生产总值（GDP）取得快速发展。1992年以来，我国的国内生产总值从27194.5亿元增长到900309.5亿元，增加了32倍。这一经济环境的变化，不仅为政府投入政策提供了一个可靠的经济基础，而且也为政府持续投入提供了物质保障。1992—2018年，我国GDP增长率从31.18%下降至9.69%，期间经历了先降低后升高，之后又降低的波动。1993—1999年国内生产总值的增速从31.18%降低到了6.3%。1999—2007年，增速出现上升趋势，从6.3%上升到了23.08%；2007—2011年，增速经历一次先降低后上升的波动；2011—2016年，增速呈现缓慢降低的趋势。自1992年老农保实施以来，我国国内生产总值快速增长，为城乡居保财政投入的落实奠定了坚实的经济基础。

表3-4　　　　　　　1992—2018年我国国内生产总值及增长情况

年份	国内生产总值（亿元）	同比增长（%）	年份	国内生产总值（亿元）	同比增长（%）
1992	27194.5	—	2006	219438.5	17.15
1993	35673.2	31.18	2007	270092.3	23.08
1994	48637.5	36.34	2008	319244.6	18.2
1995	61339.9	26.12	2009	348517.7	9.17
1996	71813.6	17.07	2010	412119.3	18.25
1997	79715	11	2011	487940.2	18.4
1998	85195.5	6.88	2012	538580	10.38
1999	90564.4	6.3	2013	592963.2	10.1
2000	100280.1	10.73	2014	641280.6	8.15
2001	110863.1	10.55	2015	685992.9	6.97
2002	121717.4	9.79	2016	740060.8	7.88
2003	137422	12.9	2017	820754.3	10.9
2004	161840.2	17.77	2018	900309.5	9.69
2005	187318.9	15.74			

资料来源：根据《中国统计年鉴》（1992—2018年）计算。

3.2.4.2 财政收支

我国财政收支状况是影响城乡居保政府投入政策变化的最直接因素。从表3-5可知,1992—2018年我国的财政收入总体上呈逐年增加的趋势。从1992年的3483.37亿元上升到2018年的183351.8亿元,增长了51.6倍。财政收入的不断增加,为政府财政投入城乡居民社会养老保险提供了资金保障,直接影响着城乡居保财政投入政策的不断演化。从表3-5可以看出,我国的财政收入增长速度显现出不稳定的态势,特别是在2001—2011年,财政收入的增长速度波动最为明显,前后经历了三次上升和三次降低。自2011年之后,我国财政收入增长速度开始呈现下降的态势。2016年我国财政收入的增速仅为4.5%,是1992—2018年的最慢增长速度。在我国经济进入新常态的背景下,未来财政收入的高速增长的概率较小,可能影响今后城乡居保政府投入政策。

表3-5　　　　　　1992—2018年我国财政收入及增速情况

年份	财政收入（亿元）	财政收入增长速度（%）	年份	财政收入（亿元）	财政收入增长速度（%）
1992	3483.37	10.6	2006	38760.2	22.5
1993	4348.95	24.8	2007	51321.78	32.4
1994	5218.1	20	2008	61330.35	19.5
1995	6242.2	19.6	2009	68518.3	11.7
1996	7407.99	18.7	2010	83101.51	21.3
1997	8651.14	16.8	2011	103874.4	25
1998	9875.95	14.2	2012	117253.5	12.9
1999	11444.08	15.9	2013	129209.6	10.2
2000	13395.23	17	2014	140370	8.6
2001	16386.04	22.3	2015	152269.2	5.8
2002	18903.64	15.4	2016	159605	4.5
2003	21715.25	14.9	2017	172592.8	7.4
2004	26396.47	21.6	2018	183351.8	6.2
2005	31649.29	19.9			

资料来源:根据《中国统计年鉴》整理而得。

3.2.4.3 政治环境

执政理念是城乡居保财政投入政策演变的重要政治环境。执政为民是中国共产党执政理念的核心,其落脚点在于全心全意为人民服务。党的十六大后,逐渐形成的"以人为本"的理念指导着我国政治环境的发展。党的十八大后,执政理念中融入了公平理念,在这一理念指导下,政府财政资源的投放开始关注不同群体、不同地区、城乡的协调发展,实现养老保险制度中政府财政对不同人群、地区和城乡的公平化①。习近平在党的十九大报告中提出:"坚持在发展中保障和改善民生。增进民生福祉是发展的根本目的。"② 由此可见,作为民生领域的重要组成部分,社会保障不是一成不变的,而是动态发展的,发展以增进民生福祉为导向③。因而,党执政理念的进一步发展,促使政府加大对城乡居保的投入,也体现出对民生的最大关注。

党的执政理念是城乡居保政府财政投入政策的关键因素。党的十八大、十九大对于社会保障和政府财政责任的认识不断演化。2012 年,中国共产党第十八次全国代表大会提出:"要坚持全覆盖、保基本、多层次、可持续方针,以增强公平性、适应流动性、保证可持续性为重点,全面建成覆盖城乡居民的社会保障体系,改革和完善企业和机关事业单位社会保险制度,整合城乡居民基本养老保险和基本医疗保险制度,逐步做实养老保险个人账户,实现基础养老金全国统筹,建立兼顾各类人员的社会保障待遇确定机制和正常调整机制。"④ 这充分彰显政府全力发展社会保障的决心。同时,党的十八大还提出:"健全中央和地方财力与事权相匹配的体制,完善促进基本公共服务均等化和主体功能区建设的公共财政体系。"⑤ 2017 年,中国共产党第十九次全国代表大会提出:"按照兜底线、织密网、建机制的要求,全面建成覆盖全民、城乡

---

① 杨斌,丁建定."五维"框架下中国养老保险制度财政责任机制改革的环境分析[J].社会保障研究,2015(1):22-26.

② 习近平.决胜全面建成小康社会 夺取新时代中国特色社会主义伟大胜利:在中国共产党第十九次全国代表大会上的报告[EB/OL].http://cpc.people.com.cn/n1/2017/1028/c64094-29613660.html,2019-7-3.

③ 马孟琛.习近平民生思想对社会保障的指导探究[J].劳动保障世界,2019(11):27-28.

④ 胡锦涛.坚定不移沿着中国特色社会主义道路前进,为全面建成小康社会而奋斗:在中国共产党第十八次全国代表大会上的报告[EB/OL].http://politics.people.com.cn/n/2012/1118/c1001-19612670.html,2019-7-27.

⑤ 同④。

统筹、权责清晰、保障适度、可持续的多层次社会保障体系。全面实施全民参保计划。完善城镇职工基本养老保险和城乡居民基本养老保险制度,尽快实现养老保险全国统筹。"① 党对社会保障体系的认识更加深入和成熟,提出"权责清晰"有助于各级政府更好地实现权责对等。党的十九大强调:"坚持人人尽责、人人享有,坚守底线、突出重点、完善制度、引导预期,完善公共服务体系,保障群众基本生活,不断满足人民日益增长的美好生活需要,不断促进社会公平正义。"② 同时,在财政上提出:"加快建立现代财政制度,建立权责清晰、财力协调、区域均衡的中央和地方财政关系。"可见,党对社会保障和公共财政体制认识的不断深化,深刻影响了城乡居保的财政投入政策的走向。

3.2.4.4 社会环境

人口老龄化是城乡居保政府投入政策演变的重要社会环境。从表 3-6 对我国 1992—2018 年 65 岁及以上人口和老年抚养比情况的统计来看,我国 65 岁及以上人口呈现持续增长的趋势,从 1992 年的 7218 万人增加到了 2018 年的 16658 万人,并且 65 岁及以上人口在总人口的比重也从 6.16% 上升到 11.94%。联合国在 1956 年制定了反映人口老龄化程度的具体标准。该标准规定,老年人口规模(65 岁及其以上)与全国或地区总人口的比值高于 7%,表明该国家或地区已步入老龄化时代。1982 年维也纳老龄问题世界大会上,与会人士进一步明确了步入严重老龄化的标准,该标准主要参照老年人口规模(60 岁及其以上)与全国或地区总人口的比值,若该比值高于 10%,表明已处于严重老龄化时代。依照上述标准,我国早在 21 世纪初期已经步入人口老龄化。同时,我国老年抚养比一直呈上升的态势。伴随人口老龄化的加剧,传统家庭养老难以为继,政府需要发展社会养老保险制度,尤其是尽快确立城乡居民社会养老保障制度的发展。

---

① 习近平. 决胜全面建成小康社会 夺取新时代中国特色社会主义伟大胜利:在中国共产党第十九次全国代表大会上的报告 [EB/OL]. http://cpc.people.com.cn/n1/2017/1028/c64094-29613660.html, 2019-7-3.

② 同①。

表3-6　　1992—2018年我国65岁及以上人口和老年抚养比情况

年份	65岁及以上人口（千人）	65岁以上老年人口在总人口的比重（%）	老年抚养比	年份	65岁及以上人口（千人）	65岁以上老年人口在总人口的比重（%）	老年抚养比
1992	72180	6.16	9.30	2006	104190	7.93	11.00
1993	72890	6.15	9.20	2007	106360	8.05	11.10
1994	76220	6.36	9.50	2008	109560	8.25	11.30
1995	75100	6.20	9.20	2009	113070	8.47	11.60
1996	78330	6.40	9.50	2010	118940	8.87	11.90
1997	80850	6.54	9.70	2011	122880	9.12	12.30
1998	83590	6.70	9.90	2012	127140	9.39	12.70
1999	86790	6.90	10.20	2013	131610	9.67	13.10
2000	88210	6.96	9.90	2014	137550	10.06	13.70
2001	90620	7.10	10.20	2015	143860	10.47	14.30
2002	93770	7.30	10.40	2016	150030	10.85	15.00
2003	96920	7.50	10.70	2017	158310	11.39	15.90
2004	98570	7.58	10.70	2018	166580	11.94	16.80
2005	100550	7.69	10.70				

资料来源：根据历年《中国统计年鉴》整理计算而得。

人口流动是影响城乡居保政府财政投入的又一重要因素。伴随经济社会的发展，我国城镇化进程逐渐加快，人口流动的规模不断扩大。据1992—2018年我国城乡人口统计数据（见表3-7），我国乡村人口在不断减少，城镇人口在持续增加，在2010年以前我国城镇人口少于乡村人口，2010年后城镇人口开始超过乡村人口。从1992—2018年的城镇化率看，1992年的城镇化率是27.46%，2000年的城镇化率是36.22%，2010年的城镇化率是49.95%。2020年我国的城镇化率会达到60%以上。这折射出人口的不断流动，促使城乡居保政府财政投入政策适应参保人口转移接续和城乡社会养老保险的全国统筹。城镇化所带来的流动是长期性的，这促使政府在财政投入政策上适应人口流动的社会变化，因而在这一层面上来讲人口流动是城乡居保财政投入的重要社会环境。

表 3-7　　1992—2018 年我国城乡人口情况

年份	年末总人口（万人）	城镇人口（万人）	乡村人口（万人）	城镇人口比重（%）
2018	139538	83137	56401	59.58
2017	139008	81347	57661	58.52
2016	138271	79298	58973	57.35
2015	137462	77116	60346	56.10
2014	136782	74916	61866	54.77
2013	136072	73111	62961	53.73
2012	135404	71182	64222	52.57
2011	134735	69079	65656	51.27
2010	134091	66978	67113	49.95
2009	133450	64512	68938	48.34
2008	132802	62403	70399	46.99
2007	132129	60633	71496	45.89
2006	131448	58288	73160	44.34
2005	130756	56212	74544	42.99
2004	129988	54283	75705	41.76
2003	129227	52376	76851	40.53
2002	128453	50212	78241	39.09
2001	127627	48064	79563	37.66
2000	126743	45906	80837	36.22
1999	125786	43748	82038	34.78
1998	124761	41608	83153	33.35
1997	123626	39449	84177	31.91
1996	122389	37304	85085	30.48
1995	121121	35174	85947	29.04
1994	119850	34169	85681	28.51
1993	118517	33173	85344	27.99
1992	117171	32175	84996	27.46

资料来源：根据历年《中国统计年鉴》相关数据整理而得。

3.3 现行城乡居保财政投入政策

3.3.1 政策颁布机构与时间

2014年2月21日,《关于建立统一的城乡居民基本养老保险制度的意见》（国发〔2014〕8号）正式由国务院颁发和实施[①]。8号文件颁布之后，我国各省（区、市）人民政府积极响应，根据8号文件内容并结合自身具体情况，制定出了具体的实施办法，这也是继2009年新型农村社会养老保险试点以来，国家对城乡居保制度的进一步发展和完善。从各省（区、市）颁布机构来看，中部地区的河南、河北、湖南、湖北、山西等9个省份都是由省政府直接颁布城乡居保，而黑龙江则是由省人社厅与财政厅颁布；西部地区的甘肃、贵州、青海、陕西等9个省份均由省政府颁布，重庆则是由市人社局与财政局颁布；东部地区的福建、广东、江苏等8个省（市）是省（市）政府直接颁布，北京市是由市人社局和财政局颁布，海南是由省人社厅颁布。从颁布的时间上来看，中部地区的河南、河北、湖南、湖北、黑龙江等9个省份都是在国务院8号文之后颁布实施，并且大多集中在2014年7月份之后颁布实施，而内蒙古自治区一直到2015年年初才颁布了城乡居民基本养老保险，落后于中部地区其他省份。西部地区各省份大多集中在2014年年中颁布出台城乡居民基本养老保险，除甘肃、重庆、新疆在2015年实施外，其他省份也在2014年期间实施起来。东部11个省份都在2014年年中颁布。

综上，从全国来看，各省份城乡居民基本养老保险政策颁布的机构主要是省政府，其次是由省人社厅与省财政厅共同颁布，只有个别省份是省政府办公厅和省人社厅颁布；各地区城乡居民基本养老保险政策的颁布时间主要集中在2014年，只有内蒙古在2015年颁布政策（见表3-8）。

[①] 人力资源与社会保障部.关于建立统一的城乡居民基本养老保险制度的意见[EB/OL].http://www.mohrss.gov.cn/gkml/zcfg/gfxwj/201606/t20160628_242490.html, 2019-7-2.

表 3-8　　各省政策颁布机构及时间

区域	省（区、市）	政策颁布机构	颁布时间
中部	河南	省政府	2014-11-10
	河北	省政府	2014-6-24
	湖南	省政府	2014-7-29
	湖北	省政府	2014-8-20
	山西	省政府	2014-6-11
	吉林	省政府	2014-7-28
	黑龙江	省人社厅+省财政厅	2014-5-27
	安徽	省政府	2014-11-28
	江西	省政府	2014-11-18
	内蒙古	区政府	2015-2-9
西部	甘肃	省政府	2014-7-1
	贵州	省政府	2014-6-14
	宁夏	区政府	2014-8-4
	青海	省政府	2014-7-23
	陕西	省政府	2014-7-5
	四川	省政府	2014-4-21
	西藏	区政府	2014-8-19
	新疆	区政府	2014-11-12
	云南	省政府	2014-4-24
	重庆	市人社局+市财政局	2014-10-18
	广西	区政府办公厅	2014-7-11
东部	北京	市人社局+市财政局	2014-8-14
	福建	省政府	2014-9-4
	广东	省政府	2014-7-1
	海南	省人社厅	2014-12-10
	江苏	省政府	2014-12-8
	辽宁	省政府	2014-6-23
	山东	省政府	2014-7-30
	上海	市政府	2014-4-26
	天津	市政府	2014-9-6
	浙江	省政府	2014-7-11

注：资料来源于各省（区、市）政府文件颁布日期。

3.3.2 参保缴费财政补贴政策

3.3.2.1 缴费档次的设置

从全国各省的缴费档次设置情况来看，东部、中部与西部三个地区的缴费档次和国务院下发的《关于建立统一的城乡居民基本养老保险制度的意见》（8号文）对于个人参保缴费档次的设置一致。部分省份直接采用8号文件中的缴费档次设置标准。如中部地区的湖北、山西参照国家标准设置了100—1000元（每100元1档）、1500元、2000元共12个档次；河北、安徽、黑龙江三省在国家标准的基础上增设了最高档3000元，共设置了13个档次；2018年山西、河南、黑龙江、吉林、安徽、河北分别对其缴费档次做出调整，均把最低缴费档次上调至200元，河南、山西两省同时将最高缴费档次提高至5000元。西部地区的青海、云南、重庆三个省（市）沿用8号文设置标准100—1000元（每100元1档）、1500元、2000元共12个档次；甘肃、四川在8号文的基础上增设了最高档3000元，贵州增加了1200元档，设置了13个缴费档次。宁夏在100—3000元设置了6档，陕西设置了10档，西藏设置了22档。陕西和新疆将最低缴费档次从每人每年100元提高至每人每年200元，并且新疆地区将最高缴费标准提升到了3500元，高于西部整体水平。东部地区各省（市）中，除山东、江苏、浙江三省外，其余各省（市）最低缴费标准均高于100元，特别是北京、上海、天津三个直辖市的最低缴费标准分别为每人每年1000元、500元、600元。同时，东部地区的最高缴费档次的设置标准普遍高于3000元。

可以明显看出，中部和西部地区的缴费档次和国家标准相差不大，最低和最高缴费档次都是在100—200元和3000—5000元范围之内，但东部地区在缴费标准上明显高于中西部地区。

3.3.2.2 缴费补贴

国务院下发的8号文件对缴费补贴的指导意见主要是对城乡居民自主选择最低档次标准参保的，政府的补贴标准原则上不低于每人每年30元；对城乡居民自主选择较高档次标准（高于500元及以上的）参保的，政府补贴的标准原则上高于每人每年60元。总体上来看，全国各省居民选择缴费档次的额度和政府补贴额度成正向关系,即缴费档次越高财政补贴越多,这也表明各级政府鼓励参保居民选择高缴费档次参保。梳理全国各地区城乡居保财政补贴政策,缴费补贴形式具体可归纳为区间补助、一档一补和区间补助+一档一补三种形式。

区间补助是指政府对选择某一区间缴费档次参保的,给予相同补贴额度的补贴形式。目前,中部地区的湖南、湖北,西部地区的甘肃、贵州,东部地区的北京、广东、江苏、山东、浙江,都采用了这一形式。如贵州政策文件规定:选择100—400元区间内任一档次参保的,政府给予的补贴均为每人每年30元;选择500—900元区间内任一档次参保的,财政补贴为60元;选择1000—2000元区间内档次参保的,补贴为90元。湖南政策规定:选择100元、200元档次参保的,补贴标准不低于30元;选择300元、400元档次参保的,补贴标准不低于40元;选择500元及以上档次参保的,补贴标准不低于60元。

一档一补主要是指政府针对不同的缴费档次,给予不同补贴额度的补贴形式,该补贴形式遵从多缴多得的原则,选择缴费档次越高,获得的补贴越多。中部地区的河南、河北、山西、吉林,西部地区的青海、陕西、四川、新疆、宁夏、重庆,东部地区的福建、辽宁、上海、海南、天津,都采用一档一补的补贴形式。如河北200元档补贴30元,200元以上,缴费每增加一档,政府补贴增加15元。吉林省在200—1000元档次区间,每档补贴增加10元,而1000元、1500元、2000元分别补贴120元、145元、170元,明显采用的是一档一补。青海有100—1000元(每100元1档)、1500元、2000元共12个档次,分别补贴30、40、50、60、70、85、100、115、130元、145元、165元、185元。

除了上述省份,其余省份都采用区间补助+一档一补形式,即一部分缴费档次采用区间补助方式,一部分缴费档次采用一档一补形式。如安徽省有100—1000元(每100元1档)、1500元、2000元、3000元共13个档次,其中100元、200元、300元、400元4个档对应的补贴分别为30元、35元、40元、50元,选择500元及以上档次的,政府统一补贴60元。

从缴费补贴金额来看,各省份的最低缴费补贴均不低于每人每年30元,符合国家8号文件要求。其中,上海的最低缴费档次补贴高达每人每年200元,补贴额度居全国首位。除上海外,全国绝大多数省份最高补贴额在200元以下(见表3-9)。

表3-9 我国各省（区、市）城乡居民养老保险缴费档次设置及财政补贴

区域	省（区、市）	缴费档次	财政补贴
中部	河南省	200—1000元（每100元一档）、1500元、2000元、2500元、3000元、4000元和5000元，共15个档次	200—400元分别补贴30元、40元、50元，500元补贴60元，500—1000元每增加一档提升20元，1500元补贴190元，1500—5000元每增加一档提升30元
	河北省	200元、300元、500元、1000元、3000元、5000元、8000元，共7个档次	200元档次补贴30元；200元以上，缴费每增加一档，政府补贴增加15元
	湖南省	100—1000元（每100元1档）、1500元、2000元、2500元、3000元，共14个档次	100元、200元档次，补贴不低于30元；300元、400元档次，补贴不低于40元；500元及以上档次，补贴不低于60元
	湖北省	100—1000元（每100元1档）、1500元、2000元，共12个档次	100元档次，补贴不低于30元；200—400元档次，补贴不低于45元；500元及以上档次，补贴不低于60元
	山西省	200元、300元、500元、700元、1000元、1500元、2000元、3000元、4000元、5000元，共10个档次	分别补贴35元、40元、60元、80元、100元、140元、180元、220元、260元、300元
	吉林省	200—1000元（每100元1档）、1500元、2000元，共12个档次	200元补贴40元，每提升一个档次补贴增加10元。1000元补贴120元，1500元补贴145元，2000元补贴170元
	黑龙江	200—1000元（每100元1档）、1500元、2000元、2500元、3000元，共13个档次	200元、300元、400元补贴40元、50元、60元，500—1000元补贴70元，1500元、2000元、3000元补贴100元、120元、140元
	安徽省	100—1000元（每100元1档）、1500元、2000元、3000元，共13个档次	100元、200元、300元、400元分别补贴30元、35元、40元、50元，500元及以上的补贴60元
	江西省	100—1000元（每100元1档）、1500元、2000元，共12个档次	100元补贴30元，200—400元，每提高一个缴费档次，在30元基础上分别增加5元；500元补贴60元；600元及以上档次，每提高一个缴费档次，在60元基础上增加5元，最多补贴95元
	内蒙古	100—1000元（每100元1档）、1500元、2000元、3000元，共13个档次	100—400元补贴30元、35元、40元、45元，500—1000元补贴60元、65元、70元、75元、80元、85元，1500元、2000元、3000元补贴85元

续表

区域	省（区、市）	缴费档次	财政补贴
西部	广西	200—1000元（每100元1档）、1500元、2000元、3000元、4000元、5000元、6000元，共15个档次	200—400元补贴35元、40元、45元，500—700元补贴60元、65元、70元，800元、900元、1000元、1500元补贴100元、120元、150元、175元，2000元以上统一补贴200元
	甘肃	100—1000元（每100元1档）、1500元、2000元、3000元，共13个档次	400元及以下补贴30元，500—2000元补贴60元，2500和3000元补贴90元
	贵州	100—1000元（每100元1档）、1200元、1500元、2000元，共13个档次	100—400元补贴30元，500—900元补贴60元，1000—2000元补贴90元
	宁夏	100元、300元、500元、1000元、2000元、3000元，共6个档次	补贴分别为30元、50元、70元、120元、200元、320元
	青海	100—1000元（每100元1档）、1500元、2000元，共12个档次	补贴分别为30元、40元、50元、60元、70元、85元、100元、115元、130元、145元、165元、185元
	陕西	200—600元（每100元1档）、800元、1000元、1500元、2000元和3000元，共10个档次	分别补贴30元、45元、60元、75元、80元、90元、100元、150元、200元、300元
	四川	100—1000元（每100元1档）、150元、2000元、3000元，共13个档次	分别补贴40元、40元、45元、50元、60元、60元、65元、70元、75元、80元、100元、120元、160元
	西藏	100—1000元（每100元1档）、1500元、2000元共12档；2100—3000元（每100元1档），共10个档次	100—2000元从40元起每提升1档补贴增加5元至90元；2000以上补贴95元
	新疆	200—1000元（每100元1档）、1500元、2000元、2500元、3000元、3500元，共15个档次	补贴分别不低于5元、10元、15元、20元、25元、30元、35元、40元、45元、70元、95元、120元、145元、170元
	云南	100—1000元（每100元1档）、1500元、2000元，共12个档次	100—700元补贴分别为30元、40元、50元、60元、70元、80元、90元，700及以上补贴为100元
	重庆	100—1000元（每100元1档）、1500元、2000元，共12个档次	最低补贴30元，每提升一个档次补贴增加10元，最高140元

续表

区域	省（区、市）	缴费档次	财政补贴
东部	北京	最低缴费标准1000元，最高9000元	2000元以下，补贴60元；2000—4000元，补贴90元；4000—6000元，补贴120元；6000元及以上，补贴150元
	福建	200—1000元（每100元1档）、1500元、2000元、2500元、3000元，共12个档次	补贴分别为40元、50元、60元、70元、80元、90元、100元、120元、140元、160元、180元、200元
	广东	120元、240元、360元、480元、600元、960元、1200元、1800元、2400元、3600元，共10个档次	120—360元补贴30元，480元及以上补贴60元
	海南	200—1000元（每100元1档）、1500元、2000元、3000元、5000元，共13个档次	200元，补贴40元；300元及以上，每增加一个缴费档次给予不少于10元的补贴
	江苏	100元、300—1000元（每100元一档）、1500元、2000元、2500元，共12个档次	100元、300元、400元低缴费档次补贴30元，500以上补贴60元
	辽宁	200元、300元、500元、800元、1000元、2000元、3000元，共7个档次	分别补贴40元、50元、70元、100元、120元、140元、160元
	山东	300元、500元、600元、800元、1000元、1500元、2000元、2500元、3000元、4000元、5000元，共12个档次	300元补贴30元，500元、600元补贴60元，800元及以上补贴80元
	上海	500元、700元、900元、1100元、1300元、1700元、2300元、3300元、4300元、5300元，共10个档次	分别补贴200元、250元、300元、350元、400元、450元、525元、575元、625元、675元
	天津	600—3300元每300元增加一档，共10个档次	600元补贴60元，每增加一档补贴增加10元
	浙江	100—1000元（每100元一档）、1500元、2000元，共12个档次	500元以下补贴30元，500元以上补贴80元

资料来源：根据各省城乡居民基本养老保险文件整理而得。

3.3.3 基础养老金财政补贴政策

2009年国务院《关于开展新型农村社会养老保险试点的指导意见》规定，基础养老金最低标准为每人每月55元。经过近10年的发展，中央政府确定的基础养老金最低标准已进行了两次调整，分别是2014年7月基础养老金最低标准从每人每月55元提高至每人每月70元，2018年1月再次从每人每月70元提高至每人每月88元。其中，中央财政对中西部地区的基础养老金给予全额补助，对东部地区给予50%的补助。从各省基础养老金标准确定情况看，中部地区基础养老金平均水平已经达到103.1元，西部地区的基础养老金平均水平达到125.5元，东部地区的基础养老金平均水平达到281.7元，当前各省基础养老金水平均高于国家标准，特别是东部地区基础养老金平均水平比中、西部地区更高。尤其是2018年上海市将基础养老金提高至930元，居全国首位，是最低标准的10.5倍。

此外，多省也积极响应《意见》8号文，分别设置了"长缴多得"基础养老金和"高龄基础养老金"补贴。除中部地区的安徽，西部地区的贵州，东部地区的北京、福建、辽宁、山东未在政策中提及"长缴多得"补贴外，其他省份都是以"每多缴一年，每月增发××元"或"每多缴一年，每月增发基础养老金的×%"的方式来激励参保居民长期缴费。目前，全国共有10个省份在政策中明确给予"高龄基础养老金"补贴，包括中部地区的河北、吉林、内蒙古、黑龙江，西部地区的甘肃、宁夏、新疆，东部地区的山东。上述省份均实行分年龄段补贴的方法，根据年龄段给予一定的补贴。中部地区的山西和西部地区的广西则是在65周岁以上设置了最低的补贴额度。"高龄基础养老金"补贴，体现了政府对高龄人群的关爱（见表3-10）。

表3-10　　　　　各省（区、市）基础养老金补贴政策

区域	省（区、市）	基础养老金	地方政府补贴	超过15年补贴	高龄补贴基础养老金
中部	河南	103元	15元	每多缴1年，每月增发缴费年限养老金3元	无
中部	河北	98元	10元	每多缴费1年，每月基础养老金增加1元	65岁后，增加1元；75岁后，增加2元；85岁后，增加3元
中部	湖南	98元	10元	每增加1年缴费，基础养老金每月增加1元	无
中部	内蒙古	128元	40元	每多缴1年，基础养老金提高2元	70—79岁增加10元，80岁及以上增加20元
中部	湖北	103元	15元	每满1年，每月加发不低于1元	无
中部	山西	98元	10元	每多缴费1年，每月加发年限基础养老金1元	65岁及以上，最低标准为每人每月5元

续表

区域	省（区、市）	基础养老金	地方政府补贴	超过15年补贴	高龄补贴基础养老金
中部	吉林	103元	15元	每多缴1年，基础养老金每月加发5元	65—69岁每月加发2元，70—79岁每月加发5元，80岁及以上每月加发10元
	黑龙江	90元	2元	每多缴1年，每月加发基础养老金2元	65—79岁每人每月增加5元，80岁及以上每人每月增加10元
	安徽	105元	17元	无	无
	江西	105元	17元	每超过1年，每月增发2%的基础养老金	无
西部	广西	116元	72元	每多缴1年，每月增发缴费年限基础养老金2元	65岁及以上，最低标准上每月加发5元
	甘肃	103元	15元	每超过1年，每月加发缴费年限养老金2元	100岁以上每人每月100元，90—99岁每人每月60元，80—89岁每人每月25元
	贵州	93元	5元	无	无
	宁夏	143元	55元	每增加1年缴费，每月增加不少于2元	65—70岁，提高2元；70—75岁，提高4元；75—80岁，提高6元；80岁及以上，提高8元
	青海	175元	87元	每增加1年，每月加发基础养老金10元	无
	陕西	103元	15元	每多缴1年，每月加发基础养老金不低于2元	适当倾斜
	四川	100元	12元	每超过1年，基础养老金每月增加2元	无
	西藏	180元	92元	每多缴1年，每月增加2%的基础养老金	无
	新疆	140元	52元	每增加缴费1年，加发不低于2元	70—79岁不低于5元基础养老金，80岁及以上不低于10元
	云南	103元	15元	每增加1年，每月加发不低于2元	无
	重庆	115元	27元	每超过1年，每月加发2元基础养老金	无

续表

区域	省（区、市）	基础养老金	地方政府补贴	超过15年补贴	高龄补贴基础养老金
东部	北京	705元	661元	资料不全	资料不全
	福建	118元	74元	适当倾斜	适当加发
	广东	148元	104元	每多1年，每月加发3元基础养老金	无
	海南	178元	134元	每增加1年，基础养老金每月增加4元	无
	江苏	148元	104元	每超过1年，基础养老金可加发1%	适当倾斜
	辽宁	108元	64元	可适当加发	无
	山东	118元	74元	适当加发	65—74岁、75岁及以上，每人每月分别高于最低基础养老金标准5元、10元
	上海	1010元	966元	每超过1年，其基础养老金增加20元	无
	天津	295元	251元	每超过1年，基础养老金每月加发4元	无
	浙江	155元	111元	每增加1年，加发5元	无

资料来源：根据2014—2018年各省政府文件及相关资料整理而得。

3.3.4 特殊群体财政补贴政策

3.3.4.1 针对低收入群体的参保缴费补贴

特殊群体的补贴政策是我国城乡居民基本养老保险财政投入政策的重要组成部分。国务院8号文件明确规定："对重度残疾人等缴费困难群体，地方人民政府为其代缴部分或全部最低标准的养老保险费。"[①] 各省在实施城乡居民基本养老保险的过程中，也积极探索适合低收入群体参保缴费补贴政策。从各地区采取的补贴政策来看，多数省份普遍为低收入群体补贴最低标准档次的参

---

① 人力资源与社会保障部. 关于建立统一的城乡居民基本养老保险制度的意见[EB/OL]. http://www.mohrss.gov.cn/gkml/zcfg/gfxwj/201606/t20160628_242490.html, 2019-7-2.

保费用。除中部地区的安徽,西部地区的重庆,东部地区的北京、上海外,其他各省都在文件中提出对部分低收入群体补贴部分或全部最低缴费档次的保险费,这部分群体主要包括贫困户、五保户、重度残疾人员等生活困难群体[①]。虽然河南、山西、吉林等省份现行政策中普通居民缴费档次标准有所变化,但针对特殊困难群体依然保留100元的缴费补贴标准。另外,一些省(市)提高了贫困群体的最低缴费补贴水平,如青海补贴300元,天津补贴900元,上海补贴1100元。

3.3.4.2 丧葬补贴政策

8号文件提出:"有条件的地方人民政府可以结合本地实际探索建立丧葬补助金制度。"目前,采取丧葬补贴政策的地区主要包括中部地区的河南、河北、湖南、湖北、山西、安徽、江西,西部地区的甘肃、贵州、青海、陕西、四川、西藏、新疆、云南、重庆、宁夏,东部地区的广东、海南、江苏、辽宁、山东、上海、天津、浙江。然而有相当一部分省(区、市)停留在探索和鼓励建立丧葬制度的层面,少部分省(区、市)制定出了具体的补贴标准,如中部地区的湖北、安徽,西部地区的青海、新疆、重庆、宁夏,东部地区的海南、浙江等。这些省(区、市)均将丧葬补贴额度设置为当地若干个月的基础养老金。安徽规定丧葬补贴标准不低于中央确定的基础养老金8个月的金额。西部地区的陕西、云南,东部地区的山东、上海则是将丧葬补贴设置了具体金额或补助区间,如山东规定一次性发给丧葬补助金的标准为500—1000元。

3.3.4.3 被征地农牧民的补贴政策

在各省的城乡居民基本养老保险政策中,涉及被征地农牧民补贴的只有天津和西藏两个地区,但两个地区对于被征地农牧民的政策补贴不尽相同。天津城乡居民基本养老保险政策规定,补偿被征地农民的标准主要根据上年度本地农村居民人均可支配收入标准计发。当前政策规定被征地农民每年养老保险费的标准为上年度本地农村居民人均可支配收入的30%、35%、40%。而西藏按照固定额度的计发办法补贴被征地的农牧民。目前西藏对被征地的农牧民的

---

① 陈丽宇,柳思,陈棱. 宁夏城乡居民社会养老保险制度实施效果评价[J]. 宁夏社会科学,2013(5):52-55.

补偿标准为每人每年3000元,并要求征地部门为被征地的农牧民一次性预存15年的养老保险费。同时财政部门按照城乡居民基本养老保险的缴费补贴规定给予相应的财政补贴。

3.3.4.4 对独生子女和双女父母的补贴

目前,我国有部分省份对独生子女和双女父母给予一定的补贴,如中部地区的安徽,西部地区的四川、甘肃,东部地区的福建、海南。同时,各地的财政补贴办法存在一定的差别。安徽、四川和甘肃三个省对于独生子女或子女伤残死亡的夫妻,政府按照最低缴费标准为其代缴养老保险费或提高缴费档次补贴标准。福建省对独生子女户和双女户(要求父母年龄45—59岁)采取附加补贴的办法,如符合规定的独生子女户和双女户缴纳参保不仅可以获得规定的财政补贴,而且政府配套附加补助,目前福建省的配套补贴标准为20元/年·人。海南省对独生子女领证户、农村双女户,在一般参保人员补贴之外,另给予每人每年不低于10元的财政补贴。

此外,西藏自治区结合实际采取独具特色的补贴。对任职满一年的村(居)两委成员、寺管会名誉主任、副主任和自治区佛协常务理事(没有固定生活来源的),按规定参加城乡居民养老保险的,在任期内自主选择缴费档次缴费,政府按照1:1的比例给予补贴,最高补贴额不超过2000元,但不再享受第六条规定的政府缴费档次补贴。离任后则自主选择缴费标准,享受相应的政府缴费档次补贴。对在年度内被评为不同级别先进称号的僧尼,按所获荣誉的最高奖励标准由政府给予缴费补助(最高补贴额不超过2000元)[①]。

宁夏回族自治区对村干部、乡村医生等群体给予额外的补贴,这种补贴更多强调政府对乡村干部和乡村医生的补偿和关怀。宁夏政府对在职和新农保制度实施前已离职的村干部采取不同的补贴办法。在职的村干部按照上年度农民人均纯收入的一定比例缴费参保,政府也按照上年度农民人均纯收入的一定比例补贴。对于离职的村干部(村支书和村主任),达到退休年龄时,政府根据其任职年限额外增加基础养老金标准,如:任职年限为3—9年的村干部,退休后可以多领取每人每月5元的附加养老金;任职年限在10—20年的村干部,退休后可以多领取每人每月10元的附加养老金;任职年限超过20年的村干

---

① 西藏自治区人民政府. 关于印发西藏自治区城乡居民基本养老保险实施办法(试行)的通知[EB/OL]. http://www.xizang.gov.cn/zwgk/xxgk/201610/t20161018_90466.html, 2019-7-2.

部，退休后可以多领取每人每月 15 元的附加养老金。同时，宁夏规定已经退休的乡村医生可参照新农保制度实施前已离职的村干部的补贴办法，获得政府奖励的附加基础养老金，附加基础养老金的标准参照乡村医生的从医年限进行计算。

3.4　本章小结

　　本章梳理了我国城乡居保财政投入政策的嬗变历程。首先，通过社会保障制度三体系分析框架，分别从内容体系、结构体系与层次体系来考察我国城乡居保制度的变迁，并对其进行评估。其次，基于财政投入责任的视角阐述了我国城乡居保财政投入政策的发展阶段，并从经济、政治与社会三个角度分析了城乡居保财政投入政策演变的环境。最后，考察现行城乡居保财政投入政策，具体包括参保缴费补贴政策的调整，基础养老金财政补贴政策的完善，特殊群体财政补贴政策。

4

城乡居保财政投入的总量与结构

研究公共财政投入总量和结构是研究政府层级间财政投入责任分担的基础。本章着重分析了城乡居保制度实施以来，城乡居保财政投入的总量与结构。首先，介绍2009—2018年我国城乡居保（2014年前为新农保）财政投入的总量。其次，通过计量分析方法测算了我国不同区域城乡居保财政投入规模和中央与地方政府城乡居保财政投入规模，反映了我国城乡居保财政投入的结构差异。最后，从财政投入的承受力、财政投入对其他项目的挤出效应、财政投入支持力度等方面对城乡居保财政投入责任进行评估。

4.1 我国城乡居保财政投入的总量

4.1.1 领取财政补贴的人口规模

领取财政补贴的人口规模是影响城乡居保财政投入的最为直接的因素之一。通过考察领取城乡居保财政补贴人口规模和领取基础养老金补助人口规模，可以大致判断当前和未来我国城乡居保财政投入状况。

4.1.1.1 领取财政补贴人口规模逐年增加

自2009年新农保试点开展以来，公共财政投入对城乡居保扩面工作发挥了不可替代的作用。在公共财政投入的激励和吸引下，享受财政补助的参保人口规模逐年增多（见表4-1）。2008年全国参加新农保的人口仅有5595万人。2009年新农保试点推行当年，参保人口猛增至8691万人，增幅高达55.34%。

2010年享受财政补助的人口规模持续增长,首次突破1亿人,达到10277万人,但增幅比上年度有所回落,为18.25%。随着新农保制度动员力度的加大,2011年新农保参保人口实现了"爆炸式"增长,参保居民达到32643万人,增幅为217.63%;2012年新农保参保人口规模仍保持增长态势,达到了48370万人,比上一年度增长了48.18%。自2013年以后,新农保参保人口进入低速增长阶段。2013年参保居民增长至49750万人,增幅不大仅有2.85%;2014年新农保和城居保合并,参保人口已突破5亿人,达到了50170万人,然而增幅不足1个百分点(0.84%);2015年参保人口规模仍保持低速增长,达到50472万人,增幅为0.60%;2016年城乡居保参保人口为50847万人,增幅为0.75%;2017年城乡居保参保人口为51255万人,增幅为0.8%;截至2018年底,城乡居保参保人口为52392万人,增幅为2.21%。由上述分析可知,2013—2018年,城乡居保参保人口已处于低速增长状态,这表明城乡居保制度的潜在参保人口越来越少,可以预计的是未来城乡居保参保人口已经很难恢复之前的高速增长。

表4-1　　2008—2018年我国城乡居保参保人数和领取待遇人数

年份	参保人数(万人)	领取待遇人数(万人)	领取待遇人数所占比重(%)
2008	5595	512	9.15
2009	8691	1556	17.90
2010	10277	2863	27.86
2011	32643	8525	26.12
2012	48370	13382	27.67
2013	49750	14122	28.39
2014	50170	14313	28.53
2015	50472	14800	29.32
2016	50847	15270	30.03
2017	51255	15598	30.43
2018	52392	15898	30.34

资料来源:根据人力资源和社会保障部发布的《人力资源和社会保障事业发展统计公报(2008—2016)》整理而得。

4.1.1.2 领取基础养老金补助的人口变化

基础养老金完全由政府财政负担。领取基础养老金补助的人口变化能够反映我国公共财政投入和支出状况。从领取基础养老金补助的人口规模看，2009—2018年符合领取基础养老金待遇条件的城乡居民人数不断增多。2009年，领取基础养老金的参保人员为1556万人，比上年度增长了203.90%，领取基础养老金的参保居民实现了"井喷式"增长。2010年领取基础养老金的参保居民人口规模达到2863万人，增幅为84.00%，领取基础养老金人口几乎实现了翻番，保持着迅猛发展的态势。2011年享受基础养老金待遇的人口规模再次实现井喷式增长，增幅达197.76%。2012年领取基础养老金人口规模首次突破1亿人，为13382万人，增幅为56.97%，较之前有显著回落。自2013以来，领取基础养老金人口规模仍保持增长态势，但告别了之前井喷式的高速增长模式，增幅基本保持在5个百分点以内。2013年领取基础养老金的参保人员为14122万人，增幅从2012年56.97%下降至5.53%。2014年领取基础养老金的参保人员为14313万人，比上年度增长了191万人，增幅仅为1.35%。2015年领取基础养老金的参保人员达到14800万人，增幅为3.40%。2016年领取基础养老金的参保人员达到15270万人，增幅为3.18%。2017年领取基础养老金的参保人员达到15598万人，增幅为2.14%，2018年领取基础养老金的参保人员达到15898万人，增幅为1.92%。总体来看，增幅在不断缩小，未来我国领取基础养老金的人口会保持低速的增长。

4.1.1.3 领取基础养老金补助的人口比重逐年增高

基础养老金财政投入是城乡居保公共财政投入的主体部分。因而，用领取基础养老金人口占参保总人口的比重反映未来城乡居保公共财政投入情况。由图4-1可知，自新农保试点开展以来，领取基础养老金人口占参保总人口的比重逐年提高。2009年新农保试点当年，领取基础养老金人口占参保总人口的比重为17.9%，增幅近1倍（95.65%）。2010年领取基础养老金人口所占比重持续提高，为27.86%，比上一年度增长了18.25个百分点。2011年领取基础养老金人口占参保总人口的比重有所回落，为26.12%，比2010年下降了1.74个百分点，增幅为-6.25%。领取基础养老金人数人口所占比重回落的原因主要在于2011年新农保参保总人口增幅（217.63%）高于领取基础养老金人口的增幅（197.76%）。2011—2018年领取基础养老金人口占参保总人口的比重一直处于上升状态，从26.12%增长至30.34%（见图4-1）。2011—2018年领取基础养老金人口占参保总人口的比重的增幅大致保持在2.5%左右。可以预见的是，伴随农村人口老龄化，未来领取基础养老金人口规模将越来越大，领取基础养老金人口占参保总人口的比重的增长态势仍将持续。这将给城乡居保公共财政投入带来一定程度的压力。

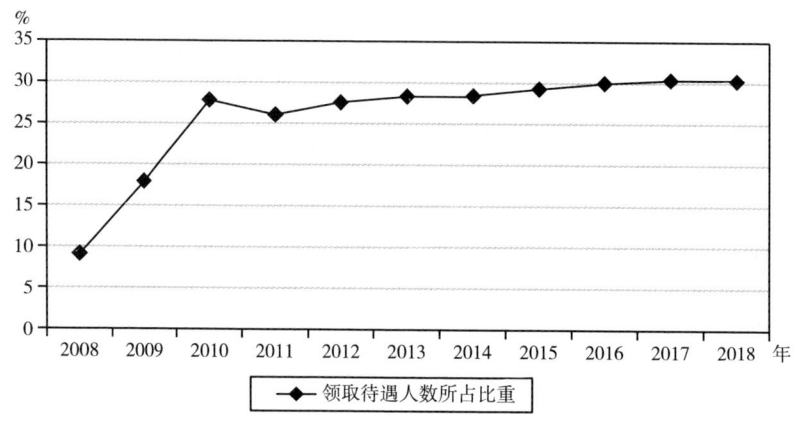

图4-1　领取基础养老金人口占参保总人口的比重

4.1.2　城乡居保财政补助收入

目前，城乡居民社会养老保险基金收入主要包括财政补助、保费收入、集体补助和利息、转移及其他收入等四个方面。这里分别从这四个方面探讨。城乡居保财政补贴是城乡居保基金的重要资金来源。由于2011—2017年《关于全国社会保险基金决算的说明》中，仅公布了2015—2016年的城乡居保财政投入数据。2015年城乡居保公共财政补贴规模达到了2043.99亿元，比2014年增加了520亿元，增长了34%，公共财政投入占当年城乡居保基金总收入的70.99%。同时，2015年保费收入为707.65亿元，占当年城乡居保基金收入的24.58%；集体补助（资助补助）为9亿元，比上一年度减少了5亿元，占基金总收入的0.32%；利息、转移及其他收入为127亿元，比上年度减少了5亿元，占基金总收入的4.11%。2016年，城乡居保公共财政投入总额达到2092.09亿元，比上年增加了48.10亿元，增长了2.35%，完成预算的96.9%；公共财政投入占2016年城乡居保基金总收入的70.77%，相比2015

年,公共财政投入的增速有所回落,微跌0.22%。

当前,城乡居保公共财政投入和参保居民保费收入是城乡居保基金总收入的两大主要来源。从城乡居保财政收入规模上来看,自新农保试点开展以来,我国公共财政对城乡居保的投入保持了快速增长。由表4-2可知,从2010年开始,城乡居保公共财政投入无论是规模还是增幅均保持迅猛增长,尤其是2010—2013年城乡居保试点初期的财政投入实现"爆炸式"的增长。2010年全国城乡居保公共财政投入共计181.58亿元。伴随城乡居保试点的快速扩面,2011年城乡居保公共财政投入猛增至797.50亿元,增幅高达339.30%。2012年全国城乡居保公共财政投入首次突破1000亿元(1267.96亿元),增幅达58.99%。2013年以后城乡居保公共财政投入规模持续增加,财政投入增幅相比2010—2011年有所回落。2013年城乡居保公共财政投入为1430.67亿元,比上一年度增加了162.71亿元,增幅为12.83%。2014年城乡居保公共财政投入为1524.00亿元,比上一年度增加了93.33亿元,增幅为6.52%,增幅比之前有较大回落。2015年城乡居保公共财政投入首次突破2000亿元(2043.99亿元),比2014年增加了519.99亿元,增幅为34.02%。2016年全国城乡居保公共财政投入共计2092.09亿元,比2015年增加了48.10亿元,增幅为2.35%,是2010年的11.52倍。2016年城乡居保公共财政投入总额达到了2092.09亿元,比上年增加了48.10亿元,增长了2.35%,完成预算的96.9%。公共财政投入占2016年城乡居保基金总收入的70.77%,相比2015年,公共财政投入的增速有所回落,微跌了0.22%。2017年,城乡居保公共财政投入总额达到了2319.19亿元,比上年增加了227.10亿元;公共财政投入的增速达到了10.9%,比上年增加了8.6%。

表4-2　　　　2010—2017年城乡居保基金收入概况　　　　　　单位:亿元

年份	收入			支出		本年收支结余	年末滚存结余
	总收入	保费收入	财政补贴	待遇支出	总支出		
2010	463.00	261.00	181.58	210.00	—	—	—
2011	1341.99	485.30	797.50	590.00	690.00	652.02	1350.68
2012	1996.00	640.00	1267.96	1049.00	1212.00	784.00	2360.00
2013	2173.10	646.58	1430.67	1236.77	1430.78	742.32	3103.57

续表

年份	收入			支出		本年收支结余	年末滚存结余
	总收入	保费收入	财政补贴	待遇支出	总支出		
2014	2343.17	681.96	1524.00	1537.30	1593.04	750.13	3853.92
2015	2879.25	707.65	2043.99	2069.15	2135.01	744.24	4604.23
2016	2956.21	737.50	2092.09	2130.67	2173.87	782.34	5398.69
2017	3339.30	829.62	2319.19	2308.02	2395.31	943.99	6341.91

注：2010 年数据根据 2011 年"决算"数据计算得出。2010—2013 年财政补贴收入可大致计算出来。计算公式为：财政补贴收入 = 基金总收入 − 保费收入 − 利息收入 − 集体收入。

资料来源：2011—2017 年《关于全国社会保险基金决算的说明》。

从城乡居保参保居民保费收入来看，自 2010 以来保费收入规模持续增加。2010 年城乡居保保费收入为 261 亿元，2011 年保费收入已快速增长至 485.30 亿元，比上一年度增加了 224.30 亿元，几乎实现了翻番，这在一定程度上反映出城乡居保参保成员的迅速增加。2012 年全国城乡居保保费收入为 640 亿元，比 2011 年增加了 154.7 亿元，增幅为 31.88%。自 2012 年以来，我国城乡居保保费收入开始平稳增长，在一定程度上说明城乡居保高速扩面期已经结束。2013 年全国城乡居保保费收入为 646.58 亿元，比上年度增加了 6.58 亿元，增幅为 1.03%。2014 年全国城乡居保保费收入为 681.96 亿元，比上年度增加了 35.38 亿元，增幅为 5.47%，增幅相比 2013 年有所提高。2015 年全国城乡居保保费收入为 707.65 亿元，比上年度增加了 25.69 亿元，增幅为 3.77%。2016 年全国城乡居保保费收入仍平稳增长，达到了 737.5 亿元，比上年度增加了 29.85 亿元，增幅为 4.22%。2017 年全国城乡居保保费收入为 829.62 亿元，比上年度增加了 92.12 亿元，增幅为 12.45%。

公共财政投入和保费收入是城乡居保基金收入的两大重要筹资渠道。上文分别分析了 2011—2017 年我国城乡居保公共财政投入和城乡居保保费收入规模。接下来，阐述和分析 2011—2017 年我国城乡居保公共财政投入和城乡居保保费收入分别占城乡居保基金的比重，着重研究二者对城乡居保基金的影响。

首先，根据 2010—2017 年公共财政投入占城乡居保基金收入的比重（见图 4-2）可知，从 2010 年开始，公共财政投入占城乡居保基金收入的比重不断攀升，仅在 2016 年微跌了 0.22 个百分点。2010 年城乡居保公共财政投入的比重为 39.22%，2011 年该比重几乎达到了 60%（59.43%），增幅高达

51.53%。2012年财政收入比重进一步提升，达到了63.53%，比上一年提升了4.10个百分点。2013年财政收入所占比重增长至65.84%，增加了2.31个百分点。2014年财政收入比重稍有回落，为65.04%，相比2013年减少了0.80%。2015年财政收入比重突破了70%，达到了70.99%，比上年度增加了5.95个百分点。相比2015年，2016年财政收入比重微跌了0.22个百分点，为70.77%。2017年财政收入比重达到了69.45%，在2016年的基础上又回落了1.12个百分点。

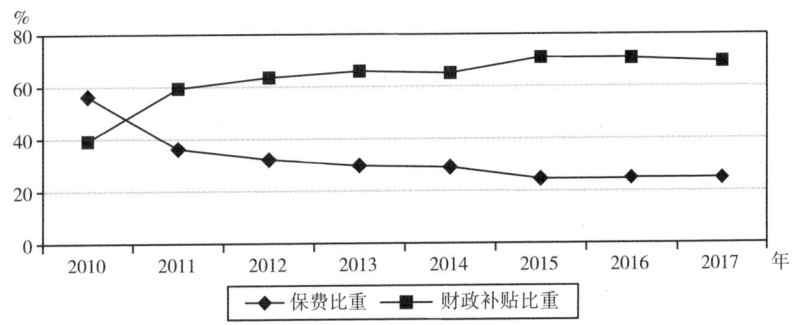

图4-2 2010—2017年城乡居保财政收入比重与保费收入比重走势

相比财政收入比重，城乡居保保费收入比重自2010年开始逐渐呈下降态势。2010年城乡居保保费收入占基金总收入的比重为56.37%，超过财政收入比重（39.22%）17.15个百分点。但2011年开始，城乡居保保费收入比重持续下降。2011年城乡居保保费收入占比为36.16%，比上年度下降了20.21个百分点，下降幅度为35.85%。2012年保费收入比重下降至32.06%，比上年下降4.1个百分点。2013年新农保保费收入首次跌破30%，跌至29.75%。2014年这一比重又下降至29.10%。2015年该比重创新低，为24.58%。尽管2016年保费收入比重有所提高，仍未突破30%（24.95%）。2017年保费收入比重是24.84%，相较于2016年，略微下降了0.11个百分点。

通过对城乡居保基金收入结构的分析，对比城乡居保财政收入和保费收入分别占城乡居保基金收入的比重，发现自城乡居保制度试点实施以来，城乡居保财政收入所占比重呈现上升态势，而城乡居保保费收入呈现不断下降的走势。由4-2可知，二者比重明显呈现出"剪刀差"现象。城乡居保基金收入结构在很大程度表明，公共财政收入是城乡居保基金收入不可或缺的核心来源，这也使得城乡居保制度属于具有很强福利性的保障项目，而不是真正意义上的养老保险项目。公共财政投入占基金总收入的比重持续提高，也进一步强化了城乡居保制度的福利性，而城乡居保保费收入的不断下降又进一步弱化了制度的社会保险性质①。同时，在我国逐渐向深度人口老龄化迈进、养老金待遇的福利刚性增长、城乡居保个人缴费吸引力不足的背景下，可预见的是城乡居保公共财政投入的力度仍会持续加强，城乡居保财政补贴规模会不断扩大。因而，在公共财政投入不断增加的背景下，政府层级间财政责任应如何分担，从而既能满足城乡居保制度持续发展的需要，又能实现各层级政府财政责任和财力的匹配，是未来城乡居保制度发展的核心命题。

4.1.3 城乡居保财政补助支出

我国财政部每年发布年度"全国一般公共预算支出决算表"。从财政预算支出角度，描述了我国政府财政对城乡居民社会养老保险的支出状况（见表4-3）。"全国一般公共预算支出决算表"在第八部分社会保障和就业支出项目的"财政对社会保险基金的补助"栏目中，专门设置了"财政对城乡居民社会养老保险基金的补助"。通过表4-3可知，2009年新型农村社会养老保险开始实施，我国政府财政对新型农村社会养老保险的补助规模日益增加，且保持着较快增速。2009年新型农村社会养老保险开始试点，当年财政补助规模为5.36亿元。随着新型农村社会养老保险试点范围的扩大和参保成员的快速增加，政府财政对新型农村社会养老保险的补贴规模急剧增加，尤其是在2010—2013年的4年时间里。2010年全国政府财政对新型农村社会养老保险的支出规模为240.09亿元，是上年度财政补贴规模的近45倍。2011年财政补贴规模为649.41亿元，增加幅度高达270.5%。2012年财政支出增长幅度为143.7%，相比2010年和2011年增速有所下降。自2013年以来，随着扩面的结束，财政对新型农村社会养老保险补助规模的增速有所回落，但财政补贴实际规模仍持续增加。2013年政府财政对新型农村社会养老保险的支出规模首次突破1000亿元，达到了1096.38亿元，较2012年增长17.5%。之后，我国公共财政对新型农村社会养老保险的补助增幅逐渐回落。由于2015年人力资源与社会保障部首次提升我国城乡居保基础养老金的待遇标准，从之前的每人每月55元，提高至每人每月70元，2015年公共财政对城乡居保的补助规

---

① 郑秉文. 中国养老金发至报告2016："第二支柱"年金制度全面深化改革［M］. 北京：经济管理出版社，2016：87.

模高达 1853.48 亿元，比 2014 年增加了近 40%（为 37.4%）。2016 年公共财政对城乡居保的补助规模将近 2000 亿元（为 1907.93 亿元）。2017 年公共财政对城乡居保的补助规模达到了 2130.78 亿元，2018 年达到了 2546.10 亿元，为上年度补助规模的 119.5%。由此可见，我国公共财政对城乡居民基本养老基金的补助在不断提升。

表 4-3　我国公共财政对城乡居民基本养老基金的补助支出

年份	补助规模（亿元）	为上年度补助规模的（%）
2009	5.36	—
2010	240.09	4479.3
2011	649.41	270.5
2012	932.91	143.7
2013	1096.38	117.5
2014	1348.94	109.2
2015	1853.48	137.4
2016	1907.93	102.9
2017	2130.78	—
2018	2546.10	119.5

注：自 2010 年开始专门列出财政对城乡居民养老保险的补助规模。（2010—2013 年为财政对新型农村社会养老保险基金的补助，2014 年新型农村社会养老保险和城镇居民社会养老保险合并，统一为城乡居民基本社会养老保险。）

资料来源：财政部网站历年"全国一般公共预算支出决算表"；2010—2013 年"全国公共财政支出决算表"；2014 年至今"全国一般公共预算支出决算表"。

4.2　城乡居保财政投入的结构

2014 年 2 月 21 日，国务院发布《关于建立统一的城乡居民基本养老保险制度的意见》（以下简称 8 号文），8 号文规定将新型农村社会养老保险（以下简称城乡居保）和城镇居民社会养老保险两项制度合并实施。在全国范围内建立统一的城乡居民养老保险制度以来，城乡居民基本养老保险的财政投入规模不断增大。本章基于我国 2017 年的统计数据，在一系列假设的基础上，通过构建城乡居保政府财政投入计量模型，选取政府财政投入总量、人均政府财政投入等指标,从东部、中部、西部三个区域和中央政府、地方政府两个层面评析城乡居保财政投入的结构。同时,以极差、极值比、标准差、变异系数等评价方法分析各个省份城乡居保财政投入概况。

4.2.1 城乡居保财政投入的计量模型构建与分析

4.2.1.1 城乡居保财政投入的度量指标

(1) 政府财政投入总量指标,包括城乡居保的中央财政补贴投入额、地方财政补贴投入额和政府财政投入总额。

(2) 人均政府财政投入指标,该指标可反映出不同区域与中央及地方政府对参保人的人均政府财政投入。

(3) 各级政府财政负担指标,包括城乡居保中央政府财政负担与地方财政负担,可用政府对城乡居保的财政投入占同期财政收入的比例表示。

4.2.1.2 城乡居保财政投入的计量模型

各级政府对城乡居保财政补贴投入有着明确的分工。中央政府财政投入主要表现为"补出口",地方政府的补贴责任为"补入口"和"补出口"。从中央政府层面来看,中央政府仅负担东部地区基础养老金的50%,而中、西部地区的中央政府需全额补助基础养老金。从地方政府层面来看,中、西部地区地方政府财政投入主要表现为缴费补贴和附加基础养老金补贴;东部地区地方财政投入主要表现为缴费补贴、基础养老金补贴及附加基础养老金补贴[1]。

若 G 表示城乡居保政府财政总投入,C、S 分别为中央政府与地方政府补贴财政投入,则计算公式为:

$$G = C + S \qquad (4-1)$$

若 G_e、G_m、G_w 分别表示东部、中部、西部区域的城乡居保财政投入总额,C_e、C_m、C_w 分别表示东部、中部、西部区域城乡居保的中央政府财政投入额,S_e、S_m、S_w 分别表示东部、中部、西部区域城乡居保的地方政府财政投入额,则计算公式为:

$$G_e = C_e + S_e \qquad (4-2)$$

---

[1] 杨斌,丁建定. 经济增长视角下城乡居民基本养老保险地方财政责任评估[J]. 江西财经大学学报,2016(3):37-44,13.

$$G_m = C_m + S_m \qquad (4-3)$$
$$G_w = C_w + S_w \qquad (4-4)$$

若 P 表示城乡居保达到领取待遇年龄的参保人数,即年龄达到 60 岁及以上的农村人口,A 表示城乡居保中央政府人均出口补贴,则计算公式为:

$$C = AP \qquad (4-5)$$

若 A_e、A_m、A_w 分别表示东部、中部、西部城乡居保的中央政府人均出口补贴,P_e、P_m、P_w 分别表示东部、中部、西部城乡居保 60 岁及以上的参保人数,则计算公式为:

$$C_e = A_e P_e \qquad (4-6)$$
$$C_m = A_m P_m \qquad (4-7)$$
$$C_w = A_w P_w \qquad (4-8)$$

中央政府对不同区域城乡居保出口补贴不同,需承担东部地区一半的基础养老金。若 D 表示城乡居保各地区的月基础养老金,则计算公式为:

$$A_e = 12D \times 50\% \qquad (4-9)$$
$$A_m = 12D \qquad (4-10)$$
$$A_w = 12D \qquad (4-11)$$

综上所述,不同地区中央政府财政投入计算公式为:

$$C_e = 12D \times 50\% P_e \qquad (4-12)$$
$$C_m = 12DP_m \qquad (4-13)$$
$$C_w = 12DP_w \qquad (4-14)$$

若 S 表示城乡居保的地方财政投入总额,L 表示缴费补贴,M、N 分别表示法定基础养老金及附加基础养老金补贴。则计算公式为:

$$S = L + M + N \qquad (4-15)$$

中、西部地区地方财政投入主要表现为缴费补贴和附加基础养老金补贴,东部地区地方财政投入主要表现为缴费补贴、基础养老金补贴及附加基础养老金补贴。若 L_e、L_m、L_w 分别表示东部、中部、西部区域城乡居保的地方财政缴费补贴,M_e 表示东部地区城乡居保最低标准基础养老金补贴,N_e、N_m、N_w 分别表示东部、中部、西部区域城乡居保的附加基础养老金补贴,则计算公式为:

$$S_e = L_e + M_e + N_e \qquad (4-16)$$
$$S_m = L_m + N_m \qquad (4-17)$$
$$S_w = L_w + N_w \qquad (4-18)$$

若 p_e、p_m、p_w 分别表示东部、中部、西部区域城乡居保未达到领取待遇年龄的参保人口总数,即 16—59 岁的农村人口总数,a_e、a_m、a_w 分别表示东部、中部、西部区域城乡居保的地方政府人均年缴费补贴,则计算公式为:

$$L_e = p_e a_e \tag{4-19}$$

$$L_m = p_m a_m \tag{4-20}$$

$$L_w = p_w a_w \tag{4-21}$$

若 O_e、O_m、O_w 分别表示东部、中部、西部区域城乡居保年附加基础养老金,则计算公式为:

$$N_e = P_e O_e \tag{4-22}$$

$$N_m = P_m O_m \tag{4-23}$$

$$N_w = P_w O_w \tag{4-24}$$

由于仅东部地区需要对最低标准基础养老金进行补贴,则东部地区法定基础养老金补贴额计算公式为:

$$M_e = 12 D P_e \times 50\% \tag{4-25}$$

因此,东部、中部、西部城乡居保的地方政府补贴额计算公式为:

$$S_e = p_e a_e + 12 D P_e \times 50\% + P_e O_e \tag{4-26}$$

$$S_m = p_m a_m + P_m O_m \tag{4-27}$$

$$S_w = p_w a_w + P_w O_w \tag{4-28}$$

综上,东部、中部、西部区域城乡居保的政府补贴财政投入计算公式为:

$$G_e = 6 D P_e + p_e a_e + 6 D P_e + P_e O_e \tag{4-29}$$

$$G_m = 12 D P_m + p_m a_m + P_m O_m \tag{4-30}$$

$$G_w = 12 D P_w + p_w a_w + P_w O_w \tag{4-31}$$

若 g_e、g_m、g_w 分别表示东部、中部、西部区域城乡居保的人均政府补贴财政投入,则计算公式为:

$$g_e = \frac{6 D P_e + p_e a_e + 6 D P_e + P_e O_e}{P_e + p_e} \tag{4-32}$$

$$g_m = \frac{12 D P_m + p_m a_m + P_m O_m}{P_m + p_m} \tag{4-33}$$

$$g_e = \frac{12 D P_w + p_w a_w + P_w O_w}{P_w + p_w} \tag{4-34}$$

4.2.1.3 城乡居保财政投入的评价方法

(1)极差。极差是统计学中测定变量变动的指标,它是变量变动的最大范围。极差的计算公式为：R = X_{max} – X_{min}（其中，X_{max} 为最大值，X_{min} 为最小值）。在研究城乡居保政府财政投入及负担的区域差异时，用 R 表示政府财政投入和负担的极差，变量 X 为政府财政投入及负担、中央政府财政投入及负担、地方政府财政投入及负担、人均政府财政投入等。

（2）极值比。极值比为变量的最大值与最小值之比，用来反映数据集的差异程度。极值比的绝对值与差异程度正相关。极值比的计算公式为：$\omega = \dfrac{X_{max}}{X_{min}}$。

（3）标准差。标准差可反映数据集分布程度，用 x_i 表示自变量取值，$\bar{x}$ 表示自变量的平均值，n 表示整个数据集包含的变量总个数。标准差计算公式为：$S = \sqrt{\sum (X_i - X)/n}$。

（4）变异系数。变异系数是反映离散程度的指标，是标准差与平均值之比，计算公式为：$C_V = \dfrac{\sigma}{X}$。

4.2.2 参数说明[①]

4.2.2.1 研究年份

在保证数据准确性与权威性的基础上，选取 2017 年的相关数据进行研究，该数据为城乡居保的最新数据，能较为真实地反映各地区城乡居保的实施情况。

4.2.2.2 参保人数

以城乡居保的领取资格划分，参保人数由两部分组成。一部分为 16—59 岁未达到领取待遇年龄的人数，另一部分为 60 岁以上达到领取待遇年龄的人数。由于无法获取各地区的人口年龄构成情况，借助我国 2010 年人口普查数据来估算各地区 16—59 岁及 60 岁以上的人口所占比例。各地区农村人口总数来源于 2018 年《中国统计年鉴》统计数据。2017 年各省份城乡居保的参保人数如表 4-4 所示。

[①] 农村居民是城乡居保制度的主体。为便于统计，研究数据基于农村居民实际选取。

表 4-4　　2017 年我国各省（区、市）新农保参保人数

区域	省（区、市）	乡村人口（万人）	16—59 岁农村人口（万人）	60 岁及以上农村人口（万人）
中部	河南	4764	3003.79	660.81
	河北	3383	2300.71	471.24
	湖南	3113	2014.60	503.61
	湖北	2402	1662.98	378.21
	山西	1579	1092.88	208.49
	内蒙古	961	703.79	122.87
	吉林	1178	867.01	150.66
	黑龙江	1538	1139.93	185.79
	安徽	2909	1848.75	490.67
	江西	2098	1342.26	255.10
西部	甘肃	1408	940.43	186.95
	贵州	1932	1126.07	270.25
	宁夏	287	188.15	28.35
	青海	281	187.22	26.04
	陕西	1657	1166.96	234.34
	四川	4085	2565.74	742.89
	西藏	233	150.81	19.41
	新疆	1238	834.57	109.70
	云南	2559	1688.29	290.47
	重庆	1105	644.94	237.04
	广西	2481	1518.87	360.37
东部	北京	293	223.19	42.98
	福建	1377	951.15	194.44
	广东	3367	2164.74	431.85
	海南	389	253.67	49.65
	江苏	2508	1659.90	493.67
	辽宁	1420	995.10	230.22
	山东	3944	2613.35	674.65
	上海	297	219.15	52.07
	天津	266	187.53	38.10
	浙江	1810	1217.68	341.86

资料来源：根据 2010 年全国人口抽样调查资料与《中国统计年鉴》（2018）相关数据计算。

4.2.2.3 基础养老金

根据 2009 年的新农保和 2011 年城镇居保的相关规定，城乡居民基础养老金为每人每月 55 元。2014 年国务院在原最低标准基础上每人每月增加 15 元，即将最低标准调整为每人每月 70 元。2017 年的城乡居保基础养老金数据如表 4-5 所示。

表 4-5　2017 年我国各省（区、市）城乡居保基础养老金

区域	省（区、市）	基础养老金/元
中部	河南	80
	河北	80
	湖南	80
	湖北	80
	山西	80
	内蒙古	110
	吉林	80
	黑龙江	80
	安徽	75
	江西	80
西部	甘肃	80
	贵州	80
	宁夏	120
	青海	155
	陕西	80
	四川	75
	西藏	152
	新疆	115
	云南	85
	重庆	95
	广西	90

续表

区域	省（区、市）	基础养老金/元
东部	北京	510
	福建	100
	广东	120
	海南	160
	江苏	125
	辽宁	85
	山东	100
	上海	850
	天津	277
	浙江	135

资料来源：根据各地区政府网站相关文件整理而得。

4.2.2.4 附加基础养老金

附加基础养老金为各省份超出当年最低标准基础养老金之外的基础养老金。2017年基础养老金的标准为每人每月70元，超出70元的部分由地方政府进行全额补贴。2017年的城乡居保的附加基础养老金数据如表4-6所示。

表4-6　2017年我国不同省（区、市）城乡居保附加基础养老金

区域	省（区、市）	附加基础养老金/元
中部	河南	10
	河北	10
	湖南	10
	湖北	10
	山西	10
	内蒙古	40
	吉林	10
	黑龙江	10
	安徽	5
	江西	10

续表

区域	省（区、市）	附加基础养老金/元
西部	甘肃	10
	贵州	10
	宁夏	50
	青海	85
	陕西	10
	四川	5
	西藏	82
	新疆	45
	云南	15
	重庆	25
	广西	20
东部	北京	440
	福建	30
	广东	50
	海南	90
	江苏	55
	辽宁	15
	山东	30
	上海	780
	天津	207
	浙江	65

资料来源：根据各地区政府网站相关文件整理而得。

4.2.2.5 地方政府参保缴费补贴

地方政府的财政补贴分为入口补贴和出口补贴。入口补贴主要是对参保人缴费进行补贴，对于选择最低缴费档次的参保居民，地方政府需给付每人每年不少于30元的补贴。对于选择较高缴费档次的居民，由于缴费档次不同，财政补贴额在30元的基础上会适当变化，且不同省份政府补贴有着较大的差异。出口补贴为基础养老金中政府补助的部分。为方便计算，假设所有省份缴费补贴为每人每年30元。

4.2.3 实证结果与分析

根据已构建的城乡居保中央、地方财政投入的公式，代入2017年城乡居保参保人数、基础养老金、附加基础养老金、领取待遇年龄人数、缴费补贴、地方财政补贴额等数据，分别对中央与地方政府城乡居保财政投入、中央财政与地方政府城乡居保财政投入负担进行计算。

由表4-7数据可知，2017年我国政府财政投入为1120.37亿元。从政府层级来看，中央政府财政投入总额605.74亿元，占中央财政收入的0.74%，占全国城乡居保财政投入总额的54.0%。地方政府财政投入总额为514.89亿元，是中央政府城乡居保财政投入的0.85倍，占中央财政收入的0.63%，占全国城乡居保财政投入总额的45.9%。通过分析发现，在城乡居保制度推行过程中，中央政府比地方政府的财政投入力度更大，这主要是受中央政府对符合领取待遇条件的参保人全额支付最低标准基础养老金这一规定的影响。其中，中央政府对中部、西部的各个省份进行全额补助，对东部地区进行50%的补助。

表4-7　　　　2017年我国不同地区城乡居保政府财政投入

区域	省（区、市）	中央政府财政投入（亿元）	地方政府财政投入（亿元）	政府财政投入（亿元）	人均政府财政投入（亿元）
	中部	287.91	90.54	378.45	0.019
	河南	55.51	16.94	72.45	0.020
	河北	39.58	12.56	52.14	0.019
	湖南	42.30	12.09	54.39	0.022
	湖北	31.77	9.53	41.30	0.020
中部	山西	17.51	5.78	23.29	0.018
	内蒙古	10.32	8.01	18.33	0.022
	吉林	12.66	4.41	17.06	0.017
	黑龙江	15.61	5.65	21.26	0.016
	安徽	41.22	8.49	49.71	0.021
	江西	21.43	7.09	28.52	0.018

续表

区域	省（区、市）	中央政府财政投入（亿元）	地方政府财政投入（亿元）	政府财政投入（亿元）	人均政府财政投入（亿元）
西部	西部	210.49	78.97	289.46	0.021
	甘肃	15.70	5.06	20.77	0.018
	贵州	22.70	6.62	29.32	0.021
	宁夏	2.38	2.27	4.65	0.021
	青海	2.19	3.22	5.40	0.025
	陕西	19.68	6.31	26.00	0.019
	四川	62.40	12.15	74.56	0.023
	西藏	1.63	2.36	3.99	0.023
	新疆	9.21	8.43	17.64	0.019
	云南	24.40	10.29	34.69	0.018
	重庆	19.91	9.05	28.96	0.033
	广西	30.27	13.21	43.48	0.023
东部	东部	107.08	345.39	452.46	0.035
	北京	1.81	25.17	26.97	0.101
	福建	8.17	18.02	26.19	0.023
	广东	18.14	50.54	68.68	0.026
	海南	2.09	8.21	10.29	0.034
	江苏	20.73	58.30	79.03	0.037
	辽宁	9.67	16.80	26.47	0.022
	山东	28.34	60.46	88.80	0.027
	上海	2.19	51.59	53.77	0.198
	天津	1.60	11.63	13.23	0.059
	浙江	14.36	44.68	59.04	0.038

资料来源：根据《中国统计年鉴》（2018）相关数据计算。

从区域层面来看，2017年我国不同地区城乡居保的中央与地方政府财政补贴投入额均存在较大差异。其中，中央政府对中部地区的财政补贴投入总额为287.91亿元，高于对西部和东部地区的财政投入总额，是西部地区财政补贴投入总额（210.49亿元）的1.36倍，是东部地区财政补贴投入总额（107.08亿元）的2.68倍。值得强调的是，由于东部地区地方政府财政需补贴最低标准基础养老金的一半，东部地区地方政府财政补贴投入额高达

345.39亿元，人均政府财政投入为0.035亿元，分别是中部地区人均政府财政补贴（0.019亿元）的1.8倍，是西部地区人均政府财政补贴（0.021亿元）的1.6倍。从区域内部各省份来看，东部、中部、西部各区域内部政府财政投入规模存在较大的差异。通过表4-7算出，2017年东部地区政府财政投入标准差为26.7，中部地区政府财政投入标准差为17.9，西部地区政府财政投入标准差为19.5。因此，中部地区各省份政府财政投入规模差距较小，而东部地区差距较大，这可能是因为东部地区经济发展水平较高，且各地区经济发展不平衡。如东部地区的广东、江苏、山东、上海，政府财政投入规模均超过50亿元，而海南的政府财政投入总额仅为10.29亿元，仅是山东的11.58%。从整体看，东部地区的政府财政投入总额与中部地区相差不大，但人均政府财政投入却是中部地区的1.8倍，这与中部地区参保人口较多有关。通过分析可知，2017年我国不同地区城乡居保政府财政投入差距很大，这可能与各地区参保人数和经济水平直接相关。

城乡居保政府财政投入为中央政府财政投入与地方政府财政投入之和。不同区域间中央政府财政投入的差异主要受差异化财政补贴政策的影响，地方政府财政投入差异主要受各地区参保人数规模和缴费补贴水平的影响。由表4-8可知，政府财政投入的标准差为23.07，大于中央政府财政投入的标准差（15.65）和地方政府财政投入的标准差（16.87）。因此从政府层面来看，政府财政投入的差异最大，中央政府财政投入的差异最小，地方政府财政投入的差异居中。人均政府财政投入的变异系数（1.06），大于中央政府财政投入变异系数（0.80）、地方政府财政投入变异系数（1.02），这说明从人均值角度来看，各个省份人均政府财政投入值相差不大。通过分析可知，中央政府财政投入、地方政府财政投入、人均政府财政投入都呈现出明显的地区差异。

表4-8　2017年城乡居保政府财政投入的地区差异

指标	最大值（亿元）	最小值（亿元）	极差（亿元）	极值比	平均值（亿元）	标准差	变异系数
中央政府财政投入	62.40	1.60	60.80	39.00	19.53	15.65	0.80
地方政府财政投入	60.46	2.27	58.20	26.69	16.61	16.87	1.02
政府财政投入	88.80	3.99	84.81	22.24	36.14	23.07	0.64
人均政府财政投入	0.20	0.02	0.18	12.37	0.03	0.03	1.06

资料来源：根据《中国统计年鉴》（2018）相关数据计算。

4.3 城乡居保财政投入责任的比较与评估

上述分别从时间维度和空间维度考察了我国城乡居保财政投入状况。接下来，首先，比较2010—2018年国家对城乡居保、城镇职工基本养老保险与机关事业单位养老保险财政投入情况。其次，为全面评估城乡居保财政投入责任，通过构建相应指标，考察城乡居保财政投入负担、城乡居保财政投入对其他项目的挤出程度、财政对城乡居保支持力度等。

4.3.1 我国不同类型社会养老保险财政投入责任比较

自2009年城乡居保试点推行以来，在全国总人数和参保总人数不断增加的背景下，国家财政对城乡居保的补贴投入不断增大，且保持着较高的增速（见表4-9）。

表4-9 2010—2018年我国不同类型养老保险财政投入概况

年份	城乡居保财政投入（亿元）	城镇职工基本养老保险财政投入（亿元）	机关事业单位养老保险投入（亿元）	城乡居保财政投入增速（%）	城镇职工养老保险增速（%）	城乡居保人均财政投入（元）	城镇职工养老保险人均投入（元）
2010	240.09	1910.35	—	—	—	233.62	984.60
2011	649.41	2191.72	—	170.49	14.73	198.94	1016.33
2012	932.91	2527.30	—	43.66	15.31	192.87	1099.73
2013	1096.38	2851.41	—	17.52	12.82	220.38	1179.37
2014	1348.94	3294.67	—	23.04	15.55	268.87	1290.46
2015	1853.48	4162.28	—	37.40	26.33	367.23	1587.49
2016	1907.93	4703.41	447.03	2.94	13.00	375.23	1690.28
2017	2130.78	4641.79	1967.21	11.68	-1.31	415.96	1585.98
2018	2546.10	5309.55	2549.21	19.49	14.39	485.97	—

资料来源：2010—2018年财政部"全国一般公共预算支出决算表"。其中，仅有2016—2018年机关事业单位养老保险投入的相关数据。

从财政投入规模看，城乡居保财政投入从2010年的240.09亿元上升到2018年的2546.10亿元，城镇职工养老保险财政投入从2010年的1910.35亿元上升到 2018 年的 5309.55 亿元，机关事业单位从 2016 年 447.03 亿元上升到了 2549.21 亿元，三个社会养老保险项目总体都在不断上升。从财政投入的绝对数量看，国家对城镇职工基本养老保险的财政投入总额远高于城乡居保。2011 年城镇职工基本养老保险财政投入（1910.35 亿元）是城乡居保财政投入的（240.09 亿元）8 倍，2018 年城镇职工基本养老保险财政投入（5309.55 亿元）仍是城乡居保财政投入（2546.10 亿元）的 2.1 倍。通过分析可知，尽管国家对城乡居保的财政投入规模在不断增大，但仍与城镇职工基本养老保险财政投入有相当大的差距。

从财政投入的增速看，截至 2018 年，政府对城乡居保财政投入从 2010 年的 240.09 亿元增加到 2018 年的 2546.10 亿元，是 2010 年总补贴额（240.09 亿元）的 10.6 倍，年均增长率高达 40.78%。政府对城镇职工基本养老保险财政投入从 2010 年的 1910.35 亿元增加到 2018 年的 5309.55 亿元，仅为 2010 年总投入金额（1910.35 亿元）的 2.78 倍，年均增长率为 13.85%。近 3 年来，政府对机关事业单位养老保险投入从 2016 年的 447.03 亿元增加到 2018 年的 2549.21 亿元，是 2016 年总补贴额的 5.7 倍，年均增长率为 46.21%。城乡居保和机关事业单位养老保险财政投入起初都呈现出"爆发式"增长，2011 年城乡居保的财政投入增长率达 170.49%，财政投入从 2010 年 240.09 亿元猛增至 2011 年的 649.41 亿元。2017 年机关事业单位养老保险投入增长率达 340.06%，财政投入从 2016 年的 447.03 亿元猛增至 2017 年的 1967.21 亿元，而城镇职工养老保险财政投入增长速度则较为缓慢。同时，城乡居保的养老保险财政投入增速在 2011 年"爆发式"增长后，增长速度有所减缓；2015—2018 年城镇职工养老保险的财政投入增速出现了较大波动，2015 年增速高达 26.33%，2017 年政府财政投入增速一度出现负增长，还出现降低的情况，直至 2018 年财政投入增速才恢复。

从人均财政投入看，2010—2018 年城乡居保人均财政投入从 233.62 元增加到 485.97 元，上涨了 252.35 元，增幅达 108.1%。城镇职工基本养老保险人均财政投入在 2010—2017 年从 984.60 元增长到 1585.98 元，上涨了 601.38 元，增幅达 61.1%。但在 2010—2017 年，城镇职工养老保险的人均财政投入远高于城乡居保人均财政投入。2010 年城镇职工基本养老保险人均财政投入达 984.60 元，是城乡居保人均财政投入的 4.2 倍；2017 年城镇职工养老保险人均财政投入达 1585.98 元，是城乡居保人均财政投入的 3.8 倍。2010—2018 年，城乡居保人均财政投入的平均值为 306.5 元，城镇职工基本养老保险人均投入的平均值为1304.3元。由此可以看出，尽管城乡居保财政投入的增速有所提升，但城乡居保人均财政投入远低于城镇职工养老保险人均财政投入的局面并未得到改变。

4.3.2 城乡居保财政投入责任评估

在比较城乡居保与职工基本养老保险财政投入的基础上，为进一步评估城乡居保财政投入责任，本章重点考察城乡居保财政投入的承受力、城乡居保财政投入对其他项目的挤出效应、国家对城乡居保投入的支持力度[①]。

4.3.2.1 城乡居保财政投入的承受力

城乡居保财政投入的承受力可以用城乡居保财政投入占当年财政收入的比重来衡量。若城乡居保财政投入占财政收入的比例较大，即指标值较高，则说明政府对财政投入的财政承担能力较弱；若指标值较小，则政府对财政投入的财政承担能力较强。2010—2018年，我国财政收入从83101.51亿元增加到183351.84亿元，城乡居保的财政投入从2010年的240.09亿元上升到2018年的2546.10亿元（见表4-10）。考察城乡居保财政投入占当年财政收入的比重，发现该指标逐年提升，从2010年占比0.29%到2018年占比1.39%（见图4-3）。这充分体现出城乡居保试点以来国家对城乡居保的财政责任逐渐加强。尽管城乡居保财政投入占财政投入的比重逐步提高，但该比重仍比较低，2018年该比重尚不足1.5%（1.39%）。这说明当前我国对城乡居保的财政投入承担能力较强。

表4-10　2010—2018年我国城乡居保财政投入和财政收入情况及比重

年份	财政收入（亿元）	新农保财政投入（亿元）	新农保财政投入占财政收入的比重（%）
2010	83101.51	240.09	0.29
2011	103874.43	649.41	0.63
2012	117253.52	932.91	0.80
2013	129209.64	1096.38	0.85
2014	140370.03	1348.94	0.96

---

① 郭光芝，杨翠迎，冯广刚. 国家新农保制度中政府财政责任的动态评估：基于国际经验的比较分析[J]. 人口与经济，2014（2）：120-128.

续表

年份	财政收入（亿元）	新农保财政投入（亿元）	新农保财政投入占财政收入的比重（%）
2015	152269.23	1583.48	1.04
2016	159604.97	1907.93	1.20
2017	172592.77	2130.78	1.23
2018	183351.84	2546.10	1.39

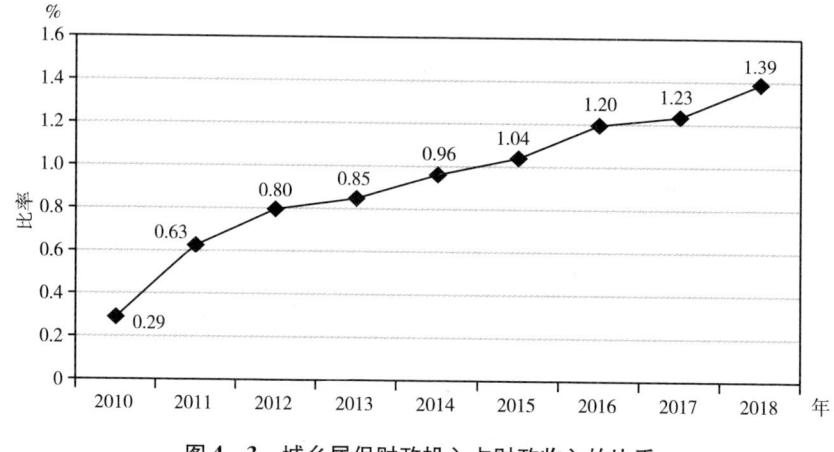

图 4-3 城乡居保财政投入占财政收入的比重

资料来源：根据 2010—2018 年《中国统计年鉴》中财政收入情况和"全国一般公共预算支出决算表"中城乡居保财政投入情况计算而得。

4.3.2.2 城乡居保财政投入的挤出效应

城乡居保财政投入的挤出效应是指由于财政资源是有限的，增加对城乡居保的财政投入可能会缩减对其他项目的财政投入。城乡居保财政投入占财政支出的比重用于衡量财政投入对政府其他项目财政支出的挤出程度。若该指标值较高，则说明用于城乡居保财政投入的财政支出对其他项目支出的挤出程度较大，投入可能会导致其他项目支出的缩减；若指标值较小，则城乡居保财政投入对其他项目支出的影响较弱。2010—2018 年我国财政支出从 83101.51 亿元增加到 220906.01 亿元；作为财政支出的一部分，城乡居保的财政投入在 2010—2018 年从 240.09 亿元增加到 2546.10 亿元。同时，城乡居保财政投入在财政支出中的比重在不断增加，从 2010 年的 0.29% 增加到 2018 年的 1.15%。其中，2010—2012 年的增速最快，增加了 0.45 个百分点，2012 年后增速开始慢慢下降（见表 4-11）。从图 4-4 可以明显看出，城乡居保财政投入占财政支出的比重总体趋势表现为缓慢上升,未来可能会呈上升趋势。基于此,虽然城乡居保财政投入比重不断增加,但是 2018 年城乡居保财政投入占财政支出的比重仅为 1.15%,因而对其他项目财政支出挤出效应比较弱。

表 4-11　2010—2018 年城乡居保财政投入和财政支出情况及比重

年份	财政支出（亿元）	城乡居保财政投入（亿元）	城乡居保财政投入占财政支出的比重（%）
2010	83101.51	240.09	0.29
2011	109247.79	649.41	0.59
2012	125952.97	932.91	0.74
2013	140212.10	1096.38	0.78
2014	151785.56	1348.94	0.89
2015	175877.77	1583.48	0.90
2016	187755.21	1907.93	1.02
2017	203085.49	2130.78	1.05
2018	220906.07	2546.10	1.15

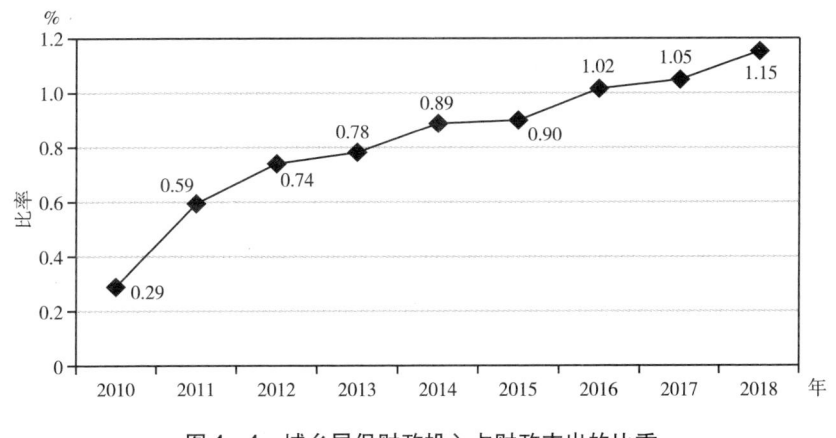

图 4-4　城乡居保财政投入占财政支出的比重

资料来源:根据 2010—2018 年《中国统计年鉴》中财政支出情况和"全国一般公共预算支出决算表"中城乡居保财政投入情况计算而得。

4.3.2.3　城乡居保财政投入支持力度

城乡居保财政投入支持力度可用城乡居保人均财政投入与全国人均社会保障和就业支出的比值来判断,城乡居保人均财政投入占全国人均社会保障和就业支出的比重可以衡量在国家整体水平上,政府财政对城乡居民养老的支持力度。若该指标值大于1，即城乡居保人均补贴高于全国人均社会保障和就业支出，说明政府在城乡居保中承担的财政责任比在其他社会保障项目中承担的财政责任更大。若该指标值小于1，即城乡居保人均补贴低于全国人均社会保障和就业支出，说明政府在城乡居保中承担的财政责任比在其他社会保障项目中承担的财政责任更少。2010—2018年，我国总人口数由134091万人增加到139538万人，社会保障和就业支出从9130.62亿元增加到27084.07亿元。同时，城乡居保参保人数2010—2018年从10277万人上升到52392万人，对城乡居保的财政投入也从240.09亿元上升到2546.10亿元。表4－12的结果表明：首先，尽管城乡居保人均补贴、全国人均社会保障和就业支出都不断增加，人均城乡居保财政投入占人均社会保障和就业支出的比重总体却呈下降趋势。从2010年的34.31%降低至2018年的25.04%（见图4－5），这与城乡居保人均财政投入补贴、全国人均社会保障和就业支出变动幅度直接相关。由此可以推断，相对于全国人均社会保障和就业支出，城乡居保人均补贴的增长幅度较小。从整体上看，2011—2018年，城乡居保人均财政投入与全国人均社会保障和就业支出的比重维持在20%—25%，比重波动较小。整体来看，城乡居保人均财政投入占全国人均社会保障和就业支出的比重仍较低，这表明国家总体对城乡居保的支持力度较小，政府在城乡居保中承担的财政责任比其他社会保障项目少。

表4－12　参保者人均城乡居保财政投入占全国人均社会保障和就业支出的比重情况

年份	城乡居保财政投入（亿元）	城乡居保参保人数（万人）	参保者人均城乡居保补贴（元）	全国社会保障和就业支出（亿元）	全国总人数（万人）	全国人均社会保障和就业支出（元）	人均城乡居保占人均社会保障和就业支出的比重（%）
2010	240.09	10277	233.62	9130.62	134091	680.93	34.31
2011	649.41	32643	198.94	11109.40	134735	824.54	24.13
2012	932.91	48370	192.87	12585.52	135404	929.48	20.75
2013	1096.38	49750	220.38	14490.54	136072	1064.92	20.69
2014	1348.94	50170	268.87	15968.90	136782	1167.47	23.03
2015	1583.48	50472	313.73	19018.69	137462	1383.56	22.68
2016	1907.93	50847	375.23	21591.50	138271	1561.53	24.03
2017	2130.78	51225	415.96	24611.68	139008	1770.52	23.49
2018	2546.10	52392	485.97	27084.07	139538	1940.98	25.04

资料来源：根据2010—2018年《中国统计年鉴》中全国人均社会保障和就业支出、全国总人口、城乡居保投保人数情况和"全国一般公共预算支出决算表"中城乡居保财政投入情况计算而得。

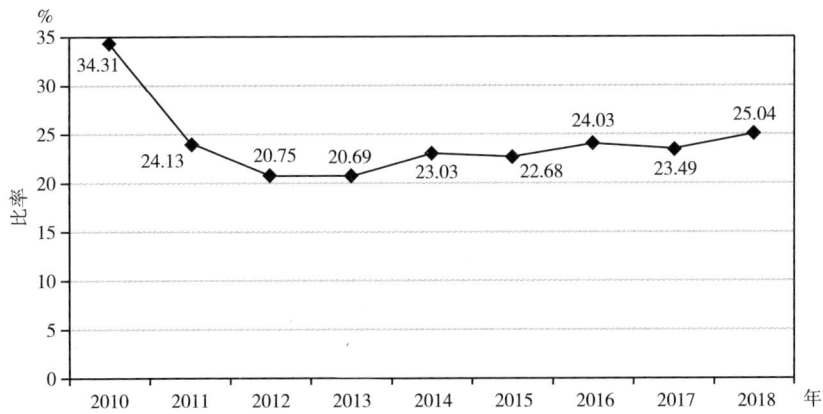

图 4-5 参保者人均城乡居保财政投入占全国人均社会保障和就业支出的比重

资料来源：根据 2010—2018 年《中国统计年鉴》中全国人均社会保障和就业支出、全国总人口、城乡居保投保人数情况和"全国一般公共预算支出决算表"中城乡居保财政投入情况计算而得。

4.4 本章小结

随着我国社会经济的发展、人民生活水平不断的增高，城乡居保基础养老金最低标准待遇标准稳步提升，城乡居保政府财政投入的规模也不断增加。为考察我国城乡居保财政投入总量与结构，本章构建了测算城乡居保财政投入和负担的度量指标、计量模型和评价方法。首先，从整体上分析2009—2018年我国城乡居保财政投入规模；其次，通过量化分析方法测算了不同地区城乡居保政府财政投入规模和财政负担状况；再次，选取区域和政府层级两个空间维度，探讨了现行城乡居保财政投入的结构；最后，从财政投入负担、财政投入对其他项目的挤出程度、财政对城乡居保支持力度等层面评估我国城乡居保财政投入责任。测算结果显示，当前我国城乡居保财政投入在区域和政府层级间仍存在着较大的差异。相比政府对城镇职工基本养老保险的财政投入和人均社会保障和就业支出的财政投入，国家对城乡居保财政投入的支持力度仍比较低。

5

城乡居保财政投入政策的认知度与满意度分析

随着经济和社会的发展,养老问题引起社会各界的广泛关注。同机关事业单位养老保险、城镇职工基本养老保险相比,城乡居民社会养老保险长期缺位制约了社会公平的实现。为了更好地解决城乡居民的养老问题,国家于2009年开展新型农村社会养老保险试点。其中,财政投入责任的回归是新型农村社会养老保险的一大亮点,更是推动城乡居保政策发展的重要动力。城乡居民是城乡居保制度的目标群体,财政责任是城乡居保投入责任分担机制的研究基础。本章旨在考察城乡居保制度推行过程中城乡居民对城乡居保财政责任的认知度和满意度,探寻影响城乡居保财政责任认知和满意度的因素,为完善城乡居保财政投入政策提供参考。

相比老农保,财政投入是新农保制度的最大亮点。自试点实施以来,新农保制度取得快速发展,不足5年的时间,新农保制度已全覆盖。河南省是农业人口大省,农村人口位居全国前列。截至2018年底,全省参保人数为5082.46万人,参保率达到99.02%,位居全国第一位,基础养老金最低标准由2009年的每人每月60元提高到目前的103元,领取待遇人数1512.78万人,全年发放养老金193.35亿元,全省1500多万老龄人口每月都能按时足额领到自己的养老金①。可见,在各级政府的高度重视下,河南省城乡居民社会养老保险发展态势良好。河南农村人口规模大且河南省城乡居保制度取得快速发展,这使得河南省城乡居保制度在全国具有较强的代表性。基于此,样本抽

---

① 河南省人社厅.关于建立城乡居民基本养老保险待遇确定和基础养老金正常调整机制实施意见[EB/OL]. http://www.haayyl.si.gov.cn/hnsi/zhengce/fagui/webinfo/1572070561756560.htm,2019-5-15.

样在河南省 18 地市进行。参照国家的相关指导文件,2014 年河南省人民政府颁布了《关于建立城乡居民基本养老保险制度的实施意见》①,该文件增加个人缴费档次,提高了选择 500 元及以上档次标准的财政补贴。2019 年河南省人社厅、财政厅正式印发《河南省人力资源和社会保障厅 河南省财政厅关于建立城乡居民基本养老保险待遇确定和基础养老金正常调整机制的实施意见》(豫人社〔2019〕3 号)②,建立基础养老金和个人缴费档次调整机制。河南省城乡居保财政投入政策的内容主要分为两部分:一是基础养老金由财政全额支付。2019 年 1 月 1 日,河南省城乡居民基础养老金最低标准增加至每人每月 103 元。二是参保居民的个人缴费标准从每人每年 100 元提高至 200 元,参保缴费补贴不低于每人每年 30 元,省政府规定省辖市财政的缴费补贴负担标准不低于 2/3,省财政全额承担省直管县(市)的缴费补贴。城乡居民是城乡居保政策的目标群体(target group)。作为一项重要的公共政策,城乡居保推行过程中,目标群体的态度对于公共政策能否达到预期目标有重要的影响。陈庆云(2011)在《公共政策分析》一书中,指出公共政策问题能否解决,政策目标能否实现,并不仅仅取决于政策制定者和政策执行者的一厢情愿,目标群体理解、接受、遵从公共政策的程度是决定政策有效性的关键性因素之一③。政府财政投入责任的凸显是城乡居保制度最显著的特征。目前,城乡居民对城乡居保财政投入政策的认知度和满意度如何?影响城乡居保财政投入政策满意度的因素有哪些?阐释上述问题成为本章研究的出发点和落脚点。

5.1 调查实施说明与样本描述

5.1.1 调查实施说明

5.1.1.1 调查对象

为了保证调查样本的科学性、代表性、典型性,此次问卷调查以河南省

---

① 河南省人社厅. 关于建立城乡居民基本养老保险待遇确定和基础养老金正常调整机制实施意见 [EB/OL]. http://www.haayyl.si.gov.cn/hnsi/zhengce/fagui/webinfo/1572070561756560.htm, 2019-5-15.
② 同②。
③ 陈庆云. 公共政策分析:第 2 版 [M]. 北京:北京大学出版社,2011:190.

18个地市为调查范围,以年满16周岁的城乡居民为调查对象,每个地市通过随机抽样方式选取部分居民进行调查。

5.1.1.2 调查目的

问卷内容主要包括受访居民的个体特征、家庭情况、城乡居保政府财政补贴责任满意度及城乡居保政策认知概况、信任状况、认同状况。通过调查问卷的填写,了解城乡居民对城乡居保财政责任的认知状况与满意状况、城乡居民对城乡居保财政责任的认识和评价,以便及时发现制度运行过程中的问题并加以改善。

5.1.1.3 问卷设计

在实施调研之前完成与调查问卷相关的工作。问卷的编制过程为:探索性工作→设计问卷初稿→试用→修改定稿并打印。通过以上环节,确保问卷的科学性和有效性。

5.1.1.4 问卷的发放与回收

本次调查在河南省18个地市共发放问卷2500份,回收问卷2330份,其中170份问卷因信息不全视为无效问卷被剔除,样本的有效率为93.2%。

5.1.1.5 数据录入与分析

数据的录入和分析主要借助Excel软件和Spss统计软件,进行集中处理和分析。

5.1.2 样本描述

从表5-1受访对象的个人特征得知,女性占47.2%,男性占52.8%,性别比相对平衡。在年龄段中,16—30岁的受访对象占12.4%,31—44岁的受访对象占25.80%,45—59岁的受访对象占48.5%,60岁及以上的受访对象占13.3%。受访对象身体状况自评为"好""一般""差"的比重分别为39.9%、54.5%、5.6%。关于受访对象政治面貌,中共党员占5.2%,群众占79.8%,共青团员占9.9%,其他占5.2%。在受访对象中,有3.0%为村干部,同时大部分都已婚,占85.8%。在文化程度方面,学历为初中的占比最高,为42.9%,而大专及以上的仅有12.4%,整体符合城乡居民实际文化状况。约有一半受访对象(49.5%)务农,本地打工和外地打工的比重分别为30.9%和19.6%。

表5-1　　　　　　　　　　受访对象的个体特征

分类		比例(%)	分类		比例(%)
性别	男	52.8	村干部	是	3.0
	女	47.2		否	97.0
年龄	16—30岁	12.4	婚姻状况	未婚	10.7
	31—44岁	25.8		已婚	85.8
	45—59岁	48.5		丧偶	2.6
	60岁及以上	13.3		其他	0.9
身体状况	好	39.9	文化程度	小学及以下	21.9
	一般	54.5		初中	42.9
	差	5.6		高中、中专及职高	22.7
政治面貌	中共党员	5.2		大专及以上	12.4
	群众	79.8	从事工作	务农	49.5
	共青团员	9.9		本地打工	30.9
	其他	5.2		外地打工	19.6

资料来源:根据调查数据整理所得。

5.2　城乡居保财政投入政策的认知度及影响因素分析

目前,关于城乡居保认知度的研究主要集中在以下两个方面:一是考察城乡居民对城乡居保制度的整体认知度;二是研究城乡居民认知度对城乡居保制度的影响。在城乡居保制度认知度现状方面,袁妙彧(2013)通过对湖北省10个行政村的调查发现,农民对新农保制度的认知水平普遍较低,且认知水平受个人特征、基层工作人员的宣传方式、农民对制度的信任等因素的影响[①]。潘林、郑毅(2013)运用认知心理学中分布式认知理论,建立多元有序

---

① 袁妙彧. 新农保试点中的制度认知与制度推介:基于湖北省10个行政村的调查[J]. 理论月刊, 2013 (2): 164-167.

Logit 模型分析了农民对政策认知的影响因素。结果显示,性别、文化、政策宣传、养儿防老观等变量对政策认知呈现出显著影响[①]。陈荣卓、颜慧娟(2013)基于湖北省实践调查数据,从农民群体的视角出发,以不同农民群体对新农保的认知为主要依据来考察新农保的实施状况及运行效果。研究发现,大多农民对新农保整体认知处于中等水平,虽大多表示赞同并积极参保,但对补助金额、基础养老金、政策稳定性等方面还存在担忧[②]。在居民认知度对城乡居保制度实施效果影响方面,邓道才、蒋智陶(2014)通过调查发现农民在新农保政策信息的获取中存在信息不对称问题,收入较低的农民在信息获取方面处于劣势,收入越低的农民对新农保政策的认知程度越低,进而选择较低缴费档次参保的现象越多[③]。胡绍雨、申曙光(2016)研究发现参保群体的主观认知会通过影响农村居民对政策执行者和制度的信任和预期,从而影响农民最终的参保决策[④]。方菲和龙霏(2018)在农民对新农保制度实施效果评价的研究中指出,农民作为新农保制度的受益主体,对制度的认知和评价影响制度的运行效果。因此,新农保在实施的过程中必须重视农民的感受。农民对该项制度的评价与制度的运行密切相关[⑤]。姚俊(2018)利用有序 Probit 模型分析经济理性、外部激励与新农保缴费档次变动的关系。研究发现,基于认知和制度的激励,农民会提升缴费档次[⑥]。方菲、胡勋峰(2018)基于湖北省荆门市、咸宁市、恩施州的三个样本村的调查数据,建立二项 Logistic 回归模型,从农民主体认知与理性自觉两个方面对新农保的满意度及其影响因素进行了分析。回归结果显示,农民对新农保的制度认知与新农保满意度具有正向影响[⑦]。徐晓君、薛兴利(2016)基于对莒南县 464 个农民的调查数据,利用有序 logistic 回归模型,对影响农民参加城乡居民基本养老保险缴费水平的因素

---

① 潘林,郑毅. 农民对新农保政策的认知问题研究:基于安徽省四县的问卷调查 [J]. 兰州学刊,2013(9):198 - 202.

② 陈荣卓,颜慧娟. 农民眼中的"新农保":认知、意愿与评价:基于湖北省 4 县 763 位农民的调查 [J]. 华中农业大学学报(社会科学版),2013(2):53 - 58.

③ 邓道才,蒋智陶. 知沟效应、政策认知与新农保最低档次缴费困境:基于安徽调查数据的实证分析 [J]. 江西财经大学学报,2014(1):90 - 97.

④ 胡绍雨,申曙光. 农民参加新型农村社会养老保险制度的影响因素研究:基于 Logistic 回归模型和 WLS 修正分析 [J]. 经济与管理评论,2016(2):22 - 28.

⑤ 方菲,龙霏. 农民对新农保制度实施效果评价研究 [J]. 学习与实践,2018(7):119 - 126.

⑥ 姚俊. 经济理性、外部激励与新农保缴费档次变动 [J]. 人口与经济,2018(2):114 - 121.

⑦ 方菲,胡勋峰. 主体认知、理性自觉与农民对新农保满意度关系研究:基于湖北省 3 个村庄调查数据的 Logistic 回归分析 [J]. 西北人口,2018(3):100 - 108.

进行实证分析。研究发现，地区宣传情况对缴费水平的选择具有正向影响。宣传越到位，农民认知度越高，选择高缴费水平的可能性就越大[①]。沈云帆（2016）认为农民对政策的认知程度是重要的外部因素，与参保率存在明显的正相关性[②]。邓大松、李玉娇（2014）研究发现，农民对新农保政策的认知程度不仅对其缴费档次的选择乃至整个制度的运行和发展有重要影响，而且直接关乎新农保政策的持续性和稳定性，甚至对"老有所养"问题的解决都具有重要影响[③]。整体来看，学界对城乡居保认知度的研究富有成效，但关于城乡居保财政投入责任的认知度研究较为匮乏。同时，鲜有对城乡居保财政投入认知机制的研究。因而，本章在分析城乡居保财政投入政策认知机制的基础上，重点分析城乡居保财政投入责任的认知现状及其影响因素。

5.2.1 城乡居保财政投入政策的认知机制

城乡居民既是城乡居保政策宣传的主要对象，又是政策的认知主体。参保居民的参保行为和参保决策与其对政策的认知状况密切相关，所以明确城乡居保财政投入政策的认知机制尤为重要。首先，城乡居民作为政策认知主体，先接受由新闻媒体、村干部等发布的与政策相关的信息；其次，城乡居民接受信息后，根据自己的实际情况和认知状况来筛选信息；最后，根据自己的实际情况做出判断，决定自己是否参保。由此可见，城乡居民对城乡居保财政责任的认知情况对其参保意愿和参保行为会产生影响。居民对城乡居保财政责任的认知度提高了，居民才会有更强的参保意愿，这一制度才能得到持续性的发展。

5.2.2 城乡居保财政投入政策的整体认知度

城乡居保财政投入事关每一位参保者的福利。城乡居民只有全面了解城乡居保财政投入政策的内容，才会真正地认识到政府在城乡居保政府中的责任，

[①] 徐晓君，薛兴利. 农民参加城乡居民基本养老保险缴费水平影响因素分析：基于山东省莒南县的调查［J］. 新疆农垦经济，2016（8）：82-88.

[②] 沈云帆. 影响农村居民养老保险参保的因素分析：以江西省Y区为例［J］. 农村经济与科技，2016（13）：202-204.

[③] 邓大松，李玉娇. 制度信任、政策认知与新农保个人账户缴费档次选择困境：基于Ordered Probit 模型的估计［J］. 农村经济，2014（8）：77-83.

并进一步接受和信任城乡居保制度。城乡居民对财政投入的认知度会深刻影响制度的发展。调查问卷设置了六个问题来考察城乡居民对城乡居保财政投入责任的认知度（见表5-2）。其中，关于"参保后政府每年补贴多少钱"这个问题反映了城乡居民整体上对城乡居保财政责任的认知状况。

表5-2　　　　参保居民对城乡居保财政责任的认知状况　　　　单位：%

研究问题	非常清楚	比较清楚	说不清	不太清楚	很不清楚
参保后政府每年补贴多少钱	4.7	29.2	25.3	35.6	5.2
城乡居保的缴费档次有哪些	7.7	31.3	29.2	27	4.7
中央政府财政补贴的额度	2.1	15.9	25.3	44.2	12.4
地方政府财政补贴的额度	2.1	15	27	42.1	13.7
您了解中央和地方政府的补贴责任分担情况吗	3	6.9	26.2	43.3	20.6
您了解城乡居保政策吗	5.6	33.5	32.3	27	1.7

资料来源：根据调查数据整理所得。

首先，从被调查对象对政府财政责任的认知情况来看，在2330份有效样本中，5.2%的被调查者"很不清楚"政府补贴标准，35.6%的被调查者"不太清楚"政府补贴标准，25.3%的被调查者对政府的财政责任"说不清"，29.2%的被调查者对城乡居保的政府补贴标准"比较清楚"，仅有4.7%的被调查者对城乡居保财政补贴标准"非常清楚"。总体而言，参保居民对城乡居保政府财政补贴责任的认知度较低，"不太清楚"和"说不清"城乡居保财政补贴标准的被调查者占所有被调查对象的60.9%。从政策认知质量的层面来看，城乡居民对城乡居保财政补贴标准的认知质量相对较低，只有4.7%的被调查者非常清楚相关规定。

其次，在城乡居民对城乡居保的缴费档次的认知程度方面，"很不清楚"城乡居保的缴费档次的城乡居民所占比例仅为4.7%，"不太清楚"城乡居保缴费档次的所占比例为27%，"说不清"城乡居保缴费档次的所占比例为29.2%，对城乡居保的缴费比例"比较清楚"的所占的比例最高，为31.3%，"非常清楚"占7.7%。从整体上来看，对城乡居保的缴费档次"说不清"和"比较清楚"所占比例较高，说明城乡居民对这一问题的认知程度一般。

再次，如表5-2所示从城乡居民对"中央政府财政补贴的额度"和"地方政府财政补贴的额度"的认知情况来看,分别有12.4%和13.7%的城乡居民表示"很不清楚",对这两者表示"不太清楚"所占的比例都是最高,分别为44.2%和42.1%,"说不清"所占的比例分别为25.3%和27%,"比较清楚"所占的比例分别为15.9%和15%,"非常清楚"所占的比例最少,仅为2.1%。总体而言,大部分城乡居民不清楚在参保缴费后,中央政府和地方政府分别会给予其多少补贴,这也反映了多数城乡居民对城乡居保财政补贴责任的认知水平低。

从城乡居民对"中央和地方政府的补贴责任分担情况"的认知情况看,20.6%的被调查者"很不清楚","不太清楚"所占比例最高,为43.3%,26.2%的被调查者表示"说不清",6.9%的被调查者表示"比较清楚",而"非常清楚"的被调查者人数最少,仅为3%。整体来看,被调查对象不仅对中央政府财政补贴和地方政府财政补贴的认知度比较低,而且对中央政府和地方政府的财政投入责任分担政策的认知度更低。

最后,从被调查者对"参保居民是否了解城乡居保政策"问题的认知情况来看,在2330份有效样本中,1.7%的被调查者"很不清楚",27%的被调查者"不太清楚",32.3%的被调查者"说不清",33.5%的被调查者"比较清楚",仅有5.6%的被调查者"非常清楚"。尽管近40%的城乡居民"非常清楚"与"比较清楚"城乡居保政策,但其认知质量整体不高。

综上所述,城乡居民对城乡居保财政补贴政策的认知呈现出"说不清"和"不太清楚"的状态且认知质量比较低。相比城乡居保政府财政分担、缴费档次、补贴标准等政策的认知状况,被调查者对"缴费档次"的认知程度远高于对"补贴标准"的认知,但二者均高于对"中央与地方政府补贴责任分担状况"的认知度。在中央与地方政府具体补贴额度方面,城乡居民对两个层级的政府补贴额度认知状况基本一致,总体认知度偏低。

5.2.3 城乡居保财政投入政策认知度的群体特征

上述分析了被调查对象对城乡居保财政责任的整体认知状况,那么参保居民的个体特征(比如性别、身体健康状况、政治面貌、文化程度以及婚姻状况等)对财政补贴认知度有怎样的影响?下面着重分析城乡居保财政补贴政策认知度的群体特征(见表5-3)。

表 5-3 受访对象对城乡居保财政补贴投入责任认知的个体特征差别　　单位:%

指标		很不清楚	不太清楚	说不清	比较清楚	非常清楚
性别	男	5.8	36.4	24.8	28.9	4.1
	女	1.8	21.8	26.4	43.6	6.4
身体健康状况	好	3.3	24.7	24.7	42.7	4.6
	一般	4.6	32.3	24.6	32.3	6.2
	差	9	28	45	18	0
政治面貌	中共党员	0	42	16	42	0
	群众	4.9	27	24.9	36.8	6.4
	共青团员	4.3	26	26	43.7	0
	其他	0	58.3	41.7	0	0
文化程度	小学及以下	6	30	22	34	8
	初中	3	29.9	28.9	33	5.2
	高中、中专及职高	7.5	28.3	22.6	37.7	3.9
	大专及以上	0	29	26	41.9	3.1
婚姻状况	未婚	0	32	20	44	4
	已婚	5	29	26	35	5
	丧偶	0	33.3	33.3	33.4	0
	其他	0	50	50	0	0

资料来源:根据调查问卷的数据整理得出。

5.2.3.1 性别差异

由表 5-3 可知,与男性相比,女性对城乡居保财政补贴责任的认知水平较高。男性"很不清楚"和"不太清楚"城乡居保财政补贴标准的比重为 42.2%,而女性仅为 23.6%。与此同时,在认知质量方面,男性对城乡居保财政补贴标准"非常了解"的占 4.1%,低于女性的 6.4%。在我国,家庭分工传统上以"男主外女主内"的模式为主,故理论上男性比女性应该更了解城乡居保政策。而调查数据结果与常识恰恰相反,究其原因可能在于河南人口较多,相比东部发达地区,经济发展较为落后,外出务工人员较多;受传统观念的影响,外出务工人员中又以男性为主,男性外出务工后,女性承担着家庭中主要事务,城乡居保开展后,女性最先接触城乡居保政策。关于是否参保,女性了解城乡居保政策的动机更强。因此,与男性相比,女性对城乡居保财政责任的认知度更高。

5.2.3.2 身体健康状况差异

调查结果显示,与自评身体状况差的参保居民相比,身体健康状况好的参保居民对城乡居保财政责任的认知度更高。自评健康"好"和"一般"的城乡居民对城乡居保财政补贴标准表示"比较清楚"和"非常清楚"的比重分别为47.3%和38.5%,而自评健康状况"差"的这一比重总和为18%。由此可见,与自评身体健康状况"差"的参保居民相比,自评身体健康状况"好"的参保居民对城乡居保财政责任有更高的认知水平和认知质量。

5.2.3.3 政治面貌差异

政治面貌不同对城乡居保财政责任的认知度也不同。调查数据显示,在被调查的参保居民中,"群众"所占的比例最高,达到79%,政治面貌为"党员"和"共青团员"的城乡居民对城乡居保财政补贴标准表示"比较清楚"的比重分别为42%和43.7%,参与调查的群众对城乡居保财政补贴标准表示"比较清楚"的比重为36.8%。由此可见,政治面貌为"党员"的数量相对较小,但是他们大多数是城乡居保政策的宣传者,因而,其对城乡居保财政补贴政策的认知度相对较高。

5.2.3.4 文化程度

文化程度对城乡居保财政责任的认知度有较大影响。"小学及以下"文化水平"很不清楚"和"不太清楚"的比重总和为36%,学历为大专及以上的城乡居民对城乡居保财政补贴标准"比较清楚"和"非常清楚"的比重为45%。由此可见,学历与参保居民对城乡居保财政责任的认知度有着密切的关系,学历水平越高,更有利于对政策的理解,故对城乡居保财政责任的认知水平也会更高。

5.2.3.5 婚姻状况

调查数据显示,与未婚城乡居民相比,已婚城乡居民对城乡居保财政责任的认知程度比较高。未婚城乡居民对城乡居保财政补贴标准"非常清楚"的比重是4%,低于已婚城乡居民的5%。调查样本中,未婚城乡居民年龄大多为16—22岁。调研中发现他们大多认为养老对自己而言是很遥远的事情,因而不常关注城乡居保政策。而已婚城乡居民大多是上有老下有少,他们已经开始承担家庭的责任,开始考虑父母或自身的养老问题,对城乡居保的关注度要比未婚年轻人高。

5.2.4 城乡居保财政投入政策认知度的影响因素分析

上述结果主要是从城乡居民的性别、政治面貌、婚姻状况以及文化程度等个体特征来分析参保居民对城乡居保财政补贴标准认知度的影响,可能会存在各变量之间的交叉和叠加问题。同时,在之前的研究中也并未考虑其他的影响因素,如参保居民对政策的信任状况、政策认同状况、政策风险感知及其养老态度等因素。为了解决上述问题,需要借助 SPSS 统计软件进行有序 Logistic 回归分析。

5.2.4.1 模型选取与变量说明

(1) 模型选取。有序 Logistic 回归模型的表达方式为:

$$\ln\left[\frac{\pi_{ij}(Y_{sj})}{1-(\pi_{ij})(Y_{sj})}\right] = -\alpha_j + \beta_1 X_{i1} + \beta_2 X_{i2} + \cdots + \beta_k X_{ik} \quad (5-1)$$

$j = 1, 2, \cdots, J-1$

该模型实际等价于:

$$\pi_{ij}(Y \leqslant j) = \frac{\exp(-\alpha_j + \beta_1 x_{i1} + \beta_2 x_{i2} + \cdots + \beta_k x_{ik})}{1 + \exp(-\alpha_j + \beta_1 x_{i1} + \beta_2 x_{i2} + \cdots + \beta_k x_{ik})} (j = 1, 2, \cdots, J-1)$$

$$(5-2)$$

其中,自变量向量的行数用 i 表示;因变量 Y 的分类用 j 表示;k 表示自变量的个数;α_j 为常数项,β_k 为回归系数[$\beta_k > 0$ 时,表明随着 X 值的增加,Y 更可能落在有序分类值更大的一端;$\beta_k < 0$ 时,表明随着 X 值的增加,Y 更可能落在有序分类值更小的一端①。在其他自变量固定不变的情况下,某自变量每增加 1 个单位,则因变量的优势将改变 $\exp(\beta_k)$ 倍]。$\pi_{ij}(Y \leqslant j)$ 是应变量 Y 小于等于 j 的累加概率,由此形成的模型为累加 Logistic 模型。

(2) 变量说明。本章研究的因变量是"参保后政府每年补贴多少钱",其用来表示居民对城乡居保财政责任的认知度。影响参保居民财政责任认知度的

---

① 崔凤,赵俊亭. 参合农民对新型农村合作医疗的满意度分析:对山东省青州市谭坊镇农民的调研 [J]. 人口学刊,2012 (1):68-77.

因素较多,本章主要从6个方面进行研究(见表5-4),分别是参保居民的个体特征,其对政策的满意度、信任状况、认同状况、风险感知情况及养老态度。具体分析如下:

表5-4 自变量说明及其描述性统计

变量	变量含义与赋值	变量尺度	最小值	最大值	均值	标准差
性别	被调查者的性别。男=1;女=2	虚拟变量	1	2	1.472	0.499
年龄分组	被调查者的实际年龄分组。16—30岁=1;31—44岁=2;45—59岁=3;60岁及以上=4	定距变量	1	4	2.627	0.865
健康状况	被调查者自评身体健康状况。好=1;一般=2;差=3	定序变量	1	3	1.656	0.581
政治面貌	被调查者的政治面貌。中共党员=1;群众=2;共青团员=3;其他=4	定类变量	1	4	2.150	0.577
婚姻状况	被调查者的婚姻状况。未婚=1;已婚=2;丧偶=3;其他=4	定类变量	1	4	1.936	0.404
文化程度	被调查者的文化水平。小学及以下=1;初中=2;高中、中专及职高=3;大专及以上=4	定序变量	1	4	2.278	0.987
财政补贴责任满意度	被调查者对政府的财政补贴责任满意度。非常满意=1;比较满意=2;一般=3;不太满意=4;非常不满意=5	定序变量	1	5	2.481	0.787
政策信任程度	被调查者对城乡居保政策信任程度。非常相信=1;比较相信=2;一般=3;不太相信=4;非常不相信=5	定序变量	1	5	2.047	0.737
政策实惠性	被调查者对参加城乡居保可以带来实惠的认同程度。完全是=1;大部分是=2;一般=3;小部分=4;完全不是=5	定序变量	1	5	2.300	0.846
政策划算性	被调查者对参加城乡居保划算程度的认同度。非常划算=1;比较划算=2;一般=3;不太划算=4;非常不划算=5	定序变量	1	5	2.242	0.724
政策公平性	被调查者对城乡居保公平的认同程度。非常公平=1;比较公平=2;一般=3;不太公平=4;非常不公平=5	定序变量	1	5	2.251	0.670

续表

变量	变量含义与赋值	变量尺度	最小值	最大值	均值	标准差
政策惠民性	被调查者对政策惠民性的认同程度。非常认可=1；比较认可=2；一般=3；不太认可=4；非常不认可=5	定序变量	1	5	2.057	0.731
政策保障性	被调查者对城乡居保政策保障性的认同程度。完全可以=1；基本上可以=2；一般=3；基本上不可以=4；完全不可以=5	定序变量	1	5	3.142	0.974
老年生活保障	被调查者是否担心城乡居保无法保障老年生活的问题。1=非常担心；2=比较担心；3=一般；4=不太担心；5=非常不担心	定序变量	1	5	2.233	1.014
养老方式认知	被调查者对养儿防老这种传统养老方式的认知。1=非常可靠；2=比较可靠；3=一般；4=不太可靠；5=非常不可靠	定序变量	1	5	2.662	0.934

资料来源：根据统计数据分析整理所得。

个体特征主要包括城乡居民的性别、年龄、身体健康状况、政治面貌、婚姻状况及文化程度等基本变量。

政策的满意度主要通过参保居民对政府的财政补贴责任是否感到满意来体现。

政策的信任状况主要通过参保居民是否相信城乡居保政策来体现。

政策认同状况主要包括城乡居民对以下5个问题的认知：是否认为参加城乡居保可以带来实惠；是否觉得参加城乡居保很划算；是否认为城乡居保是一项公平和惠民的政策；是否认为参加城乡居保可以保障其老年生活。参保居民对这些问题的回答在某种程度上可以反映他们对城乡居保政策的认同状况。

政策风险感知主要通过参保居民是否担心城乡居保无法保障老年生活的问题来体现。

养老态度主要通过被调查者对养儿防老这种传统养老方式的认知来体现。

5.2.4.2 Logistic 回归分析结果

由有序 Logistic 多元回归模型得出的分析结果如表 5-5 所示。

表5–5　城乡居保财政投入政策认知度的影响因素分析结果

	估计	标准误	Wald	df	显著性	95%置信区间	
						下限	上限
性别	-0.006	0.008	0.577	1	0.448	-0.023	0.010
年龄	0.003	0.002	1.587	1	0.208	-0.001	0.006
健康状况	0.002	0.002	1.347	1	0.046	-0.006	0.002
政治面貌	0.439	0.224	3.841	1	0.045	-0.878	0.299
婚姻状况	0.191	0.337	0.321	1	0.047	-0.852	0.470
文化程度	0.052	0.135	0.148	1	0.026	-0.213	0.317
政策满意度	0.341	0.162	4.412	1	0.036	0.023	0.659
信任状况	0.550	0.204	7.273	1	0.007	0.150	0.950
政策实惠性	-0.123	0.169	0.533	1	0.465	-0.455	0.208
政策划算性	0.006	0.003	2.947	1	0.392	-0.001	0.013
政策公平性	0.000	0.001	0.019	1	0.892	-0.002	0.003
政策惠民性	-0.004	0.003	2.155	1	0.142	-0.009	0.001
政策保障性	0.002	0.001	2.632	1	0.105	0.000	0.004
政策风险感知	-0.010	0.127	0.007	1	0.297	-0.260	0.239
养老态度	0.147	0.137	1.147	1	0.042	-0.122	0.416

资料来源：根据统计数据分析整理所得。

（1）个体特征影响因素分析。就文化程度而言，城乡居民的文化程度越高，其对城乡居保财政责任的认知水平就越高。结果显示，自变量文化程度在5%的显著水平对城乡居保财政投入责任认知度具有正向影响，且估计值大于1。因此，城乡居民的文化程度越高，对政策的理解能力就越高，理解就更透彻，其对政策的财政责任的认知水平就越高。这一结果基本符合"知沟效应"理论。"知沟效应"认为社会经济文化程度比较高的人将比社会经济文化程度低的人能够更容易、更快地获取信息，因而会出现两类人"知识鸿沟"不断扩大的态势（Tichenor，1970）[1]。

就婚姻状况来看，城乡居民中"已婚者"比"未婚者"对城乡居保财政责任的认知度更高。由表5–5可知，自变量"婚姻状况"在5%的显著水平对城乡居保财政投入责任认知度具有正向影响。该结果的主要原因在于：一是已婚家庭多数上有老、下有小，"夹心层"的压力和责任往往促使他们更多地

---

[1] P. J. Tichenor, G. A. Donohue, C. N. Olien. Mass Media Flow and Differential Growth in Knowledge [J]. The Public Opinion Quarterly, 1970（2）：159–170.

去了解政府的福利政策。作为一项福利政策，他们更关注城乡居保制度的推行，更愿意去了解城乡居保政策对自己或父母老年生活的影响。如果政策出现变动，很有可能会影响他们的生活状况。他们辛苦了一辈子，希望年老时可以得到一定程度的收入保障来应对养老问题，因此他们非常关注与政策相关的方方面面。因此，与"未婚者"相比，"已婚者"对城乡居保财政责任的认知水平更高。

自评健康对城乡居保财政投入责任认知度有显著影响。城乡居民身体健康状况与城乡居保政府财政投入责任认知呈现正相关的关系，即自评健康越好的城乡居民对城乡居保财政投入责任的认知度越高。城乡居民身体健康状况好可以免受疾病的困扰，有更多的时间和精力去了解政策。同时，相比自评健康状态比较差的城乡居民，自评健康比较好的城乡居民对城乡居保财政补贴有更高的期待，从而更主动地去了解城乡居保财政补贴政策。

自变量政治面貌在5%的显著水平对城乡居保财政投入责任认知具有正向影响。问卷中城乡居民的政治面貌分为四种：中共党员、群众、共青团员和其他。政治面貌在某种情况下也可以体现出其对某种政策的认知和理解能力。由之前的分析我们也得知，政治面貌为中共党员和共青团员的参保居民对城乡居保政策的认知程度更高，而且他们也一般是政策的宣传主体，故对政策的认知程度高于其他城乡居民。

由统计结果分析可知，参保居民的性别和年龄与城乡居保财政投入责任认知并未呈现出显著的相关性，故性别和年龄对政策财政责任的认知度影响不大。

（2）政策的满意度影响因素分析。城乡居民对政策的满意度对城乡居保财政投入责任认知度具有显著正向影响。相比满意度比较低的城乡居民，对城乡居保满意度更高的城乡居民对财政责任认知度更高的原因可能在于他们对参保后的主观满意度越高，试图深入了解城乡居保政策的动机就越强，从而对城乡居保财政投入责任的认知度就越高，二者之间呈现出显著的相关性。

（3）政策信任状况影响因素分析。城乡居民对城乡居保政策的信任度对城乡居保财政投入责任认知度具有显著影响。受老农保中断的影响，部分农村居民担心新农保政策改变、待遇不兑现等。研究发现，相比对城乡居保政策信任低的城乡居民，城乡居民对城乡居保制度信任度越高，对城乡居保财政投入责任认知度就越高。相信城乡居保政策的城乡居民对制度更了解，对政府财政责任的了解程度比较高。参保居民对政策的信任是基于其对政策有全面的认识和了解，这个认识也包括政策的财政责任。因此，城乡居民越相信城乡居保政策，其对政策财政责任的认知水平就越高。

（4）养老态度因素分析。问卷设置了"您认为养儿防老可靠吗"来具体表明城乡居民的养老态度。从研究结果看，参保居民的养老态度与城乡居保财政补贴责任具有显著的相关性。"养儿防老"是我国广大城乡地区长期以来应对老龄风险的方式，因而，"养儿防老"的观念在城乡地区根深蒂固。整体来看，城乡居民对养儿防老的态度对城乡居保财政投入责任认知具有较大的差异。参保居民认为养儿防老可靠，其了解城乡居保政策的动机相对较弱，故对城乡居保财政责任的认知度也不高；若参保居民认为养儿防老不可靠，他们往往会探寻替代"养儿防老"的养老方式，如城乡居保。

（5）政策认同状况与政策风险感知的影响因素分析。从研究结果看，城乡居民政策认同状况对城乡居保财政投入责任认知的影响并未通过显著性检验。城乡居民的政策认同状况包括"参加城乡居保可以带来实惠，您认为是这样吗""您认为参加城乡居保划算吗""城乡居保是一项公平的制度""城乡居保是一项惠民政策，符合居民的利益""您认为参加城乡居保能保障您的老年生活吗"等5个方面。从估计结果看，上述5个方面对城乡居保财政投入责任认知的影响均不显著。

（6）政策风险感知影响因素分析。参保居民对"是否担心城乡居保无法保障老年生活"的回答可以体现他们对政策的风险感知情况。由统计数据可以看出，自变量政策风险感知对城乡居保财政投入责任认知并不显著，表明该自变量对城乡居保财政责任认知的影响不大。

从认知度方面来看，城乡居民对城乡居保财政补贴政策的认知程度一般且认知质量较低。参保居民对城乡居保财政责任的认知大多呈现出"了解一些"的状态且认知质量较低，参保居民的文化程度、婚姻状况、身体健康状况和政治面貌、信任状况以及养老态度都对城乡居保财政责任的认知有着显著的影响。

5.3 城乡居保财政投入责任的满意度及影响因素分析

前面分析了城乡居民对城乡居保财政投入责任的认知度，并考察了城乡居保财政投入责任认知状况及其影响因素。接下来，深入探讨城乡居民对城乡居保财政投入责任的满意度及其影响因素。

目前,国内学术界对城乡居民基本养老保险满意度进行研究的成果颇丰。总体来说,主要集中在以下两个方面:一是居民对城乡居保制度的满意度现状,二是居民满意度对城乡居保制度的影响。在城乡居保满意度现状方面,具体包括居民对经办机构服务、基础养老金、政策补贴等的满意度。孙慧波等(2016)运用多元有序概率模型,基于20省市调查数据,分析得出东部、中部、西部地区农民对新农保满意度存在一定区别[1]。邵文娟、袁泉(2018)调查了农民对社保经办机构业务流程、宣传渠道、办理结果通知方式等的满意度[2]。衡元元(2017)研究发现农民对于基础养老金的满意度整体水平较低,受性别、年龄、家庭条件、身体状况以及对政策的宣传等不同因素的影响[3]。周晓艳(2013)将顾客满意度理论引入新农村参保农民对新农保的综合评价当中,并利用偏最小二乘法 PLS 对模型进行检验和参数求解。研究发现,要提高参保农民对新农保的满意度,必须从感知质量和参保农民满意这两个潜在变量入手[4]。薛惠元、曹立前(2012)从农户视角对当地新农保试点的政策效果进行分析,发现农民对政策的满意率较高;但是参保农民领取的养老金待遇不高,不能较好地满足老年居民的基本生活,导致政策效果总体上受到一定影响[5]。柳清瑞(2012)采用因子分析法和二元离散选择模型,基于20省市农户的问卷调查,分析新农保的政策满意度及其影响因素,得出新农保的政策满意度主要受政策信任程度、政策了解程度及缴费给付水平3个变量的影响,且具有一定的次序性[6]。肖云、刘培森(2011)采用因子分析法和二元离散选择模型对新农保满意度及其影响因素进行计量分析。研究结果显示:老年人生活状况满意度、供养老人的难度、土地对老年人生活的保障作用、新农保政策的认知情况、养老

---

[1] 孙慧波,赵霞. 区域差异、感知价值与"新农保"满意度[J]. 哈尔滨工业大学学报(社会科学版),2016(4):129-135.

[2] 邵文娟,袁泉. 新农保经办机构服务满意度研究[J]. 中外企业家,2018(21):217.

[3] 衡元元. 新农保基础养老金的满意度及影响因素分析:基于河南省 D 村的实证调查[J]. 河南机电高等专科学校学报,2017(3):35-40.

[4] 周晓艳. 新农保参保农民满意度测评研究[J]. 企业技术开发,2013(31):93-95.

[5] 薛惠元,曹立前. 农户视角下的新农保政策效果及其影响因素分析:基于湖北省605份问卷的调查分析[J]. 保险研究,2012(6):119-127.

[6] 柳清瑞,闫琳琳. 新农保的政策满意度及其影响因素分析:基于20省市农户的问卷调查[J]. 辽宁大学学报(哲学社会科学版),2012(3):66-73.

保险费的承受能力以及政府信誉度等因素对农民满意度产生显著影响①。在居民满意度对城乡居保制度实施效果影响方面,方菲等(2018)以湖北省为例,通过运用二项 Logistic 回归模型分析三个样本村的调查数据,得出农民对新农保的满意度与其对制度认知状况之间有正向影响②。刘西国、刘晓慧(2017)采用断点回归法研究新农保的主观福利效应,发现新农保满意度存在群体异质性,对弱势群体的政策效果更为明显③。成志刚、曹平(2014)通过构建新型农村社会养老保险满意度模型进行研究。结果显示,提升农民对新农保的满意度不仅有助于提高这项惠民政策的实施效果,也有助于提高参保人员对新农保的信任度,有助于新农保的可持续发展④。黎瑞等(2014)运用有序 Logistic 模型,通过对河北省 3 个县农民对新型农村养老保险满意度分析的调研,得出满意度对农民对新农保的评价具有正向显著影响⑤。周新发等(2013)提出从影响农民对新农保满意度因素的视角来分析新农保有待完善的方面,并提出了完善新农保制度可持续发展的建议⑥。崔萍(2010)研究发现农民对政府补贴的满意度显著影响着农民参加新农保的积极性,农民对政策补贴金额的满意程度与缴费档次成正比⑦。综上,国内学术界关于参保居民对城乡居保整体满意度已有大量研究成果,但在居民对城乡居保政府财政补贴责任满意度这一方面却鲜有研究。因此本章以城乡居民对财政补贴责任满意度为分析视角,利用调查问卷数据,结合多元有序 Logistic 回归分析模型,系统深入地研究影响参保居民满意度的多项因素。

---

① 肖云,刘培森. 新型农村社会养老保险满意度影响因素分析[J]. 经济体制改革,2011(5):66-70.

② 方菲,胡勋峰. 主体认知、理性自觉与农民对新农保满意度关系研究:基于湖北省3个村庄调查数据的 Logistic 回归分析[J]. 西北人口,2018(3):100-108.

③ 刘西国,刘晓慧. 基于断点回归法的"新农保"主观福利效应检验[J]. 统计与信息论坛,2017(5):90-95.

④ 成志刚,曹平. 新型农村社会养老保险满意度研究[J]. 湘潭大学学报(哲学社会科学版),2014,38(5):35-41.

⑤ 黎瑞,苏保忠. 农民对新型农村养老保险满意度分析:基于河北省3个县的调研[J]. 调研世界,2014(1):39-42.

⑥ 周新发,白薇,张博洋. 基于 Logistic 模型的新型农村养老保险制度满意度实证研究[J]. 经济视角(下),2013(1):80-83,97.

⑦ 崔萍. 政府政策对新型农村社会养老保险的制约与攻略[J]. 知识经济,2010(8):69.

5.3.1 城乡居保财政投入责任满意度的群体特征

问卷设计中,用"您对养老金发放标准满意吗?"来表现城乡居保财政投入责任满意度。依据李克特量表,将答案设计为五级分类,即"非常满意""比较满意""一般""不太满意"和"非常不满意"。设置该问题的前提假设是:受访对象能够结合自身状况,客观和理性评价城乡居保财政投入责任。受访对象对城乡居保财政投入责任满意度的统计分布如表5-6所示。受访的参保居民中对城乡居保政府财政补贴责任"非常满意"的占调查样本总和的8.6%,对城乡居保政府财政补贴责任"比较满意"的约占调查总人数的一半,这从整体上反映出参保居民对城乡居保政府财政补贴责任是比较满意的。同时,从数据中可以看出,有39.5%的参保对象对城乡居保政府财政补贴责任持一般态度,有7.3%的参保对象对城乡居保政府财政补贴责任表示不太满意,有0.9%的参保居民对城乡居保政府财政补贴责任非常不满意,三者合计所占比例接近50%(为47.7%)。由此可知,政府的城乡居保财政补贴责任还存在一些问题和不足,大部分受访对象并没有对政府的城乡居保财政补贴责任感到满意。

表5-6　参保居民对城乡居保政府财政投入责任满意度统计分布

满意程度	频次	百分比(%)	有效百分比(%)	累积百分比(%)
非常满意	200	8.60	8.60	8.60
比较满意	1020	43.80	43.80	52.40
一般	920	39.50	39.50	91.80
不太满意	170	7.30	7.30	99.10
非常不满意	20	0.90	0.90	100
合计	2330	100	100	

资料来源:根据统计数据分析整理所得。

调查问卷数据显示(见表5-7),52.1%的男性参保居民对城乡居保政府财政补贴责任表示满意,52.8%的女性参保居民对城乡居保政府财政补贴责任持满意态度,由此可以看出男性对城乡居保政府财政补贴责任满意度低于女性。相比男性,女性留守的情况较多,同时通过基层干部长期宣传讲解,她们对于城乡居保政策会有更多的认识和体会,因此她们对城乡居保政府财政补贴责任的满意度更高。

表5-7　城乡居保政府财政补贴责任满意度的个体特征差别　　　单位:%

	指标	非常满意	比较满意	一般	不太满意	非常不满意
性别	男	10.6	41.5	41.5	5.7	0.8
	女	6.4	46.4	37.3	9.1	0.9
年龄	16—30岁	0	34.5	55.2	10.3	0
	31—44岁	1.7	53.3	36.7	6.7	1.7
	45—59岁	8.8	37.2	46.0	7.1	0.9
	60岁及以上	29.0	58.1	6.5	6.5	0
身体状况	好	9.7	45.2	40.9	4.3	0
	一般	7.9	43.3	40.9	7.9	0
	差	7.7	45.5	15.4	23.1	15.4
政治面貌	中共党员	16.7	58.3	16.7	8.3	0
	群众	6.5	42.5	43.0	7.0	1.1
	共青团员	21.7	26.1	39.1	13.0	0
	其他	8.3	83.3	8.3	0	0
村干部	是	0.0	71.4	28.6	0	0
	否	8.8	42.9	39.8	7.5	0.9
婚姻状况	未婚	0.0	32.0	52.0	16.0	0
	已婚	8.5	37.5	43.5	9.0	1.5
	丧偶	16.7	83.3	0.0	0.0	0.0
	其他	50.0	25.0	25.0	0.0	0.0
文化程度	小学及以下	8.0	42.0	38.0	10.0	2.0
	初中	8.1	32.3	52.5	7.1	0.0
	高中、中专及职高	7.5	52.8	30.2	9.4	0.0
	大专及以上	6.5	25.8	41.9	16.1	9.7
从事工作	务农	8.6	39.8	43.0	7.5	1.1
	本地打工	6.9	50.0	34.5	6.9	1.7
	外地打工	2.7	43.2	45.9	8.1	0.0

资料来源:根据统计数据分析整理所得。

不同年龄组的参保居民对城乡居保政府财政补贴责任的满意度具有较大差异。调查数据显示,60岁以上的参保居民中对城乡居保政府财政补贴责任"满意""比较满意"的共占87.1%,31—44岁和45—59岁两个年龄阶段都有50%左右的参保居民对城乡居保政府财政补贴责任表示满意,然而16—30岁这个年龄段仅有34.5%的参保居民对城乡居保政府财政补贴责任表示满意。60岁及以上的城乡居民无须个人缴纳参保费用,即可无偿享受相关基础养老金,提前享受城乡居保制度带来的养老福利。年轻人缴纳参保费用,虽可获得一定的财政补贴,但要经过数年的缴费积累才能享受养老金待遇,无法直接感受政府对城乡居保财政补贴的作用,因此年轻群体对城乡居保政府财政补贴责任整体满意度偏低。

调查数据显示,参保居民身体健康状况越好,其对城乡居保政府补贴责任满意度就越高,而身体健康状况越差则满意度就越低。身体健康状况较好的参保居民对城乡居保政府财政补贴责任表示"非常满意""比较满意"的比重之和为54.9%;身体健康状况一般的参保居民对城乡居保政府财政补贴责任表示"非常满意""比较满意"的比重之和为51.2%;身体健康状况较差的参保居民对城乡居保政府财政补贴责任表示"非常满意""比较满意"的比重之和为46.2%;还有38.9%的受访居民表示不满意。健康状况较差的参保居民在养老医疗保健方面开支相对较大,而国家提供的财政补贴相对较少,难以有效缓解沉重的经济负担,不能满足基本养老保障需求,因此其满意度更低。

参保居民政治面貌在一定程度上也会影响对城乡居保政府补贴责任的满意度。调查数据显示,政治面貌为中共党员的参保居民对城乡居保政府财政补贴责任认为"非常满意"和"比较满意"的比重分别为16.7%和58.3%,而普通群众的这一比重分别为6.5%和42.5%。党员相比普通群众政治觉悟更高,更加拥护和认可国家推行的城乡居保政策,因此满意度更高。

是否为村干部对城乡居保政府补贴责任满意度具有较大影响。调查数据显示,村干部对城乡居保政府财政补贴责任认为"非常满意"和"比较满意"的总比重为71.4%,而普通城乡居民的这一比重为51.7%。村干部不仅是直接受益对象,更是重要的城乡居保制度推广人员,他们对城乡居保接触了解更多,有明确的心理预期,因此整体满意度评价较高。

在已婚受访居民中有46.0%的人对城乡居保政府财政补贴责任表示满意,而未婚受访居民仅有32.2%表示满意,满意度整体较低。未婚居民通常情况下还没开始参加城乡居保,不能直接意识到城乡居保的作用。大多数已婚居民会主动选择加入城乡居保防范养老风险,政府的财政补贴可以为他们带来直接的实惠性帮助,因此已婚居民比未婚居民对城乡居保政府财政补贴责任满意度更高。

参保居民文化程度高,对城乡居保政府财政补贴责任满意度较低,而文化程度低的参保居民对城乡居保政府财政补贴责任满意度较高。调查数据显示,文化程度在小学及以下的参保居民有50%的人对城乡居保政府补贴责任表示满意,而具有大专及以上文化程度的参保居民有32.3%的人对城乡居保政府补贴责任表示满意。居民文化程度高,会接触和了解更多的养老保障措施,同时高学历居民相对普通居民收入更多,养老风险防范意识更强,他们在接受城乡居保制度的同时,还会选择商业养老保险等养老手段,可能因为城乡居保主要起兜底保障作用,补助标准较低,对于改善老年生活作用有限。而文化程度较低的居民因知识和收入有限,通常选择城乡居保作为主要养老保障手段,政府提供的财政补贴在一定程度上可以减轻经济负担,因此满意度较高。

从事工作也会影响参保居民满意度,本地工作满意度较高,外地工作满意度较低。在本地工作的参保人员对城乡居保财政补贴责任表示"非常满意""比较满意"的比例分别为6.9%和50.0%,而选择外出工作参保人员的这一比例分别为2.7%和43.2%。中国目前的养老保险体系仍为地方统筹,异地办理养老保险关系转移麻烦且复杂,成本较高。居民外出从事的工作流动性较强,异地缴纳养老保险费办理流程相对麻烦,致使参保意愿较低,因此参保居民外出工作地点越远,满意度就越低。

5.3.2 城乡居保财政投入责任满意度的影响因素分析

5.3.2.1 模型选择

参保居民对城乡居保政府财政补贴责任满意度会受多种不同因素影响,因此结合研究目的,首先选择合适的问卷问题和数据。考虑到因变量是多元有序变量,本章利用多元有序Logistic回归分析模型,对影响参保居民投入责任满意度的多个因素逐个分析,并考察筛选出的自变量对因变量影响的显著程度。

$$z = \alpha + \beta_1 x_1 + \beta_2 x_2 + \cdots + \beta_k x_k + \varepsilon \tag{5-3}$$

$$\pi(z \leq i) = \pi_1 + \pi_2 + \cdots + \pi_i \tag{5-4}$$

式(5-1)、式(5-2)中,z表示参保居民对城乡居保政府财政补贴责任满意度不同程度评价的分类数,π为因变量在不同满意程度下的发生概率,α为常数项,k为自变量个数,β为解释变量的回归系数。

基于此，多元有序 Logistic 回归分析模型的表达方程为：

$$\ln \frac{\pi(z \leq i)}{1 - \pi(z \leq i)} = \alpha + \beta_1 x_1 + \beta_2 x_2 + \cdots + \beta_k x_k \qquad (5-5)$$

5.3.2.2 变量选取

（1）因变量。本章模型所采取的因变量为参保居民对城乡居保政府财政补贴责任满意度，设置为"非常满意""比较满意""一般""不满意""非常不满意"等 5 种情况的多元有序选择变量。

（2）自变量。本章自变量主要选取受访参保居民的个体情况（性别、年龄、身体健康状况、政治面貌、是否村干部、婚姻状况、文化程度、从事工作）以及受访参保居民对城乡居保政策的认知概况、信任状况、认同状况。根据研究需要，将上述自变量相应赋值如表 5-8 所示。

表 5-8　　自变量赋值

变量	变量含义与赋值	变量尺度	最小值	最大值	均值	标准差
性别	被调查者的性别。男=1；女=2	虚拟变量	1	2	1.472	0.499
年龄分组	被调查者的实际年龄分组。16—30岁=1；31—44岁=2；45—59岁=3；60岁及以上=4	定距变量	1	4	2.627	0.865
健康状况	被调查者自评身体健康状况。好=1；一般=2；差=3	定序变量	1	3	1.656	0.581
政治面貌	被调查者的政治面貌。中共党员=1；群众=2；共青团员=3；其他=4	定类变量	1	4	2.150	0.577
婚姻状况	被调查者的婚姻状况。未婚=1；已婚=2；丧偶=3；其他=4	定类变量	1	4	1.936	0.404
文化程度	被调查者的文化水平。小学及以下=1；初中=2；高中、中专及职高=3；大专及以上=4	定序变量	1	4	2.278	0.987
干部身份	被调查者的是否是村干部。是=1；否=2	定类变量	1	2	1.969	0.171
从事工作	被调查者所从事的工作类型。务农=1；本地工作=2；外地工作=3	定类变量	1	3	2.290	1.413

续表

变量	变量含义与赋值	变量尺度	最小值	最大值	均值	标准差
政策了解程度	被调查者对城乡居保政策的了解程度。非常清楚=1；比较清楚=2；一般=3；不太清楚=4；非常不清楚=5	定序变量	1	5	2.861	0.939
政策信任程度	被调查者对城乡居保政策信任程度。非常相信=1；比较相信=2；一般=3；不太相信=4；非常不相信=5	定序变量	1	5	2.047	0.737
政策实惠性	被调查者对参加城乡居保可以带来实惠的认同程度。完全是=1；大部分是=2；一般=3；小部分=4；完全不是=5	定序变量	1	5	2.300	0.846

资料来源：根据统计数据分析整理所得。

（3）Logistic 回归结果分析。从表 5-9 的分析结果得出，年龄、身体状况两个因素对城乡居保政府财政补贴责任满意度具有显著影响。参保居民年龄对满意度影响最大且具有正向影响。城乡居民随着年纪的增长，会面临诸多养老困境，养老风险防范意识更强，参保意愿更强烈，同时可以享受更多政府对城乡居保的财政补贴政策带来的养老福利，因此满意度会更高。模型分析结果表明，参保居民的身体健康状况对城乡居保政府财政补贴责任满意度具有显著的正向影响。城乡居民身体健康状况好，就有更强的防范风险能力，对城乡居保制度依赖少，满意度更高。

表 5-9　城乡居保政府财政补贴责任满意度影响因素分析结果

	估计	标准误	Wald	df	显著性	95%置信区间	
						下限	上限
性别	-0.019	0.260	0.006	1	0.941	-0.528	0.489
年龄	0.609	0.184	10.938	1	0.001	-0.970	-0.248
身体状况	0.651	0.233	7.812	1	0.005	0.194	1.107
政治面貌	-0.362	0.235	2.367	1	0.124	-0.822	0.099
是否村干部	0.292	0.772	0.143	1	0.705	-1.220	1.804
婚姻状况	-0.505	0.360	1.963	1	0.161	-1.210	0.201
文化程度	-0.376	0.159	5.566	1	0.018	0.064	0.689

续表

	估计	标准误	Wald	df	显著性	95%置信区间	
						下限	上限
从事的工作	-0.282	0.105	7.207	1	0.007	-0.488	-0.076
认知概况	0.339	0.134	6.436	1	0.011	0.077	0.003
信任状况	1.067	0.184	33.443	1	0.000	0.705	1.428
认同状况	0.600	0.152	15.588	1	0.000	0.302	0.892

资料来源：根据统计数据分析整理所得。

参保居民文化程度与满意度之间具有负相关性，居民随着学历的提升，相对低学历居民通常会有更高的个人收入与储蓄，养老方式选择更加多元化，养老保障担忧更少。同时高学历居民对城乡居保有更加全面的了解，政府财政对城乡居保基础养老金和缴费补助补贴额度较小，因此他们对城乡居保的政府财政补贴政策表现出不满意。表5-9的结果显示，从事工作远近与满意度之间的显著性水平小于0.05，且偏回归系数为-0.282，它们之间显著性负相关。其原因可能在于本地工作的居民对城乡居保制度接触更多，倾向度更高。同时研究发现，性别、政治面貌、是否村干部、婚姻状况等因素对满意度影响不明显。

参保居民对城乡居保政策的认知状况与对城乡居保政府财政补贴责任满意度之间的显著性水平小于0.05，且偏回归系数为0.339，表明它们之间显著正相关。我国城乡居保制度虽已全面推行，但在实施中仍存在部分问题，同时受老农保影响，一些居民对城乡居保制度仍心存疑虑。作为理性经济人，参保居民根据利益最大化原则，对财政补贴政策知晓更多，获得政策信息更加精准，期望更客观，满意度更高。

政策的信任状况是影响参保居民对城乡居保政府财政补贴责任满意度的重要因素。表5-9显示二者之间显著性水平小于0.05，且偏回归系数为1.067，表明它们之间显著正相关。参保居民对城乡居保政策越信任，对政府的财政补贴责任满意度就越高。政策信任影响参保意愿，城乡居民对城乡居保政策越信任，就越愿意相信城乡居保经办机构及其工作人员，参保意愿更加强烈。对城乡居保制度信任程度高的参保居民，相信参加城乡居保，可以通过政府的财政补贴为自己带来更多养老福利，所以更满意。

表5-9的数据显示，参保居民对城乡居保政策的认同状况与对城乡居保

政府财政补贴责任满意度之间的显著性水平小于0.05，且偏回归系数为0.6，表明它们之间显著正相关。参保居民认同程度高，表明他们认可城乡居保是公平的便民惠民制度，符合自身利益，能够为老年生活提供保障，因此认同城乡居保政策，对城乡居保财政责任满意度高。

5.4 本章小结

本章利用河南省18个地市的调查问卷数据，通过多元Logistic回归分析城乡居保政府财政补贴责任的认知度与满意度，并探寻其影响因素。研究发现，参保居民对城乡居保财政补贴政策的认知大多处于"了解一些"的状态，认知质量较低。同时，有50%左右的受访居民对城乡居保政府财政责任表示满意。从认知度方面来看，城乡居民对城乡居保财政补贴政策的认知程度一般且认知质量较低。参保居民对城乡居保财政责任的认知大多呈现出"了解一些"的状态且认知质量较低，参保居民的文化程度、婚姻状况、身体健康状况和政治面貌、信任状况以及养老态度都对城乡居保财政责任的认知有着显著的影响。

从满意度方面来看，受访居民对城乡居保政府财政补贴责任满意评价整体较高，但仍有一些居民因诸多原因表示不太满意。同时发现受访居民满意度受多项因素影响，受访居民的年龄、身体健康状况，及对城乡居保政策的认知状况、信任状况、认同状况对满意度具有正向影响，而文化程度、工作地点则对满意度产生了负向影响。

基于此，为进一步提高城乡居保政府财政补贴政策的认知度与满意度，从加大财政投入、改进宣传方式、完善服务机制、提高基础待遇等多方面提出相关建议，通过改进财政补贴政策，推动城乡居保制度顺利平稳运行。

第一，加大政府财政预算投入，提高补贴额度与精准度。各级政府及财政部门应明确自身定位和职责，合理划分相关责任。由于地方政府的补贴标准是根据自身经济状况制定的，部分省份补贴标准差异较大，因此中央政府要针对经济落后省份及老年人口较多省份加大财政预算投入。地方政府要提高城乡居保补贴额度与精准度，适当照顾外出工作者、贫困者、高龄者、患病残疾者及低收入者，给予更多政策照顾和优惠，减轻家庭负担，逐步提升参保满意度，达到预期政策目的。

第二，改进创新政策宣传形式，提升居民对城乡居保的认知程度。政府实施任何一项政策，都要经过前期广泛宣传，得到公众认同信任，才能取得良好预期效果。由于部分村民文化程度较低，而个别地区新农保政策宣传方式相对单一，缺乏灵活性，宣传普及范围有限，所以政策认知状况和满意状况不佳。因此，为提高居民对城乡居保政府财政补贴责任满意度，必须提高对城乡居保的认知度。首先，实施多元化的政策宣传形式，利用互联网、电视新闻、手机、报纸、村广播等多种媒介在潜移默化中向居民传播城乡居保政策。其次，发挥社保经办机构、乡镇政府、村委会的重要作用，定期组织居民进行集中学习，以讲座、访谈、观看视频等形式开展政策解读与宣讲。

第三，加强经办部门的监督管理，健全完善工作服务机制。城乡居保经办部门目前仍存在工作效率低下、服务态度差、办理流程烦琐等诸多问题，导致参保人员对城乡居保信任状况不佳，这必然影响参保居民对城乡居保政府财政补贴责任的满意度。要通过立法和规章建设，强化对经办部门的监督管理，确保制度公平公正公开，加强经办人员专业培训，逐步提高工作效率、服务能力及综合素质，规范简化经办流程，推进信息网络管理平台建设。在城乡居保运行过程中，要以制度化和科学化的工作服务机制改善参保居民对城乡居保的信任状况，增强对政府财政补贴责任的满意度。

第四，适当提高基础养老金标准，切实维护参保居民利益。参保居民对城乡居保的认同度影响政府财政补贴责任满意度，而认同状况主要取决于城乡居保待遇水平。目前部分居民的基本养老保障主要依靠政府提供的基础养老金，政府应参考经济发展状况和市场物价变动等因素，及时调整待遇水平和补贴标准，保证日常生活开支需要。提高参保人员实际收入，提升政府公信力，推进政策落实，让每位参保居民增强城乡居保认同度，全面深入地享受城乡居保带来的物质和精神福利，不断提升幸福感。

6

城乡居保财政投入责任分担机制的类型与评估

公平是社会保障制度的灵魂。目前,城乡居保财政投入责任由多级政府分担。因而,城乡居保财政投入责任分担机制公平与否将直接决定城乡居民能否享受均等的公共服务。那么,当前城乡居保财政投入责任分担机制的公平性如何?是否能确保城乡居民享受横向均等化的公共服务?阐释上述问题成为本章的出发点和落脚点。

城乡居保是我国应对人口老龄化的一项重要的制度安排。2014年9月,国务院发布的《关于建立统一的城乡居民基本养老保险制度的意见》(以下简称8号文)规定:"城乡居民养老保险基金由个人缴费、集体补助、政府补贴构成。"作为城乡居保基金的重要组成部分,政府补贴既彰显了政府在城乡养老保险中的责任,又为城乡居保制度的平稳运行提供了重要的资金保障。目前,政府财政投入责任由多级政府分担,而非由某一级政府独揽。如基础养老金补贴由中央和地方政府分担,中央政府对中西部地区补助全额基础养老金,对东部地区补助一半,而参保人缴费补贴则由省、市、县多级政府分担。在此情形下,城乡居保能否平稳、持续运行,在很大程度上依赖于各级政府间公共财政体系的协调与配合,尤其与政府间转移支付制度的安排有着密切关联。公共财政的目的是为社会大众提供均等、公平的公共服务。作为一项基础的公共服务,城乡居保能否实现均等化,尤其是横向均等化,在很大程度上是由城乡居保财政投入责任分担机制决定的。那么,现行城乡居保财政投入责任分担机制是否促进了城乡居保横向均等化?现行城乡居保财政投入责任分担机制的公平性如何?这是一个兼具理论意蕴和现实意义的重要问题。首先,以城乡居保财政投入多级分担问题为切入点,对其进行理论层面的阐释。其次,分析城乡居保中央政府财政投入责任分担机制及公平性。最后,在梳理并总结地方政府财政投入责任分担机制类型的基础上,分别对其公平性进行分析。

6.1 城乡居保财政投入责任分担机制的内容与类型

6.1.1 中央政府财政投入责任分担机制的内容

城乡居保财政投入由中央、省、市、县等多级财政共同分担。下面具体考察城乡居保制度框架下中央政府财政投入责任分担机制的内容(见表6-1),进而分析中央政府财政投入责任分担机制的公平性。

表6-1　　　　中央政府与地方政府财政投入责任分担机制

补贴类别	补贴项目	补助对象	补助范围	负担主体	补贴标准
给付环节 (出口补)	基础养老金最低标准补贴	所有60岁以上老年人	东部	中央政府+地方政府	各负担44元/年·人
			中西部	中央财政	88元/年·人
	基础养老金加发补贴	所有60岁以上老年人	东部、中西部	地方政府	地方政府自定
入口补贴 (入口补)	一般缴费补贴	全部参保人员	东部、中西部	地方政府	≥30元/年·人
	多缴费补贴	高档次缴费人员			地方政府自定
	长缴费补贴	长期缴费人员			

资料来源:依据国务院《关于建立统一的城乡居民基本养老保险制度的意见》整理而成,其中补贴标准参考人社部、财政部颁布的《关于2018年提高全国城乡居民基本养老保险基础养老金最低标准的通知》。

由表6-1可知,中央政府和地方政府在城乡居保财政投入责任方面各自有着具体的分工。从投入分担责任看,在城乡居保制度框架下,中央财政负责在给付环节进行财政补贴,即补出口,旨在保证养老待遇的普惠和公平。8号文规定:"政府对符合领取条件的参保人全额支付基础养老金。"从筹资责任分担的内容看,中央政府将各省(自治区、直辖市)划分为东部地区和中西部地区两类[①],并对两类地区采取不同的财政补贴筹资责任分担政策。8号文

---

① 目前我国东部地区包括北京、天津、河北、辽宁、上海、江苏、浙江、福建、山东、广东和海南11个省级行政区;中部地区包括山西、吉林、黑龙江、安徽、江西、河南、湖北、湖南、内蒙古9个省级行政区;西部地区包括四川、重庆、贵州、云南、西藏、陕西、甘肃、青海、宁夏、新疆、广西11个省级行政区。

规定："中央财政对中西部地区按中央确定的基础养老金标准给予全额补助，对东部地区给予50%的补助。"2018年国务院办公厅印发《基本公共服务领域中央与地方共同财政事权和支出责任划分改革方案》（国办发〔2018〕6号）（以下简称《改革方案》），指出："教育、医疗卫生、社会保障等领域中与人直接相关的主要基本公共服务事项明确为中央与地方共同财政事权，并合理划分支出责任。"①《改革方案》特别明确了对城乡居民基本养老保险的补助，中央确定最低基础养老金标准，中央与地方按比例分担支出责任，中央对第一档和第二档承担全部支出责任②，其他为5∶5比例分担。第一档包括内蒙古、广西、重庆、四川、贵州、云南、西藏、陕西、甘肃、青海、宁夏、新疆12个省（区、市）；第二档包括河北、山西、吉林、黑龙江、安徽、江西、河南、湖北、湖南、海南10个省份；第三档包括辽宁、福建、山东3个省；第四档包括天津、江苏、浙江、广东4个省（市）和大连、宁波、厦门、青岛、深圳5个计划单列市；第五档包括北京、上海2个直辖市③。相比城乡居保制度中中央政府按照东部、中部和西部不同地区进行财政补贴的办法，《改革方案》把东部地区的海南、河北④划入第二档。整体看，城乡居保制度中中央政府与地方政府之间的财政投入责任分担机制并没有发生实质性的变化。

6.1.2 地方政府财政投入责任分担机制的类型

6.1.2.1 最低缴费财政投入责任分担机制

从最低缴费财政补贴的政府间责任分担情况看（见表6-2），梳理各省份城乡居民基本养老保险最低缴费的财政补贴责任分担状况，归纳总结出三种筹资分担模式——"一视同仁"型、"区别对待"型和"相机行事"型⑤。

---

① 国务院办公厅. 基本公共服务领域中央与地方共同财政事权和支出责任划分改革方案（国办发〔2018〕6号）[EB/OL]. http://www.gov.cn/home/2018-02/11/content_5265924.htm, 2019-7-21.
② 同①。
③ 同①。
④ 河北虽被列入东部地区，在中央对地方的转移支付中是按照中西部地区支付的。
⑤ 赵建国，海龙. 我国新农保财政补贴筹资责任分担机制研究[J]. 宏观经济研究，2014（7）：10-20，57.

表6-2　城乡居保最低缴费补贴地方政府投入责任分担情况

区域	省（区、市）	最低缴费财政补贴资金	区域	省（区、市）	最低缴费财政补贴资金
中部	河南	省、省辖市财政按2:1比例分担	西部	西藏	自治区财政承担80%、地（市）财政承担10%、县（市、区）财政承担10%
	河北	省、市、县（市、区）按1:1:1的比例分担		新疆	地（州、市）、县（市、区）财政负担
	湖南	省和州、县按2:1比例补贴		云南	省财政承担50%，州市、县两级财政承担50%
	湖北	省和地方政府按2:1比例负担		重庆	主城区市级承担20%、区级承担80%，贫困区县（自治县）市级承担70%、区县级承担30%，其他区县市级和区县级各承担50%
	山西	省与市县级财政各负担50%		广西	部分由自治区与设区市按6:4比例承担，自治区与县（市）按8:2比例承担
	江西	省、县（市、区）财政按6:4比例负担	东部	北京	—
	吉林	省和市（州）、县（市、区）政府按6:4的比例分担		福建	省级财政根据不同档次对应的补贴标准和各地不同的财力状况，分别以80%、60%、40%、20%的比例对县（市、区）进行分档补助（具体办法由省财政厅确定）；其余部分由各设区市（含平潭综合实验区，下同）和县（市、区）分担
	黑龙江	省和县（区）按6:4比例分别承担		广东	珠江三角洲地区由市、县（市、区）财政负担，东西两翼和粤北山区，由省、市、县（市、区）三级负担。省级政府按缴费补贴最低标准的1/3安排，其余部分由市、县（市、区）财政各负担一半
	安徽	省级财政补贴20元，其余由市、县分担		海南	省财政与海口市、三亚市、洋浦经济开发区财政按4:6的比例分担，省财政与其他市、县、自治县财政按6:4的比例分担
	内蒙古	自治区原则上负担全区补贴总额的50%，盟市至少负担25%，其余部分由旗县（市、区）负担		江苏	市、县政府分担

续表

区域	省（区、市）	最低缴费财政补贴资金	区域	省（区、市）	最低缴费财政补贴资金
西部	甘肃	省级补贴全部	东部	辽宁	市、县（市、区）政府承担
	贵州	省、市、县按1:1:1比例分担		山东	省级政府承担
	宁夏	地方政府承担		上海	区、县财政承担
	青海	省财政承担80%，各地财政承担20%		天津	市财政负担
	陕西	缴费补贴由省和市县各承担50%		浙江	市、县（市、区）财政
	四川	省级分担50%，市县负担50%			

注：根据各省份政策文件整理而来，—表示政策文件中未明确显示。

"一视同仁"型指不论辖区内区县的贫富差距、财政实力强弱等，省级政府对参保居民给付的补助金额（或份额）都一样。中部地区的河南、河北、湖南、湖北、山西、吉林、黑龙江、安徽、江西，西部地区的甘肃、贵州、青海、陕西、四川、西藏、云南，以及东部地区的山东、天津，在政策文件中明确划分出了省级政府与地方政府之间的分担比例。如河北省的分担比例是省、市、县（市、区）按照1:1:1比例分担；青海省规定最低缴费财政补贴由省财政承担80%，地方财政承担20%；广东省规定省财政负担部分按各级人民政府对参保人缴费补贴最低标准（每人每年30元）的1/3安排，其余部分由市、县（市、区）财政各负担一半。

"区别对待"型是指省政府依据辖区内县（市）的经济发展水平、财政实力状况，把县（市）分成若干个档次，对处于不同档次的县（市），各级政府承担参保居民的份额有所不同，而处于同一档次的县（市）承担的数额或份额一致。中部地区的内蒙古，西部地区的重庆、广西，东部地区的福建、海南、广东，采用了"区别对待"的补贴方式。如重庆主城区，市级承担20%，区级承担80%；贫困区县（自治县），市级承担70%，区县级承担30%；其他区县，市级和区县级各承担50%。福建省根据各地不同的财力状况，分别以80%、60%、50%的比例对县（市、区）进行分档补助。海南省规定省级财政与海口市、三亚市、洋浦经济开发区财政按照4:6的比例分担，省财政与其他市、县、自治县财政按照 6∶4 的比例分担。

"相机行事"型是指省级政府对市、县两级财政责任分工没有明确规定或规定不清楚，具体补贴投入责任表现出"相机行事"的特点。西部地区的新疆、宁夏，东部地区的江苏、辽宁、上海、浙江，在政策文件中没有明确划分责任，只是规定"最低缴费补贴"由市、县（市、区）财政补贴或地方政府自行分配责任。如江苏规定"缴费补贴由地方政府分担"，辽宁省规定"缴费补贴由市、县两级财政共同承担"。

综合来看，相较于"区别对待"型和"相机行事"型，采用"一视同仁"型的省份更多，覆盖面较广。另外，"一视同仁"型和"区别对待"型均是省、市、县三级财政分担，"相机行事"型则是市、县两级财政分担。

6.1.2.2 附加基础养老金财政投入责任分担机制

梳理各省份附加基础养老金财政投入责任分担情况，可将其分为三种类型："省级完全承担""省、市、县共担""县、市分担"。部分省份的附加基础养老金补贴责任完全由省级财政承担，如中部地区的河北，西部地区的甘肃、青海，均由省级财政完全负担（见表 6-3）。

表 6-3　各省（区、市）提高基础养老金部分政府责任分担情况

区域	省（区、市）	附加基础养老金	区域	省（区、市）	附加基础养老金
中部	河南	省、省辖市按 6∶4 比例分摊，县（市、区）确定的基础养老金补贴标准每人每月不低于 5 元	西部	西藏	自治区财政承担 80%、地（市）财政承担 10%、县（市、区）财政承担 10%
中部	河北	省级财政全部负担	西部	新疆	地（州、市）、县（市、区）财政负担
中部	湖南	省财政平均负担 2/3，市州、县市区财政平均负担 1/3	西部	云南	省财政承担 50%，州市、县两级财政承担 50%
中部	湖北	省与扶贫开发县、一般县分别按 6∶4、5∶5 比例承担	西部	重庆	主城区市级承担 20%、区级承担 80%，贫困区县（自治县）市级承担 70%、区县级承担 30%，其他区县市级和区县级各承担 50%
中部	山西	市、县共担	西部	广西	治区提高部分由自治区与设区市按 6∶4 比例承担，自治区与县（市）按 8∶2 比例承担

续表

区域	省（区、市）	附加基础养老金	区域	省（区、市）	附加基础养老金
中部	吉林	省和市（州）、县（市、区）政府按6:4的比例分担	东部	福建	省财政根据各地不同的财力状况，分别以80%、60%、50%的比例对县（市、区）进行分档补助，具体办法由省财政厅确定；其余部分由各设区市和县（市、区）分担
	黑龙江	享受均衡性转移支付市（地）、县（市）由省与地方各分担50%；不享受均衡性转移支付市（地）、县（市）及省森工、农垦系统自行解决		广东	珠三角地区由市、县（区）财政负担，粤东西北地区，省50%，其余市、县（区）各一半
	安徽	省财政承担50%，市、县（市、区）财政承担50%		海南	省财政与海口市、三亚市、洋浦经济开发区财政按4:6的比例分担，省财政与其他市、县、自治县财政按6:4的比例分担
	江西	省、县（市、区）财政按6:4的比例负担		江苏	市、县政府分担
	内蒙古	市、区分担		北京	—
西部	甘肃	省级补贴全部		辽宁	省级以上财政平均补助80%，市县两级财政平均补助20%，其中市级财政至少承担一半
	贵州	提高部分由省、市、县三级财政按7:1:2分担		山东	东、中、西部地区分别给予40%、60%、80%的补助，剩余部分由市、县（市、区）政府承担
	宁夏	自治区财政承担		上海	市财政（含中央财政补助资金）和区财政按照50%和50%的比例分担
	青海	省级财政承担		天津	市和区县财政全额补贴
	陕西	由省和市县财政各负担50%		浙江	对两类一至六档地区分别给予100%、90%、80%、60%、40%、20%的补助
	四川	增加部分由省级财政全额负担，深度贫困县由省级财政全额负担，其余县由省级财政平均负担4元、市县财政平均负担3元			

注：根据各省份政策文件整理而来，—表示政策文件中未明确显示。

"省、市、县分担"是多数省份采用的形式。中部地区的河南、湖南、湖北、吉林、黑龙江、安徽、江西，西部地区的贵州、广西、宁夏、陕西、四川、西藏、云南、重庆，东部地区的福建、广东、海南、辽宁、上海、浙江，都是如此。河南、湖北、江西省份按照一定的分担比例由省、市、县共同分担。还有部分省份针对不同的地区有着不同的分担比例，如黑龙江政策中规定：对享受均衡性转移支付的市（地）、县（市），省与地方各分担50%；不享受均衡性转移支付，市（地），县（市）及省森工、农垦系统地方自行解决。重庆市规定，主城区市级承担20%、区级承担80%，贫困区县（自治县）市级承担70%、区县级承担30%，其他区县市级和区县级各承担50%。

还有一部分省份的附加基础养老金是由"市、县财政分担"，主要包括中部地区的山西、内蒙古，西部地区的新疆，东部地区的江苏。如山西、内蒙古等都在省（区）发布的文件中提到，"提高的基础养老金，由市、县（区）分担，具体标准由各地区制定"。

总的来说，在中央规定的最低标准基础养老金上，各省均不同程度地提高了基础养老金补贴标准。从附加基础养老金政府间责任分担来看，多数省份采取"省、市、县共担"的形式。

6.1.2.3 "多缴多得"补贴财政投入责任分担机制

"多缴多得"即参保人选择的缴费档次越高，获得的政府补贴就越多。尽管"多缴多得"补贴是最低缴费档次补贴的延续，但仍有一部分省份在"多缴多得"财政投入责任分担上有别于最低缴费档次。从"多缴多得"政府间财政投入分担情况看（见表6-4），"多缴多得"的政府间责任分担与最低缴费标准补贴责任分担大多一致。

表6-4　各省（区、市）"多缴多得"补贴政府责任分担情况

区域	省（区、市）	多缴多得	区域	省（区、市）	多缴多得
中部	河南	由省、省辖市财政按2∶1比例分担	西部	西藏	自治区财政承担80%、地（市）财政承担10%、县（市、区）财政承担10%
中部	河北	省、市、县（市、区）按1∶1∶1的比例分担	西部	新疆	—
中部	湖南	省和州、县按2∶1比例补贴	西部	云南	所需资金由省财政承担50%，州市、县两级财政承担50%

续表

区域	省（区、市）	多缴多得	区域	省（区、市）	多缴多得
中部	湖北	缴费补贴由省和地方政府按2∶1负担	西部	重庆	主城区市级承担20%、区级承担80%，贫困区县（自治县）市级承担70%、区县级承担30%，其他区县市级和区县级各承担50%
	山西	省与市、县级财政各负担50%		广西	提高部分由自治区与设区市按6∶4比例承担，自治区与县（市）按8∶2比例承担
	吉林	省和市（州）、县（市、区）政府按6∶4的比例分担	东部	福建	省级财政根据不同档次对应的补贴标准和各地不同的财力状况，分别以80%、60%、40%、20%的比例对县（市、区）进行分档补助（具体办法由省财政厅确定）；其余部分由各设区市（含平潭综合实验区，下同）和县（市、区）分担
	黑龙江	缴费补贴资金，由省和县（区）按6∶4比例分别承担		广东	珠江三角洲地区由市、县（市、区）财政负担，东西两翼和粤北山区，由省、市、县（市、区）三级财政负担政府对参保人缴费补贴最低标准（每人每年30元）的1/3安排，其余部分由市、县（市、区）财政各负担一半
	安徽	省级财政补贴20元，其余由市、县分担		海南	省财政与海口市、三亚市、洋浦经济开发区财政按4∶6的比例分担，省财政与其他市、县、自治县财政按6∶4的比例分担
	江西	省、县（市、区）财政按照6∶4负担		江苏	市、县政府分担
	内蒙古	自治区原则上负担全区补贴总额的50%，盟市至少负担25%，其余部分由旗县（市、区）负担		北京	—
西部	甘肃	市、县共担		辽宁	市、县（市、区）政府承担
	贵州	省、市、县按1∶1∶1分担		山东	市、县（市、区）政府承担
	宁夏	地方政府承担		上海	区、县财政
	青海	参保人选择较高缴费档次增加的缴费补贴资金由各地财政承担		天津	市财政负担
	陕西	缴费补贴由省和市县各承担50%		浙江	市、县（市、区）财政
	四川	省级分担50%，市县负担50%			

注：根据各省份政策文件整理而来，—表示政策文件中未明确显示。

在表 6-4 中，中部地区的河南、河北、湖南、内蒙古、湖北、山西、吉林、黑龙江、安徽、江西，西部地区的贵州、广西、宁夏、陕西、四川、西藏、云南、重庆，东部地区的福建、广东、海南、江苏、辽宁、上海、天津、浙江，"多缴多得"补贴和最低缴费补贴的政府间财政投入责任分担机制一致。如四川缴费补贴分担是"省级分担50%，市、县分担50%"，"多缴多得"补贴分担也是"省级分担50%，市、县分担50%"。在"多缴多得"财政投入责任分担方面，我国绝大多数的省份都和最低缴费补贴的财政分担相同。

西部地区的甘肃、青海、新疆，东部地区的山东，与最低补贴的财政分担类型不同。如甘肃和山东对最低缴费标准补贴的政府补贴责任划分完全由省级财政补贴负担，而"多缴多得"的政府间财政投入责任是由市、县共担。青海对于最低缴费补贴政府间责任分担是省级财政负担80%，各地方财政承担20%，而对于"多缴多得"的政府间责任则规定由各地财政补贴分担。

6.1.2.4 "长缴多得"财政投入责任分担机制

8 号文件规定："对长期缴费的，可适当加发基础养老金，提高和加发部分的资金由地方人民政府支出。"从长缴多得的财政投入责任分担情况看（见表 6-5），可以归纳为三种："省、市、县共担""市、县分担""县级独自承担"。

表 6-5　各省（区、市）"长缴多得"补贴政府责任分担情况

区域	省（区、市）	长缴多得	区域	省（区、市）	长缴多得
中部	河南	县（市、区）财政负担	西部	西藏	自治区财政承担80%、地（市）财政承担10%、县（市、区）财政承担10%
	河北	市、县共担		新疆	所需资金由地（州、市）、县（市、区）财政负担
	湖南	—		云南	州市、县两级财政
	湖北	县级财政承担		重庆	主城区市级承担20%、区级承担80%，贫困区县（自治县）市级承担70%、区县级承担30%，其他区县市级和区县级各承担50%
	山西	—		广西	提高部分由自治区与设区市按6:4比例承担，自治区与县（市）按8:2比例承担

续表

区域	省（区、市）	长缴多得	区域	省（区、市）	长缴多得
中部	吉林	省和市（州）、县（市、区）政府按6∶4的比例分担	东部	福建	市、县财政负担
	黑龙江	所需资金由县（区）承担		广东	统筹地区人民政府自行负担
	安徽	市、县共担		海南	省财政与海口市、三亚市、洋浦经济开发区财政按4∶6的比例分担，省财政与其他市、县、自治县财政按6∶4的比例分担
	江西	县级承担		江苏	市、县政府分担
	内蒙古	市、区分担		北京	—
西部	甘肃	—		辽宁	市、县（市、区）政府承担
	贵州	—		山东	市、县（市、区）政府承担
	宁夏	—		上海	市财政（含中央财政补助资金）和区财政按照50%和50%的比例分担
	青海	省财政承担80%，各地财政承担20%		天津	市和区县财政全额补贴
	陕西	市（区）财政负担		浙江	市、县（市、区）财政
	四川	加发部分的资金由市县财政自行负担			

注：根据各省份政策文件整理而来，—表示政策文件中未明确显示。

采用"省、市、县分担"类型的省份，主要包括中部地区的吉林，西部地区的广西、青海、西藏、重庆，东部地区的海南、上海、天津。如吉林规定"长缴多得资金由省和市（州）、县（市、区）政府按6∶4的比例分担"。

采用"市、县分担"类型的省份，包括中部地区的河北、安徽，西部地区的陕西、四川、新疆、云南，东部地区的福建、广东、江苏、辽宁、山东、浙江。如河北对于"长缴多得"的政府间责任分担由市、县共担。

除此之外，中部地区的河南、湖北、黑龙江、江西则由县级财政负担"长缴多得"的补贴。

6.2 城乡居保财政投入责任多级分担的理论阐释

社会保障体系是一个保障公民基本生活的公共物品系列，也是最重要的公共服务之一①。城乡居保是一项基本养老保障制度,其核心功能是分散城乡居民的养老风险,满足城乡老年人的基本生活需求。从本质上看,它是社会保障制度的重要范畴,具有社会保障的一般属性,兼具保险和福利双重特征,是我国养老保障体系的重要组成部分,更是一项基础的公共服务。

依据财政分权理论,地方政府应提供与个人福利密切相关的公共服务或物品。相比中央政府,地方政府通常拥有信息优势和较低的行政成本,更能迎合当地居民的需求和偏好(Tiebout,1956)②。Gilbert(2002)认为由最为贴近受益者的政府来提供公共服务是最有效率的制度安排,它可以增强公共服务对公民需求的灵敏度和反应性。所以,地方政府供给地方性公共服务或物品,中央政府供给全国性公共服务或物品,几乎成为公共部门经济学的一个基本定理③。城乡居保通过发放养老金,解决特定地区城乡居民"老有所养"的问题。因此,由当地政府来承担养老保障的财政责任是理所应当的。然而,尽管地方政府提供公共物品具有一定的优越性和合理性,但这并非意味着公共服务筹资责任完全由地方政府承担。由于各地区生产要素、自然条件和公共服务提供成本存在差异,地方政府提供公共服务的财政支付能力往往差距较大。为缩小不同地区的福利差距,中央政府对地方政府实施公共服务补助计划,几乎是世界各国的通则。

从理论上分析,中央政府提供的公共服务财政补贴,旨在实现三方面的目标:解决地方公共服务的空间外部性,矫正财政错配,实现公共服务的均等化。

6.2.1 消解公共服务的空间外部性

地方公共服务的空间外部性是指享受地方政府公共物品的受益者处在该地区行政管辖之外的现象。卡斯特认为,住房、交通、医疗设施等公共服务的集体消费是适应于居住在某一空间区域中的人,因此就有了一个空间的所指对象。作为一种空间化的存在,地方性公共服务表现为一种特有的空间系统,具有清晰的边界和范围。显然,城乡居保具有显著的空间外部性,这种外部性主

---

① 杨燕绥,杨娟. 论社会保障公共服务[J]. 社会保障研究,2009(1):14-16.
② Tiebout, Charles. A pure theory of public sector. Journal of public Economy, 1956: 416-424.
③ Gilbert, Neil. Transformation of the Welfare State. New York: Oxford University Press, 2002: 7-8.

要是通过流动性频繁的农民工体现出来的，大量欠发达地区的农民工流入发达地区，同时也将公共服务的收益滞留在发达地区。当前，城乡居保主要由县级政府实施和管理，养老金发放和缴费补贴均在地方城乡居保经办机构完成。因此，财政补贴筹资单靠地方政府显然是不够的，也不合理。

6.2.2 矫正财政错配

政府间财政补贴的必要性源于现实中的财政错配现象。财政错配是指提供公共服务较多的政府并非是财政收入较多的政府。从本质上看，它体现为政府财权和事权的不对称。财政错配现象在我国比较严重，中央政府和省级政府的财政实力比较强，而项目繁多的公共服务却多由基层政府（市、县、乡政府）承担。1994年分税制改革后，我国新建的财政管理体制对中央政府和地方政府之间的财权和事权的范围重新作了划分和界定，重点是增强中央政府的财力，以提高宏观调控能力。然而，由于当时没有确定省级以下政府间的财力分配框架，财权划分模式与事权划分模式出现两相背离的格局（贾康、白景明，2003），具体表现为：省级以下政府逐层向上收拢资金，基本事权却逐层下放，致使县级政府履行事权所需财力与其可用财力高度不对称。事实上，近年来，县级政府一直担负着提供义务教育、公共卫生和社会保障等重要公共服务的重担（刘乐山，2005），当然也包括城乡居保。因而，在公共物品的筹资分担划分中，中央政府和省级政府承担大份额财政支出责任是矫正财政错配的有效措施。

6.2.3 实现公共服务的均等化

实现公共服务的均等化是中央政府对地方政府进行补贴的核心目标。公共服务均等化体现在两个层次：纵向均等化和横向均等化。纵向均等化是指不同层级的政府拥有大致相同的根据其支出筹集收入的能力；横向均等化是指相同类型的政府具备大致相同的财力为当地公民提供基本公共服务。通常情况下，地方政府在财政收入较少且没有来自上级政府财政补助的背景下，为实现提供公共服务的目标将面临以下两个抉择：一是提高税率或在税收之外收费；二是减少公共服务的供给或降低服务的质量。对于城乡居保而言，中央政府的财政补助固然具有加快推进城乡居保的作用，但最为关键的是实现公共服务的横向均等化,以规避财力薄弱的地方政府无力为城乡居保参保对象提供最基本的财政补贴。

基于上述理论,消除公共服务空间外部性、矫正财政错配和实现公共服务横向均等化是城乡居保财政补贴筹资责任多级分担的重要理论依据。与此同时,不论是矫正财政错配,还是克服公共服务空间外部性,其最终的落脚点都是实现公共服务横向均等化。公共服务横向均等化是公共服务存在和提供的前提。鉴于此,本章基于公平视角,重点分析城乡居保财政补贴筹资分担政策能否促进城乡居保公共服务横向均等化的实现。

6.3 城乡居保政府层级间财政投入负担分析

城乡居保的亮点之一是明确了政府的财政补贴责任,这对政策的发展有着至关重要的影响。受经济状况、参保人口、制度覆盖率等因素的影响,城乡居保财政补贴投入在不同区域、不同省份间存在较大的差异。本章借助财政补贴投入占财政收入的比重来衡量我国政府财政对城乡居保财政补贴投入的负担状况。该比重可以反映出中央财政、地方财政对城乡居保政府补贴的负担能力,同时该指标值的大小往往与城乡居保财政投入的负担能力呈正比。研究发现,中央政府财政负担差异较大的主要原因在于不同地区参保人数的差异。地方政府财政负担差异较大的原因主要在于不同地区财政收支情况的差异和参保人数的差异。通过测算数据发现,中央政府的财政投入负担大于地方政府的财政投入负担,地方政府财政负担的地区差异大于中央政府财政负担的地区差异。

6.3.1 中央与地方政府的城乡居保财政投入负担

6.3.1.1 中央政府与地方政府财政投入总负担

从表6-6可以看出,2017年中央政府财政补贴投入(605.47亿元)与地方政府对城乡居保财政补贴的总投入(514.89亿元)差距不大,但财政投入负担却有着较大差距。中央政府财政投入负担(0.7464%)是地方政府财政投入负担(0.5629%)的1.32倍。这在一定程度上表明,相比于地方政府,中央政府在城乡居保制度推行过程中承担了更大的责任。从整体看,中央政府与地方政府财政负担均低于1%，基本可以判断中央政府和地方政府均有足够能力承担城乡居保财政补贴投入的责任。随着经济的不断发展和城乡居民生活水平的提高，中央财政与地方财政会依据各省份经济发展的实际情况适当提高法定基础养老金和地方政府缴费补贴额。与此同时，城乡居保参保人数不断增加。因此，未来城乡居保财政补贴投入负担能力应引起高度重视。

表6-6　　2017年我国中央政府与地方政府财政投入总负担

	城乡居保财政总投入（亿元）	财政收入（亿元）	财政支出（亿元）	财政补贴投入占财政收入的比重（%）	政府财政补贴投入占财政支出的比重（%）
中央政府	605.47	81123.36	29857.15	0.7464	2.0279
地方政府	514.89	91469.41	173228.34	0.5629	0.2972

资料来源：根据《中国统计年鉴》（2018）相关数据计算。

6.3.1.2　中央政府财政投入负担分析

从整体看，2017年中央政府财政投入负担的标准差为0.019，远大于多数省份中央政府财政投入负担值，可见中央政府财政补贴投入负担在地区间呈现出较大的差异。其中，中央政府财政投入负担的平均值为0.024%，这说明城乡居保中央政府财政补贴负担总体较低。西藏、北京、天津三区（市）中央政府财政投入负担均为0.002%，是全国财政投入负担最低的地区。四川省财政投入负担为0.077%，为2017年我国中央政府财政投入负担最重的省份，是西藏、北京、天津的38.5倍。从各省份层面看，东部地区中央政府财政投入负担平均值为0.013%。山东省财政投入负担（0.035%）是东部财政投入负担最大的省份。从表6-7中的数据可知，东部地区有7个省份的财政投入负担都低于0.02%。西部11个省份中中央政府财政投入负担平均值为0.024%。2017年中部地区中央政府财政投入负担平均值为0.035%，在中部地区的10个省份中，河南省财政投入负担高达0.068%，位居首位。湖南省、安徽省财政投入负担次之，分别为0.052%、0.051%。中部地区其余7省均低于0.05%。通过分析可知，整体上中央政府对不同省份的财政补贴投入负担有着较大差距，这与最低标准基础养老金和地区间参保人口的差异直接相关。

表6-7　2017年我国各省（区、市）中央政府财政投入负担

区域	省（区、市）	城乡居保中央政府财政补贴投入（亿元）	中央财政补贴投入占财政收入的比重（%）	中央财政补贴投入占财政支出的比重（%）
中部	河南	55.51	0.068	0.186
	河北	39.58	0.049	0.133
	湖南	42.30	0.052	0.142
	湖北	31.77	0.039	0.106
	山西	17.51	0.022	0.059
	吉林	12.66	0.016	0.042
	黑龙江	15.61	0.019	0.052
	安徽	41.22	0.051	0.138
	江西	21.43	0.026	0.072
	内蒙古	10.32	0.013	0.035
西部	甘肃	15.70	0.019	0.053
	贵州	22.70	0.028	0.076
	宁夏	2.38	0.003	0.008
	青海	2.19	0.003	0.007
	陕西	19.68	0.024	0.066
	四川	62.40	0.077	0.209
	西藏	1.63	0.002	0.005
	新疆	9.21	0.011	0.031
	云南	24.40	0.030	0.082
	重庆	19.91	0.025	0.067
	广西	30.27	0.037	0.101
东部	北京	1.81	0.002	0.006
	福建	8.17	0.010	0.027
	广东	18.14	0.022	0.061
	海南	2.09	0.003	0.007
	江苏	20.73	0.026	0.069
	辽宁	9.67	0.012	0.032
	山东	28.34	0.035	0.095
	上海	2.19	0.003	0.007
	天津	1.60	0.002	0.005
	浙江	14.36	0.018	0.048

资料来源：根据《中国统计年鉴》（2018）相关数据计算。

6.3.2 东部与中西部地区城乡居保财政投入负担

由表6-8可知，我国区域经济发展不平衡，东部、中部、西部三个区域城乡居保财政投入差距较大，东部地区城乡居保财政投入远远高于西部及中部地区。因此，东部、中部、西部三个区域中央与地方财政投入负担也存在较大差异。从中央政府层面来看，中部和西部地区的中央政府财政投入负担远大于东部地区。其中，2017年中央财政对中部地区的财政投入负担为0.355%，是中央财政对东部地区的财政投入负担（0.132%）的2.69倍，是西部财政投入负担（0.259%）的1.37倍。这主要是由于中央政府财政补贴政策倾斜与中部地区农村人口较多。从地方政府层面来看，东部地区的地方财政投入负担远高于中部、西部地区。东部地区的地方财政投入负担为0.669%，是中部地区财政投入负担（0.382%）的1.75倍，是西部地区财政投入负担（0.491%）的1.36倍。从各个区域内部来看，中部地区中央财政投入负担（0.355%）与地方财政负担（0.382%）基本持平，西部地区地方财政投入负担（0.491%）是中央财政投入负担（0.259%）的1.89倍。而东部地区受中央政府差异化补贴方式的影响，地方财政投入负担（0.669%）是中央财政投入负担（0.132%）的5.07倍。总体来看，不同区域间城乡居保财政投入负担存在较大的差异。

表6-8　　2017年我国不同区域城乡居保财政投入负担

	东部	中部	西部
城乡居保中央政府财政补贴投入（亿元）	107.08	287.91	210.49
城乡居保地方政府财政补贴投入（亿元）	345.39	90.54	78.97
区域财政总投入（亿元）	51654.21	23731.13	16084.07
区域财政总支出（亿元）	71109.46	56493.78	45625.11
中央财政补贴投入占中央财政收入的比重（%）	0.132	0.355	0.259
中央财政补贴投入占中央财政支出的比重（%）	0.359	0.964	0.705
地方财政补贴投入占地方财政收入的比重（%）	0.669	0.382	0.491
地方财政补贴投入占地方财政支出的比重（%）	0.486	0.160	0.173

资料来源：根据《中国统计年鉴》（2018）相关数据计算。

6.3.3 省际城乡居保财政投入负担

从我国各省城乡居保财政投入负担看（见表6-9），2017年地方财政负担最大的是位于西部地区的青海省为1.307%。西藏仅次于青海省，为1.271%。地方财政负担最小的是中部的湖北省，为0.293%。通过计算可知，各省财政投入负担的平均值为0.587%，标准差为0.28。这说明我国各省城乡居保财政投入负担差异程度并不大。

表6-9　2017年我国各省（区、市）地方政府财政投入负担

区域	省（区、市）	地方财政收入（亿元）	地方财政支出（亿元）	城乡居保地方财政补贴投入（亿元）	地方财政补贴投入占财政收入的比重（%）	地方财政补贴投入占财政支出的比重（%）
中部	河南	3407.22	8215.52	16.94	0.497	0.206
	河北	3233.83	6639.18	12.56	0.388	0.189
	湖南	2757.82	6869.39	12.09	0.438	0.176
	湖北	3248.32	6801.26	9.53	0.293	0.140
	山西	1867.00	3756.42	5.78	0.310	0.154
	吉林	1210.91	3725.72	4.41	0.364	0.118
	黑龙江	1243.31	4641.08	5.65	0.454	0.122
	安徽	2812.45	6203.81	8.49	0.302	0.137
	江西	2247.06	5111.47	7.09	0.315	0.139
	内蒙古	1703.21	4529.93	8.01	0.470	0.177
西部	甘肃	815.73	3304.44	5.06	0.621	0.153
	贵州	1613.84	4612.52	6.62	0.410	0.144
	宁夏	417.59	1372.78	2.27	0.542	0.165
	青海	246.2	1530.44	3.22	1.307	0.210
	陕西	2006.69	4833.19	6.31	0.315	0.131
	四川	3577.99	8694.76	12.15	0.340	0.140
	西藏	185.83	1681.94	2.36	1.271	0.140
	新疆	1466.52	4637.24	8.43	0.575	0.182
	云南	1886.17	5712.97	10.29	0.546	0.180
	重庆	2252.38	4336.28	9.05	0.402	0.209
	广西	1615.13	4908.55	13.21	0.818	0.269

续表

区域	省（区、市）	地方财政收入（亿元）	地方财政支出（亿元）	城乡居保地方财政补贴投入（亿元）	地方财政补贴投入占财政收入的比重（%）	地方财政补贴投入占财政支出的比重（%）
东部	北京	5430.79	6824.53	25.17	0.463	0.369
	福建	2809.03	4684.15	18.02	0.642	0.385
	广东	11320.35	15037.48	50.54	0.446	0.336
	海南	674.11	1443.97	8.21	1.218	0.569
	江苏	8171.53	10621.03	58.30	0.713	0.549
	辽宁	2392.77	4879.42	16.80	0.702	0.344
	山东	6098.63	9258.4	60.46	0.991	0.653
	上海	6642.26	7547.62	51.59	0.777	0.683
	天津	2310.36	3282.54	11.63	0.503	0.354
	浙江	5804.38	7530.32	44.68	0.770	0.593

资料来源：根据《中国统计年鉴》（2018）相关数据计算。

我国东部、中部和西部地区经济发展不均衡且问题突出，同一区域内不同省份间经济发展存在较大差异，各区域内部不同省份城乡居保财政投入负担也存在一定的差异。2017年东部地区各省财政收入平均高达5165.42亿元。尽管东部地区需承担最低标准基础养老金的一半，但东部各省份城乡居保地方财政补贴负担仍保持较低水平，其比重区间为0.446%—1.218%。值得注意的是，山东省虽然是全国财政投入最高的省份（60.46亿元），但是由于其地方财政收入水平较高，财政负担水平却低于东部地区财政补贴投入规模最小的海南省。总体来说，东部地区经济发展水平较高，城乡居保财政负担比较低。然而，一些农村人口较多的东部省份，如山东省、江苏省，城乡居保财政投入负担仍比较重。中部地区仅有河南、河北、湖南三个省份的城乡居保财政补贴规模超过了10亿元。其中，河南省城乡居保财政投入负担为0.497%，是中部地区之最。湖南、河北次之，财政负担分别为0.189%、0.177%。通过查阅《中国统计年鉴》（2018）发现，河南、湖南、河北三个省份农村人口规模较大，分别为4764万人、3113万人、3383万人。由于城乡居保参保人口较多，因此河南、湖南、河北三省的财政投入负担较大。西部地区财政负担排在前三位的是青海、西藏、广西，分别是1.307%、1.271%、0.818%。由此可以推断，人口基数大、老年人口多的地方政府，往往城乡居保财政投入的负担会比较重。因此，在城乡居保制度实施过程中，政府应注重平衡好各地区城乡居保财政投入规模,尽量缩小财政投入负担的地区差异,以促进城乡居保可持续发展。

由表 6-10 可以看出,东部地区城乡居保财政投入负担水平区间为 0.446%—1.218%,中部地区为 0.293%—0.497%,西部地区为 0.315%—1.307%。东部地区地方财政投入负担平均值为 0.723%,与西部平均值(0.650%)相差不大。东部、中部、西部三个区域地方财政投入负担极差分别为 0.772%、0.204%、0.992%。比较三个区域,中部地区极差较小,其变异系数较小,说明中部各省份城乡居保财政补贴负担的离散程度较低。

表 6-10　2017 年我国不同省份城乡居保财政投入负担的描述性统计

	东部	中部	西部
平均值	0.723%	0.383%	0.650%
中位数	0.708%	0.376%	0.546%
最大值	1.218%	0.497%	1.307%
最小值	0.446%	0.293%	0.315%
极差	0.772%	0.204%	0.992%
标准差	0.228	0.073	0.331
变异系数	0.316	0.191	0.509
观测数	10	10	11

由表 6-11 可知,地方政府财政投入负担的平均值为 0.587%,是中央政府财政负担平均值的 4.12 倍。相比于中央政府财政负担,地方政府财政负担更大。地方政府财政负担的极差(1.014%)大于中央政府的极差(0.075%),这说明地方政府财政负担在各省份变动幅度更大。但中央政府财政投入负担的变异系数(0.798)明显高于地方政府财政负担的变异系数(0.476)。

表 6-11　　　　2017 年我国各省份中央政府与地方政府
财政负担的地区差异

	中央政府财政负担	地方政府财政负担
平均值	0.024%	0.587%
中位数	0.022%	0.497%
最大值	0.077%	1.307%
最小值	0.002%	0.293%
极差	0.075%	1.014%
极值比	38.500	4.461
标准差	0.019	0.279
变异系数	0.798	0.476

6.4 城乡居保财政投入责任分担机制均等化效应评估

6.4.1 中央政府财政投入责任分担机制的内容

目前,城乡居保财政投入责任由中央、省、市、县多级政府分担。依据8号文的规定,下面具体考察城乡居保制度框架下中央政府财政投入责任机制的内容,进而分析现行城乡居保中央政府财政投入责任分担政策的公平性。

中央政府和地方政府在城乡居保财政投入责任方面有着具体的分工。从投入分担责任看,在城乡居保制度框架中,中央财政负责在给付环节进行财政补贴,即补出口。8号文规定:"政府对符合领取条件的参保人全额支付城乡居保基础养老金。"目前,中央政府设定的基础养老金标准为88元/月·人。从补助的方式看,中央政府将各省(区、市)划分为东部地区和中西地区两类,并对两类地区采取不同的财政补助方式。8号文规定:"中央财政对中西部地区按中央确定的基础养老金标准给予全额补助,对东部地区给予50%的补助。"

6.4.2 中央政府实施差异化财政投入机制的原因分析

目前,我国城乡居保政府财政责任和负担均存在较大的地区差异。研究发现,城乡居保财政责任和负担的地区差异是多种原因综合作用的结果,具体而言,主要是我国区域经济发展不均衡。

6.4.2.1 中西部地区人均 GDP 低于东部地区

人均生产总值是衡量一个国家或地区经济发展状况的一个重要指标。表 6-12 显示了 2009—2018 年我国东中西部地区的人均 GDP 情况。三个地区人均 GDP 均呈现快速增长的趋势,但横向比较发现,东部地区人均 GDP 要远高于中部和西部地区。根据国家统计局数据,2009 年中部地区加总后的人均 GDP 为 23232.50 元,西部地区为 17473.73 元,而东部地区为 44994.40 元;2018 年中部地区增长到 52515.00 元,西部地区为 47650.27 元,东部地区为 97355.40 元。从图 6-1 可以看出,2009—2018 年三个地区人均生产总值差距相当大。虽然三个地区人均 GDP 都取得了快速增长，但是中西部地区与东部地区的差距并没有缩小。因此，相比于东部地区，中西部地区的经济实力仍比较弱，需要中央财政补贴政策的进一步支持。

表 6–12　2009—2018 年我国东部、中部和西部地区人均生产总值　　　单位：元

年份	东部地区	中部地区	西部地区
2009	44994.40	23232.50	17473.73
2010	51952.80	28018.50	21286.36
2011	59614.70	33912.60	26129.55
2012	64539.40	37436.70	29566.18
2013	70142.70	40476.50	33007.00
2014	74941.70	42907.30	35866.91
2015	78970.10	44207.50	37620.18
2016	84421.00	46954.10	40545.64
2017	91215.20	49122.10	43923.18
2018	97355.40	52515.00	47650.27

资料来源：根据国家统计局数据计算而得。

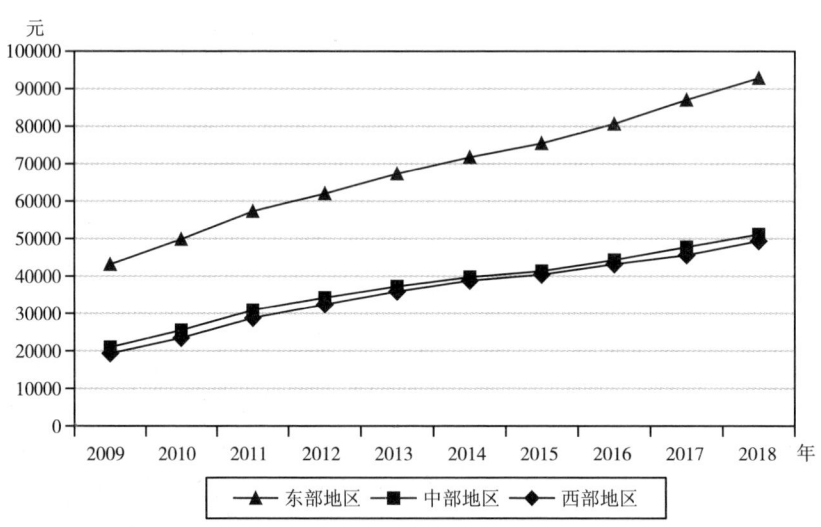

图 6–1　2009—2018 年我国东部、中部和西部地区人均生产总值走势

资料来源：根据国家统计局数据计算而得。

6.4.2.2 中西部地区财政收入低于东部地区，且财政收支缺口大

财政收入是衡量一国政府财力的重要指标，政府在社会经济活动中提供公共物品和服务的范围和数量，在很大程度上取决于财政收入状况，财政收入充足才能实现社会保障的持续性。为比较各地区财政收入状况，这里引入"财政依存度"指标，即财政收入占生产总值的比重，它是反映一国或地区经济运行质量的重要指标。通常来讲，财政收入占生产总值的比重高，说明国家（或地区）的财力充足；财政收入占生产总值的比重越低，表明国家（或地区）的财力匮乏。从财政收入来看，东部地区各省的财政收入水平显然要高于中部和西部地区各省。以2018年为例，东部地区财政收入占生产总值比重的平均值为11.67%，其中，上海市财政收入占生产总值的比重为21.75%，为东部地区各省之最。北京市财政收入占生产总值的比重为19.08%，略低于上海市。东部地区10个省（市）中，除北京市和上海市财政收入占生产总值的比重比较高之外，剩余8个省份财政收入占生产总值比重的区间为8.40%—15.58%。2018年，中部地区财政收入占生产总值比重的平均值为8.45%。中部地区10个省份中，山西省财政收入占生产总值的比重最高，为13.63%，江西省财政收入占生产总值的比重位居第二位，为10.79%。中部地区各省财政收入占生产总值比重的区间为7.83%—13.63%。比较东部与中部各省份的财政依存度，发现东部地区财政收入占生产总值比重的平均值与中部地区财政收入占生产总值比重的最高值相差无几，东部地区各省的财政收入状况明显优于中部地区。西部11个省（区、市）财政收入占生产总值比重的平均值为11.02%。其中，西藏自治区财政收入占生产总值的比重最高，为15.59%，其次为新疆维吾尔自治区，比重为12.55%，11个省（区、市）财政收入占生产总值比重的区间为8.26%—15.59%。比较三个地区的财政收入依存度发现，2018年上海最高达到21.75%，而中西部地区的这一比重集中在7.83%和15.59%之间。由此可见，东部地区的财政收入状况优于中西部地区。虽然西部地区财政收入占生产总值的比重要高于中部地区财政收入占生产总值的比重，但并非说明西部地区财政收入要比中部地区更为充足。以西藏自治区为例，2018年该省的财政收入占生产总值的比重最高，但其财政收入总量仅为230.29亿元，中部地区河南省2018年财政收入占生产总值的比重最低，但当年的财政总收入却高达3763.94亿元。

对比我国不同地区的人均收入发现，我国不同区域间的财政收入存在较大

的差距，2018年东部地区、中部地区与西部地区的人均财政收入分别为5018元、2368元、1431元，东部地区是西部地区的3.5倍。可见，中西部地区的财政实力与东部地区相比有较大的差距。人均财政支出方面，东部地区最高，其次为中部地区，西部地区最低。据国家统计局的数据，2009—2018年中西部地区财政收入和支出逐年递增，但是财政支出速度明显高于财政收入速度，财政收支缺口逐年增大。

6.4.2.3 东部地区农村人均纯收入高于中西部地区

从农村居民人均家庭纯收入来看，我国各省份的农村居民人均纯收入差别比较大。以2017年为例，东部地区农村居民人均年纯收入为19181.36元，中部地区为12733.50元，西部地区为10439.81元（见表6-13）。中西部地区农村居民人均家庭纯收入均低于全国平均水平（13432.4元），而西部地区农村居民人均家庭纯收入大致为东部地区的一半。可见，我国东中西地区农村居民人均家庭纯收入差距较大，中西部地区农村居民参保缴费能力弱于东部地区，更需要中央政府的财政补贴。因此，考虑到中西部地区的财政实力相对较弱，中央政府对其给予全额补助，在不增加其财政负担的情况下为农村居民提供适当的公共服务；我国东部地区经济发展实力强，财政收入更为充足，对其给予50%的补助。

表6-13　　2017年我国东部、中部和西部地区农村人均纯收入　　　　单位：元

地区	省（区、市）	农村人均纯收入	平均值
东部地区	北京	24240.50	19181.36
	天津	21753.70	
	辽宁	13746.80	
	上海	27825.00	
	江苏	19158.00	
	浙江	24955.80	
	福建	16334.80	
	山东	15117.50	
	广东	15779.70	
	海南	12901.80	

续表

地区	省（区、市）	农村人均纯收入	平均值
中部地区	河北	12880.90	12733.50
	山西	10787.50	
	吉林	12950.40	
	黑龙江	12664.80	
	安徽	12758.20	
	江西	13241.80	
	河南	12719.20	
	湖北	13812.10	
	湖南	12935.80	
西部地区	内蒙古	12584.30	10439.81
	广西	11325.50	
	重庆	12637.90	
	四川	12226.90	
	贵州	8869.10	
	云南	9862.20	
	西藏	10330.20	
	陕西	10264.50	
	甘肃	8076.10	
	青海	9462.30	
	宁夏	10737.90	
	新疆	11045.30	

资料来源：根据国家统计局数据计算而得。

6.4.3 中央政府财政投入责任分担机制均等化效应分析

从投入责任主体的角度分析，可将城乡居保财政补贴政策分为中央政府财政投入责任分担机制和地方政府财政投入责任分担机制两大部分。本章着重研究中央政府财政投入责任分担机制的内容，探析现行城乡居保中央政府财政投入责任分担机制是否促进城乡居保公共服务横向均等化。

实现公共服务的均等化是中央政府对地方政府进行补贴的核心目标。公共服务均等化体现在两个层次：纵向均等化和横向均等化。纵向均等化是指不同层级的政府大致拥有相同的根据其支出需求筹集收入的能力；横向均等化是指相同类型的政府具备大致相同的财力,为当地公民提供基本公共服务(阿尔布里奇,2003)。通常情况下,地方政府在财政收入较少且没有来自上级政府财政补助的困境下,为实现提供公共服务的目标将面临以下两种抉择:一是提高税率或在税收之外收费(Tiebout,1956);二是减少公共服务的供给或降低服务的质量。对于城乡居保而言,中央政府的财政补助固然具有加快推进城乡居保的作用,但最为关键的是实现公共服务的横向均等化,以规避财力薄弱的地方政府无力为新农保参保对象提供最基本的财政补贴[①]。

当前,城乡居保财政补贴负担水平主要受各地财政收入和农村人口规模两大要素的影响,本章选取各地财政收入占全国(省或市)财政收入的比重与各地农村人口占全国(省或市)总人口的比重的比值,来考量各地政府建设城乡居保的财政负担状况。当该比值小于1时,表明城乡居保财政负担水平较重,上级政府应该给予财政补助以实现公共服务的横向均等化;当该比值大于1时,表明城乡居保财政负担水平较轻,上级政府可以不给予财政补助。依照该标准,假定2017年我国所有省份实现城乡居保制度全覆盖,测算出我国各省(区、市)财政收入比重与农村人口比重的比值,具体如表6-14所示。

表6-14　　　2017年我国各省(区、市)财政收入比重与农村人口比重的比值

区域	地区	农村人口数(万人)	地方财政收入(万元)	各地农村人口占全国总人口的比重(%)	各地财政收入占全国财政收入的比重(%)	各地财政收入比重与农村人口比重的比值
东部地区	北京	293	54307900	0.002	0.031	14.928
	天津	266	23103600	0.002	0.013	6.995
	辽宁	1420	23927700	0.010	0.014	1.357
	上海	297	66422600	0.002	0.038	18.013
	江苏	2508	81715300	0.018	0.047	2.624
	浙江	1810	58043800	0.013	0.034	2.583
	福建	1377	28090300	0.010	0.016	1.643
	山东	3944	60986300	0.028	0.035	1.245
	广东	3367	113203500	0.024	0.066	2.708
	海南	389	6741100	0.003	0.004	1.396

---

① 赵建国,海龙.我国新农保财政补贴筹资责任分担机制研究:基于公共服务横向均等化的视角[J].宏观经济研究,2014(7):10-20.

续表

区域	地区	农村人口数（万人）	地方财政收入（万元）	各地农村人口占全国总人口的比重（%）	各地财政收入占全国财政收入的比重（%）	各地财政收入比重与农村人口比重的比值
中部地区	河北	3383	32338300	0.024	0.019	0.770
	山西	1579	18670000	0.011	0.011	0.952
	吉林	1178	12109100	0.008	0.007	0.828
	黑龙江	1538	12433100	0.011	0.007	0.651
	安徽	2909	28124500	0.021	0.016	0.779
	江西	2098	22470600	0.015	0.013	0.863
	河南	4764	34072200	0.034	0.020	0.576
	湖北	2402	32483200	0.017	0.019	1.089
	湖南	3113	27578200	0.022	0.016	0.714
西部地区	内蒙古	961	17032100	0.007	0.010	1.427
	广西	2481	16151300	0.018	0.009	0.524
	重庆	1105	22523800	0.008	0.013	1.642
	四川	4085	35779900	0.029	0.021	0.705
	贵州	1932	16138400	0.014	0.009	0.673
	云南	2559	18861700	0.018	0.011	0.594
	西藏	233	1858300	0.002	0.001	0.642
	陕西	1657	20066900	0.012	0.012	0.975
	甘肃	1408	8157300	0.010	0.005	0.467
	青海	281	2462000	0.002	0.001	0.706
	宁夏	287	4175900	0.002	0.002	1.172
	新疆	1238	14665200	0.009	0.008	0.954

资料来源：根据2018年《中国统计年鉴》相关数据计算整理而成。

通过表6-14考察我国中西部地区部分省（市）政府财政收入比重与农村人口比重的比值可知，我国不同地区建立城乡居保的财政负担水平不均衡。从全国层面来看，政府财政收入比重与农村人口比重比值的最高值（上海，18.013）是最低值（甘肃，0.467）的39倍；以区域划分来看，东部和中西部地区各省份的财政负担水平不均衡，如在东部地区的10个省（市）中，山东省（1.245）的财政收入比重与农村人口比重的比值较低，表明山东省的财政负担比较重，需要中央政府的财政补贴，而上海、北京、天津等地区财政收入比重与农村人口比重的比值远大于1,说明上海、北京、天津等地区的城乡居保财政负担非常轻。中西部地区各省份的城乡居保财政负担亦是大相径庭,如内蒙古（1.427）和重庆（1.642）的城乡居保财政负担显然要轻于河南（0.576）。比较东部和中西部地区各省份财政收入比重与农村人口比重的比值,从整体上看,尽管东部地区各省份的城乡居保财政负担要低于中西部地区,但是考察各个省份的财政负担,却发现东部地区山东省（1.245）的财政负担明显重于中西部地区的内蒙古（1.427）和重庆（1.642）。综上所述,不难发现中央政府财政补贴向中西部地区倾斜的初衷和导向是正确的。然而,仅仅根据我国区域经济状况而制定"一刀切"财政补贴办法显然不太妥当,难以借助中央政府补助实现各省份财力横向均等化。同时,"一刀切"财政补贴办法在某种程度上诱发了新的不公平性,如中央财政补贴忽略了东部地区财政负担比较重的省份（如山东、辽宁）,而内蒙古、重庆等财政负担轻于山东,却能获得中央政府一定的财政补助。因而,从促进公共服务横向均等化的视角审视,现行城乡居保中央政府财政投入责任分担政策不合理,中央政府未能构建一套与地方财政支持能力相匹配的财政补贴投入责任分担政策。

6.5 地方政府财政投入责任分担机制类型及其均等化效应

8号文规定"地方政府应当对参保人缴费给予补贴,补贴标准不低于每人每年30元",但是中央政府对省、市、县各层级财政如何分担缴费补贴,并没有明确规定。在此情况下,省级政府自然成为财政投入责任分担机制规则的制定者。本节着重研究最低缴费财政投入的政府间责任分担情况,针对城乡居民缴费财政投入责任,归纳总结出三种投入分担模式——"一视同仁"型、"区别对待"型和"相机行事"型。

6.5.1 "一视同仁"型财政投入责任分担机制的均等化效应

"一视同仁"型是指不论区县贫富差距、财政实力强弱,省级政府对城乡居保参保农民给付的补助金额（或份额）都是一样的,同中央政府"一刀切"财政补助模式一致（见表6-15）。中部地区的河南、河北、湖南、湖北、山西、吉林、黑龙江、安徽、江西,西部地区的甘肃、贵州、青海、陕西、四川、西藏、云南，东部地区的山东、天津，在政策文件中，明确划分出了省与地方政府之间的分担比例。如河北省的分担比例是省、市、县（市、区）按照1∶1∶1分担；青海省规定最低缴费财政投入由省财政承担80%，地方财政承担20%；广东省规定省财政负担部分按各级人民政府对参保人缴费补贴最低标准（每人每年30元）的1/3安排，其余部分由市、县（市、区）财政各负担一半。黑龙江省和吉林省规定"缴费补贴所需资金由省级财政及试点县（市、区）按6∶4的比例分担"。湖南省和湖北省要求"省、市（州）、县（市、区）政府对参保人缴费（不含补缴）给予补贴，补贴标准为每人每年30元，其中省平均补贴20元，市（州）、县（市、区）平均补贴10元"。可见，"一视同仁"型地方财政投入责任分担具体的形式存在差异，这也直接对市、县两级财政带来不同的影响。如山东、甘肃两省的财政投入全部由省级财政包揽，大大减轻了市、县两级财政的负担，有利于城乡居保的推行。相比而言，吉林、黑龙江两省的县级财政投入负担比较重。

表6-15 "一视同仁"型地方财政缴费补贴筹资分担情况

地区	最低缴费财政补贴资金	地区	最低缴费财政补贴资金
河南	省、省辖市财政按2∶1比例分担	陕西	省和市县各承担50%
河北	省、市、县（市、区）按1∶1∶1的比例分担	上海	区、县财政
湖南	省和州、县按2∶1比例补贴	甘肃	省级补贴全部
湖北	省和地方政府按2∶1比例负担	贵州	省、市、县按1∶1∶1分担
山西	省与市县级财政各负担50%	宁夏	地方政府承担
吉林	省和市（州）、县（市、区）政府按6∶4的比例分担	天津	市财政负担
黑龙江	省和县（区）按6∶4比例分别承担	四川	省级分担50%，市县负担50%
安徽	省级财政补贴20元，其余由市、县分担	江苏	市、县政府分担
江西	省、县（市、区）财政按照6∶4比例负担	辽宁	市、县（市、区）政府承担
青海	省财政承担80%，各地财政承担20%	浙江	市、县（市、区）财政
云南	省财政承担50%，州市、县两级财政承担50%	西藏	自治区财政承担80%，地（市）财政承担10%，县（市、区）承担10%
山东	省级政府承担	新疆	地（州、市）、县（市、区）财政负担

续表

地区	最低缴费财政补贴资金	地区	最低缴费财政补贴资金
重庆	主城区市级承担20%，区级承担80%；贫困区县（自治县）市级承担70%，区县级承担30%；其他区县由市级和区县级各承担50%	内蒙古	自治区原则上负担全区补贴总额的50%，盟市至少负担25%，其余部分由旗县（市、区）负担
广西	由自治区与设区市按6∶4比例承担，自治区与县（市）按8∶2比例承担	海南	省财政与海口市、三亚市、洋浦经济开发区财政按4∶6的比例分担，省财政与其他市、县、自治县财政按6∶4的比例分担
福建	省级财政根据不同档次对应的补贴标准和各地不同的财力状况，分别以80%、60%、40%、20%的比例对县（市、区）进行分档补助（具体办法由省财政厅确定）；其余部分由各设区市（含平潭综合实验区，下同）和县（市、区）分担	广东	珠江三角洲地区由市、县（市、区）财政负担，东西两翼和粤北山区，由省、市、县（市、区）三级负担缴费补贴最低标准（每人每年30元）的1/3安排，其余部分由市、县（市、区）财政各负担一半

资料来源：根据《国务院关于开展新型农村社会养老保险试点的指导意见》和各省份政策文件整理而得。

在"一视同仁"型财政投入责任分担模式下，财政实力较弱的县（市、区）通常不得不承受更重的财政负担。就我国区域经济发展而言，经济落后的县（市、区），财政收入相对较少，且农业人口占总人口的比重较高，显而易见，承担同样的财政支出任务，经济落后的县（市、区）的财政补贴负担比较重。以河南省为例，由图6-2可知，2017年河南省各县（市）的人均财政收入与农村人口比重负相关，农业人口比重越高的县（市），人均财政收入水平越低。对县政府来讲，尽管对参保对象补助同等的金额，但是人均财政收入较少的县财政补贴负担比较重。一般而言，越是经济发达的县市，其政府财力就越强，而农业人口占总人口的比重越低，为城乡居保提供缴费补贴的压力也就越小；经济越落后的县市，农业人口占总人口的比重往往越高，财政补贴资金的压力就越大。

假定2017年河南省实现对所有适龄城乡居民的全覆盖，省、市两级财政对城乡居民缴费给予每年不低于30元的补贴，其中，省财政每人每年补贴20元，省辖市财政每人每年补贴不低于10元，进一步考察河南省各县（市）财政负担状况（见表6-16）。比较河南省各县（市）财政收入比重与农村人口比重的比值发现，省辖市和省直管县的城乡居保财政负担状况存在一定的差异。从省辖市看，郑州市财政收入比重与农村人口比重的比值高达12.28，说

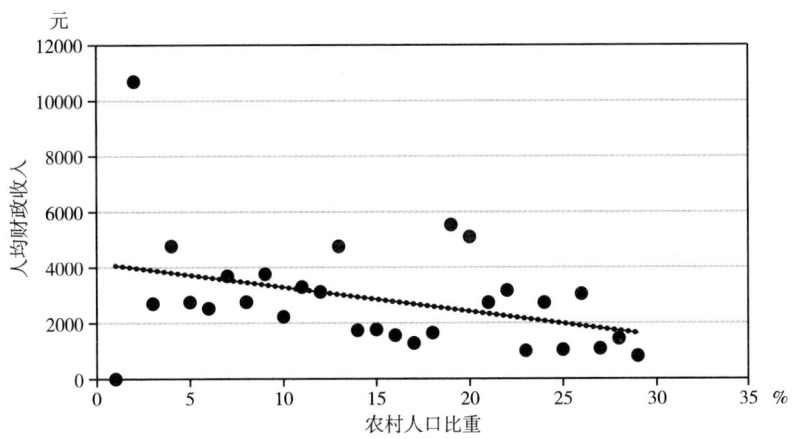

图 6-2 河南省各县（市）农村人口比重与人均财政收入相关性散点图

明该市的财政实力较强，完全不需要省财政的补助；周口市该比值仅为 0.69，表明该县的财政负担非常重。各省辖市城乡居保财政负担差别相当大，凸显了河南省各市城乡居保财政负担水平的不均衡。从省直管县看，财政收入比重与农村人口比重比值较低的特征是：农业人口较多且财政实力较弱。以滑县为例，该县的人均财政收入仅为 1000 元，农业人口却高达 74 万人，占全县总人口的 69%，是河南省农业人口大县。比值较高的省直管县（市）的农业人口少且财政实力较强。以巩义市为例，该县的人均财政收入为 5103.61 元，农业人口仅为 37 万人。可见，在"一视同仁"型筹资责任分担模式下，省级政府表面上绝对公平的"一刀切"补助方式忽略了基层政府经济发展和人口分布极为不均衡的客观现实，很大程度上制约了城乡居保公共服务横向均等化的实现。

表 6-16 河南省部分县（市）财政收入比重与农村人口比重的比值

县（市）	农村人口数（万人）	县（市）财政收入（万元）	县（市）农村人口占河南总人口的比重（%）	县（市）财政收入占河南财政收入的比重（%）	地方财政收入比重与农村人口比重的比值
郑州	274	10566700	0.03	0.31	12.28
开封	239	1227400	0.02	0.04	1.64
洛阳	300	3259300	0.03	0.10	3.46
平顶山	238	1375300	0.02	0.04	1.84
安阳	255	1295500	0.02	0.04	1.62

续表

县（市）	农村人口数（万人）	县（市）财政收入（万元）	县（市）农村人口占河南总人口的比重（%）	县（市）财政收入占河南财政收入的比重（%）	地方财政收入比重与农村人口比重的比值
鹤壁	67	597300	0.01	0.02	2.84
新乡	277	1590500	0.03	0.05	1.83
焦作	150	1337900	0.01	0.04	2.84
濮阳	205	811100	0.02	0.02	1.26
许昌	216	1452800	0.02	0.04	2.14
漯河	130	826500	0.01	0.02	2.03
三门峡	103	1081800	0.01	0.03	3.35
南阳	556	1748400	0.05	0.05	1.00
商丘	425	1288500	0.04	0.04	0.97
信阳	348	1004500	0.03	0.03	0.92
周口	515	1118300	0.05	0.03	0.69
驻马店	409	1152000	0.04	0.03	0.90
济源	28	404100	0.00	0.01	4.60
巩义	37	423600	0.00	0.01	3.65
兰考	39	174900	0.00	0.01	1.43
汝州	52	300700	0.00	0.01	1.84
滑县	74	107000	0.01	0.00	0.46
长垣	42	210100	0.00	0.01	1.59
邓州	84	146400	0.01	0.00	0.56
永城	66	374300	0.01	0.01	1.81
固始	64	117800	0.01	0.00	0.59
鹿邑	51	125200	0.00	0.00	0.78
新蔡	56	69500	0.01	0.00	0.40

注：巩义、兰考、汝州、滑县、长垣、邓州、永城、固始、鹿邑和新蔡是省直管县。
资料来源：依据2018年《河南省统计年鉴》相关数据计算整理而成。

通过2017年河南省新乡市××县城乡居保中心的实地调研发现，河南省省—市—县的责任分担不均衡的现象较为突出。2016年××县城乡居保省级补贴165140元，市级政府补贴91350元，县区财政补贴104880元，省、市、县三级政府所占比重分别为45.70%、25.30%、29.00%。2017年这一比重为46.40%、25.60%、28.00%（见表6-17）。整体来看，河南省省级财政补贴的负担比较重,基本承担一半的补贴责任。但对比市、县两级政府,县级政府的财政补贴负担比较重。在省、市、县责任分担的背景下,县级政府的博弈能力往往是最弱的,很容易导致县级政府财政补贴负担较重。

表 6-17　河南省新乡市××县城乡居保制度各级政府财政补贴　　　单位:元

年份	河南省		新乡市		××县	
	财政补贴	比重	财政补贴	比重	补贴总额	比重
2016	165140	45.70%	91350	25.30%	104880	29.00%
2017	194220	46.40%	107350	25.60%	117140	28.00%

资料来源:项目组调研数据。

6.5.2　"区别对待"型财政投入责任分担机制的均等化效应

"区别对待"型是指省政府依据城乡居保县(市)的经济发展水平、财政实力状况把辖区县(市)分成若干个档次,对处于不同档次的县(市),各级政府补贴参保居民的责任有所不同,而处于同一档次的县市承担的数额或份额相同。中部地区的内蒙古,西部地区的重庆,东部地区的福建、广西、海南、广东,均采用"区别对待"的补贴方式。如重庆主城区由市级承担20%,区级承担80%;贫困区县(自治县)由市级承担70%,区县级承担30%;其他区县由市级和区县级各承担50%。福建省根据不同档次对应的补贴标准和各地不同的财力状况,分别以80%、60%、40%、20%的比例对县(市、区)进行分档补助(具体办法由省财政厅确定);其余部分由各设区市(含平潭综合实验区,下同)和县(市、区)分担。海南省规定省级财政与海口市、三亚市、洋浦经济开发区财政按照4∶6的比例分担,省财政与其他市、县、自治县财政按照6∶4的比例分担。

"区别对待"型财政投入分担模式在一定程度上考虑到城乡居保县财政负担状况的差异,相对于"一视同仁"型,该类型的财政投入分担设置显得精细化,更为灵活。但是深入研究后发现,"区别对待"型城乡居保在财政负担水平上仍存在不均衡的问题。下面以重庆市为例,测算和比较重庆市各县(市)的财政补贴负担比重。

《重庆市人民政府关于开展城乡居民社会养老保险试点工作的通知》(渝府发〔2009〕85号)将重庆市城乡居保县区分为三类:主城区、贫困区县以及其他区县。目前,重庆市对参保者每人每年补贴30元,市级财政和主城区财政按照1:4的比例进行分摊,市级财政和贫困区县财政按照7:3的比例进行分摊,而其他区县则由市财政和区县财政各承担一半。假定2017年末,重庆市实现对所有农村适龄居民的全覆盖,主城区财政担负每人每年24元的参保补贴,而贫困区县只需承担每人每年9元的参保补贴,其他区县则要承担每人每年15元的参保补贴。根据该筹资分担标准,测算出重庆市不同地区城乡居保财政补贴负担比重,具体如表6-18所示。

表6-18　　　　重庆市三类地区城乡居保财政补贴负担比重

财政补贴档次类型	县区	16—60岁农村人口数（万人）	地方财政对新农保的年补贴数额（万元）	地方财政收入（万元）	财政补贴负担比重（%）
贫困县区	武隆	20.72	186.49	149691	0.12
	奉节	54.49	490.45	171985	0.29
	万州	71.00	639.01	690045	0.09
	黔江	22.43	201.91	229872	0.09
主城区	巴南	22.85	548.49	377275	0.15
	北碚	14.48	347.48	291106	0.12
	九龙坡	10.53	252.68	603112	0.04
	沙坪坝	6.97	167.28	671163	0.02
其他县区	潼南	38.86	582.94	214155	0.27
	梁平	38.77	581.48	214568	0.27
	涪陵	44.81	672.08	626305	0.11
	江津	54.61	819.21	700177	0.12

注:由于无法直接获取重庆市各区县2017年末16—60岁农村人口数(不包括60岁人口),这里暂将年鉴中15—64岁的人口数作近似值计算。2017年末,重庆市15—64岁人口数占总人口的69.91%。

资料来源:依据2018年《重庆统计年鉴》相关数据计算整理而得。

按照重庆市财政投入责任分担政策计算,重庆市各县区城乡居保财政补贴负担并不均衡。奉节县负担比重最高,为0.29%,而负担比重最低的沙坪坝区仅为0.02%。从贫困县区、主城区、其他县区的内部结构看,同一类型的城乡居保财政补贴负担并不均衡。值得关注的是,贫困县和非贫困县之间也存在城乡居保财政负担水平不均衡的现象。万州区虽然被定为国家级贫困县,但是其财政实力却超过潼南县、梁平县、北碚区等非贫困县。与此同时,重庆市财政还给予万州区更为优惠的财政补贴，使得其城乡居保财政补贴负担水平大大低于其他非贫困县。

6.5.3 "相机行事"型财政投入责任分担机制的均等化效应

"相机行事"型是指在城乡居民参保缴费补贴责任分担方面，省级政府对市、县两级政府的财政责任没有明确规定，或规定不清楚的情形。西部地区的新疆、宁夏，东部地区的江苏、辽宁、上海、浙江，在政策文件中没有明确的责任划分，只是规定"最低缴费补贴"由市、县（市、区）财政补贴或地方政府自行分配，如江苏规定"缴费补贴由地方政府分担"，辽宁省规定"缴费补贴由市、县两级财政共同承担"。

相比"一视同仁"型和"区别对待"型，"相机行事"型地方政府各级财政投入责任分担的规定最为模糊。在没有明晰财政补贴筹资责任主体的情况下，市、县两级政府可能都着眼于各自的利益进而展开激烈的博弈。在财政投入责任分担的博弈过程中，县级政府往往因缺乏"讨价还价"能力而不得不承担更大的财政补贴责任。事实表明，在市、县两级财政补贴筹资责任分担设计上，县级财政通常是筹资责任的主体。县级政府财政担负着重要责任，虽然在一定程度上能督促县级政府扎实落实和推广城乡居保制度，但客观上却让多数已经捉襟见肘的县级财政雪上加霜。

综合来看，现行城乡居保财政投入责任分担机制的均等化效应并不理想。中央政府财政投入责任分担政策和地方政府间财政投入责任分担政策均在一定程度上使部分地区陷入财政负担不均衡的困境。随着城乡居民生活水平的提高，政府财政投入规模越来越大，如继续延续现行城乡居保财政投入责任分担政策，部分基层政府财政事责和财政收入不均衡的矛盾将进一步恶化，制约了城乡居保制度的持续完善和实施。

6.6 城乡居保财政投入责任分担机制问题的成因

基于公共服务均等化视角评估现行城乡居保财政投入责任分担机制，发现现行"一刀切"式的固定金额补贴的补助方式无法实现城乡居保公共服务均等化的目标。主要原因在于城乡居保财政投入责任分担机制尚未充分考量我国区域经济、人口不均衡的现实。

6.6.1 经济发展的地区差异

我国现行城乡居保财政投入责任分担机制中,中央、省、市、县各级财政由于职责分工的不同,承担的财政责任也有较大的区别。其中,地区经济发展不平衡是导致差异的重要因素之一。当前,我国经济发展不平衡的主要原因是东部和沿海地区的经济发展速度远高于我国中部、西部地区。由表6-19可知,2017年中部地区的GDP总量为257446.35亿元,西部地区为152465.36亿元,而东部地区为437228.39亿元。整体看,全国各省份GDP总量平均值为27327.1亿元。其中,17个省份GDP总量低于该平均值,14个省份高于该平均值。GDP总量最高的为广东(89705.23亿元),最低的为西藏(1310.92亿元),前者是后者的68.5倍。由此可以推断,我国不同省份间GDP总量存在较大差异。从人均GDP角度分析,东部地区人均GDP要远高于中部和西部地区。2017年我国东部地区人均GDP高达91028.93元,是西部地区(43715.33元)的2.08倍,是中部地区(49042.21元)的1.85倍。2017年人均GDP前十的地区为上海、北京、天津、江苏、浙江、福建、广东、山东、重庆、内蒙古,除重庆市位于西部、内蒙古位于中部外,其余均位于东部。而人均GDP后十位的地区,如山西、黑龙江、甘肃等,全部位于中西部。前十位地区的人均GDP为93533.38元,后十位地区的人均GDP为39401.03元,前者是后者的2.37倍,前者是全国平均水平(60696.13元)的1.54倍,后者仅为全国平均水平的0.64倍。总体来看,我国区域间经济发展不均衡问题极为突出。

表6-19　　　　　　　2017年我国经济发展的地区差异

省(区、市)	人口规模(亿人)	GDP(亿元)	人均GDP(元)	财政收入(亿元)	财政支出(亿元)	财政收入占GDP比重(%)	人均财政收入(元)	人均财政支出(元)	人均可支配收入(元)
全国	13.883	847140.1	60696.13	91469.41	173228.35	10.79	7214.93	5845.81	25923.40
河南	0.9559	44552.83	46608.25	3407.22	8215.52	7.65	3564.41	8594.54	20170.03
河北	0.752	34016.32	45234.47	3233.83	6639.18	9.51	4300.31	6945.48	21484.13
湖南	0.686	33902.96	49421.22	2757.82	6869.39	8.13	4020.15	7186.31	23102.71
湖北	0.5902	35478.09	60111.98	3248.32	6801.26	9.16	5503.76	7115.03	23757.17
山西	0.3702	15528.42	41946.03	1867.00	3756.42	12.02	5043.22	3929.72	20420.01

续表

省（区、市）	人口规模（亿人）	GDP（亿元）	人均GDP（元）	财政收入（亿元）	财政支出（亿元）	财政收入占GDP比重（%）	人均财政收入（元）	人均财政支出（元）	人均可支配收入（元）
内蒙古	0.2529	16096.21	63646.54	1703.21	4529.93	10.58	6734.72	4738.92	26212.23
吉林	0.2717	14944.53	55003.79	1210.91	3725.72	8.10	4456.79	3897.60	21368.32
黑龙江	0.3789	15902.68	41970.65	1243.31	4641.08	7.82	3281.37	4855.19	21205.79
安徽	0.6255	27018.00	43194.24	2812.45	6203.81	10.41	4496.32	6490.02	21863.30
江西	0.4622	20006.31	43284.96	2247.06	5111.47	11.23	4861.66	5347.29	22031.45
甘肃	0.2626	7459.90	28407.84	815.73	3304.44	10.93	3106.36	3456.89	16011.00
贵州	0.358	13540.83	37823.55	1613.84	4612.52	11.92	4507.93	4825.32	16703.65
宁夏	0.0682	3443.56	50492.08	417.59	1372.78	12.13	6123.02	1436.11	20561.66
青海	0.0598	2624.83	43893.48	246.20	1530.44	9.38	4117.06	1601.05	19001.02
陕西	0.3835	21898.81	57102.50	2006.69	4833.19	9.16	5232.57	5056.17	20635.21
四川	0.8302	36980.22	44543.75	3577.99	8694.76	9.68	4309.79	9095.89	20579.82
西藏	0.0337	1310.92	38899.70	185.83	1681.94	14.18	5514.24	1759.54	15457.30
新疆	0.2445	10881.96	44506.99	1466.52	4637.24	13.48	5998.04	4851.18	19975.10
云南	0.4801	16376.34	34110.27	1886.17	5712.97	11.52	3928.70	5976.54	18348.34
重庆	0.3075	19424.73	63169.85	2252.38	4336.28	11.60	7324.81	4536.33	24152.99
广西	0.4885	18523.26	37918.65	1615.13	4908.55	8.72	3306.31	5135.00	19904.76
北京	0.2171	28014.94	129041.64	5430.79	6824.53	19.39	25015.15	7139.38	57229.83
福建	0.3911	32182.09	82286.09	2809.03	4684.15	8.73	7182.38	4900.25	30047.75
广东	1.1169	89705.23	80316.26	11320.35	15037.48	12.62	10135.51	15731.23	33003.29
海南	0.0926	4462.54	48191.58	674.11	1443.97	15.11	7279.81	1510.59	22553.24
江苏	0.8029	85869.76	106949.51	8171.53	10621.03	9.52	10177.52	11111.03	35024.09
辽宁	0.4369	23409.24	53580.32	2392.77	4879.42	10.22	5476.70	5104.53	27835.44
山东	1.0006	72634.15	72590.60	6098.63	9258.40	8.40	6094.97	9685.53	26929.94
上海	0.2418	30632.99	126687.30	6642.26	7547.62	21.68	27470.06	7895.83	58987.96
天津	0.1557	18549.19	119134.17	2310.36	3282.54	12.46	14838.54	3433.98	37022.33
浙江	0.5657	51768.26	91511.86	5804.38	7530.32	11.21	10260.53	7877.73	42045.69

资料来源：根据《中国统计年鉴》（2018）相关数据计算。

从财政收入角度来看，全国财政收入总量为91469.41亿元，各地区财政收入平均值为2950.62亿元。整体来看，三个区域间财政收入水平差距较大，东部地区各省的财政收入水平远大于中部、西部地区。东部地区财政收入平均值为 5165.42 亿元，是西部地区（1462.19 亿元）的 3.53 倍，是中部地区（2373.11 亿元）的 2.18 倍。东部地区中，广东省地方财政收入最高，为 11320.35 亿元，而海南省地方财政收入仅为 674.11 亿元，不到广东省的 6%。这表明同一区域不同省份经济发展状况也存在极大的差异，且东部地区财政收入离散程度最大。财政收入占 GDP 的比重可用来评判一个地区的经济实力。2017 年全国除港澳台外的 31 个省份财政收入占 GDP 比重的平均值为 11.18%，其中，东部地区财政收入占 GDP 比重的平均值为 12.93%，中部地区为 9.46%，西部地区为 11.15%。由此可见，东部地区经济水平比中西部高。整体看，2017 年全国各省份财政收入占生产总值的比重，上海最大，为 21.68%。北京市财政收入占生产总值的比重为 19.39%，居全国第二。河南省财政收入占生产总值的比重最小，仅为 7.65%。分析表 6-19 的数据可知，各省份财政收入占 GDP 的比重相差不大，且大多数 GDP 总量较高的省份，地区财政收入水平也较高。从人均财政收入与人均财政支出水平角度来看，2017 年东部地区人均财政收入普遍高于中西部地区。由表 6-19 可知，上海市人均财政收入为 27470.06 元，全国最高。甘肃省人均财政收入全国最低，为 3106.36 元。2017 年中部 10 个省份中，内蒙古人均财政收入最高，为 6734.72 元。湖北省人均财政收入位居第二，为 5503.76 元。中部地区人均财政收入区间为 3281.37—6734.72 元，西部地区人均财政收入区间为 3106.36—7324.81 元，东部地区人均财政收入区间为 5476.70—27470.06 元。东部地区人均财政收入均值为 12393.12 元，而中部地区为 4626.27 元，西部地区为 5016.25 元，可见东部地区人均财政收入远远高于中西部地区。人均财政支出方面，东部地区最高，中部居中，西部最低。

从居民人均可支配收入来看，中部地区各省份居民人均可支配收入均大于 2 万元。西部地区仅有宁夏、陕西、四川、重庆 4 个省（区、市）略高于 2 万元，其余 7 个省份均小于 2 万元。而东部居民人均可支配收入平均值高达 37067.96 万元。浙江省居民人均可支配收入（42045.69 元）全国最高；其 GDP 总量（51768.26 亿元）也较高，为全国各省份 GDP 平均值（27327.1 亿元）的 1.89 倍。而居民人均可支配收入最少的是西藏，其 GDP 总量与地方财政收入也是全国各省份最少。由此可见，GDP 总量及地方财政收入较多的地区往往居民人均可支配收入也较多，而 GDP 总量及地方财政收入较少的地区往往居民的人均可支配收入也较少。综上，当前我国经济发展中区域发展不平衡、不充分的现象非常突出。

6.6.2 人口年龄规模与年龄结构的地区差异

农村老年人口规模与老年人口赡养系数是影响城乡居保财政投入责任分担机制的重要因素。老年人口赡养系数是指65岁以上人口占劳动力人口（15—64岁）的比重，该系数可以反映某地区的老龄化程度。从总人口规模上看，全国各省份人口平均值为4478.52万，且各省份人口规模相差较大。全国常住人口规模最大的省份为广东省，为11169万；山东省总人口为10006万，居全国第二。从农村人口规模来看，农村人口排名前三的分别是河南省、四川省、山东省，农村人口排名后三的为青海、天津、西藏。通过表6-20可知，2017年我国农村人口占总人口的比重为40.96%，同时，我国各省份农村人口所占比例存在较大差异。值得一提的是，西藏总人口最少，仅为337万，农村人口却达到233万，农村人口占总人口的比重高达69.14%，全国最高。

比较各地区老年人口赡养系数发现，各地区年龄结构存在着较大差距。重庆、江苏、浙江、安徽、四川、山东六省（市）的老年人口赡养系数均超过15%，老龄化程度较高。其中，重庆市是全国唯一超过20%的省份，为22.22%。全国共有6个地区老年人口赡养系数低于10%，分别为中部地区的吉林、黑龙江，西部地区的宁夏、青海、西藏、新疆，人口年龄结构比较年轻。由于城乡居保制度中地方政府需对16—59岁的参保人进行入口补贴，东部地区还需对各省份60岁以上的农村老年人口进行出口补贴，因此，各地区人口规模与结构的差异，会影响不同省（区、市）的城乡居保财政责任负担。中部与西部各省份人口年龄结构相差不大，中部地区老年人口赡养系数平均值为12.5%；西部地区老年人口赡养系数为12.8%，基本与中部地区持平；东部地区老年人口赡养系数最大，为14.6%。其中，江苏省为人口老龄化最严重的地区，老年人口赡养系数为18.79%，其次为浙江（17.73%）、山东（15.93%）、上海（15.33%）。北京老年人口赡养系数最小，仅为11.96%。东部地区老年人口赡养系数极值比仅为1.22，中部地区极值比为2.82，而西部地区为1.93。这说明中部地区各省份老年人口赡养系数波动较大。安徽、湖北、湖南、河南、河北为中部地区老年人口赡养系数较高的地区。安徽省老年人口赡养系数为16.7%，为中部之最。湖南、湖北次之，老年人口赡养系数分别为15.75%，14.05%。结合城乡居保财政投入负担水平可知，河南、湖南、河北三个省份财政投入负担较大，分别是0.497%、0.189%、

0.177%。西部地区老年人口赡养系数较高的为重庆、四川、广西，分别是 22.22%、17.84%、15.90%。由此可见，城乡居保财政负担的大小与老年人口赡养系数的变化密切相关，即城乡居保财政负担较大的地区往往老年人口赡养压力较大。因此，人口结构的变动对城乡居保今后的可持续运行将产生重大影响。

表6-20 2017年我国农村不同年龄段人口规模与结构的地区差异

区域	省（区、市）	总人口（万人）	农村总人口规模（万人）	0—14岁人口所占比重（%）	15—64岁农村人口所占比重（%）	65岁以上人口所占比重（%）	老年人口赡养系数（%）
中部	河南	9559	4764	23.08	67.82	9.1	13.42
	河北	7520	3383	18.06	73.14	8.8	12.03
	湖南	6860	3113	19.11	69.88	11.01	15.75
	湖北	5902	2402	15.02	74.51	10.47	14.05
	山西	3702	1579	17.58	73.81	8.61	11.67
	内蒙古	2529	961	13.98	77.83	8.2	10.53
	吉林	2717	1178	13.61	78.62	7.77	9.88
	黑龙江	3789	1538	13.8	79	7.19	9.11
	安徽	6255	2909	19.58	68.91	11.51	16.7
	江西	4622	2098	23.86	67.99	8.15	11.99
西部	甘肃	2626	1408	19.93	71.36	8.71	12.2
	贵州	3580	1932	27.73	62.78	9.49	15.12
	宁夏	682	287	24.57	69.03	6.4	9.27
	青海	598	281	24.11	69.91	5.98	8.55
	陕西	3835	1657	15.43	75.23	9.34	12.41
	四川	8302	4085	19.01	68.73	12.26	17.84
	西藏	337	233	26.94	67.48	5.57	8.26
	新疆	2445	1238	23.73	70.7	5.57	7.88
	云南	4801	2559	22.67	69.45	7.88	11.34
	重庆	3075	1105	20.18	65.31	14.51	22.22
	广西	4885	2481	24.25	65.35	10.39	15.9
东部	北京	2171	293	9.16	81.14	9.71	11.96
	福建	3911	1377	16.81	73.23	9.97	13.61
	广东	11169	3367	22.88	67.78	9.34	13.78
	海南	926	389	22.02	68.7	9.27	13.49
	江苏	8029	2508	14.13	72.29	13.58	18.79
	辽宁	4369	1420	13.71	75.96	10.33	13.6

续表

区域	省（区、市）	总人口（万人）	农村总人口规模（万人）	0—14岁人口所占比重（%）	15—64岁农村人口所占比重（%）	65岁以上人口所占比重（%）	老年人口赡养系数（%）
东部	山东	10006	3944	16.63	71.91	11.45	15.93
	上海	2418	297	8.68	79.18	12.14	15.33
	天津	1557	266	15.18	75.67	9.15	12.1
	浙江	5657	1810	13.84	73.19	12.97	17.73

注：老年人口赡养系数是某一国家或地区老年人口与劳动年龄人口的比值。目前，国际上将65岁及其以上的人口定义为老年人口。15—64岁为劳动人口。

资料来源：根据《中国统计年鉴》（2018）相关数据计算。

6.7 本章小结

各级政府对城乡居保承担财政投入责任，充分体现了中央政府对城乡社会保障事业的高度重视。同任何社会事业一样，筹资问题是城乡居保面临的最大挑战之一，决定了未来城乡居保中政府财政责任的可持续性，而城乡居保财政投入责任分担机制更是筹资问题的重中之重。上级政府的补助金承担着矫正财政错配、消除公共服务空间外部性等多种功能，但是最重要的功能是实现再分配，尤其是发挥促进地方政府财力均等化的功效，从而使不同地方政府均能为城乡居民提供大致均等的城乡居保公共服务。

本章以城乡居保财政投入多级分担问题为切入点，重点探讨了城乡居保财政投入责任分担机制的类型，评估不同类型的城乡居保财政投入责任分担机制的均等化效应。目前，城乡居保财政投入是由中央、省、市、县等多级财政共担。中央政府主要负责补贴最低标准基础养老金，对东部和中西部地区分别采取差异化的补贴政策。梳理地方政府城乡居保财政投入责任分担机制，归纳总结出三类筹资分担模式——"一视同仁"型、"区别对待"型和"相机行事"型。通过评估中央和地方政府城乡居保财政投入责任分担机制发现，不论是中央政府对省级政府的财政补助，还是省级政府对市、县政府的财政补助，多数难以有效实现政府层级间财政投入的均等化，导致各地政府城乡居保财政负担"苦乐不均"问题。在此基础上，进一步深入分析现行城乡居保财政投入责任分担机制问题产生的原因。

为确保实现城乡居保制度横向均等化的目标，提出以下政策建议：

第一，建立和完善相应的横向转移支付制度，设计规范化、制度化的筹资责任分担政策。横向转移支付制度主要是财政收支良好地区向财政收支较差地区的转移支付。就城乡居保而言，制定财政投入责任分担机制时，比较合理和科学的方法是，上级政府以基层政府的行政区域内的财政收入、农业人口规模、人均财政收入等一系列客观经济社会指标作为关键参数，通过制定补助计发公式来确定补助金额。

第二，加强城乡居保制度的顶层设计，明确并统一地方财政投入责任。8号文对城乡居保参保缴费补贴相对笼统的规定，导致我国各级政府制定的城乡居保地方政府财政补贴筹资责任分担机制呈现出"一省一策"的现象，各地城乡居保出现严重的"碎片化"格局。因而，急需从全国层面建立国家财政补贴的地区调整机制，对地区财政能力做出客观评价，对缴费补贴能力不足的地区给予扶助，促进城乡居保制度的整体发展。建立规范化和制度化的责任分担机制，消除"碎片化"格局，促进城乡居保的横向均等化。

第三，合理分担对贫困地区的城乡居保缴费补贴，确保"应保尽保"目标的实现。受财政体制、区域经济环境等诸多因素影响，贫困地区的财政运行质量下降，运行压力不断增加。在推行城乡居保制度的过程中，贫困地区的地方政府通常难以支付城乡居保参保对象缴费补贴，也无力为城乡缴费困难群体代缴养老保险费，严重影响城乡居保"应保尽保"目标的实现。在此情形下，中央政府理应对贫困地区的城乡居保缴费补贴给予分担，加强对贫困地区的财政补助。具体而言，中央财政可依照贫困地区的经济发展水平、财政收入、农业人口规模等指标分担国家贫困县全额或部分城乡居保缴费补贴，保障贫困地区缴费补贴及时到位。

7

城乡居保财政投入责任分担机制改革

从目前城乡居保制度的运行实践来看，城乡居保财政投入分担机制设计不合理的负面效应已经凸显，主要表现为政府财政投入的不稳定性和财政投入责任分担带来的政府财政投入负担的非均衡性，严重损害了城乡居保财政投入的稳定性。鉴于此，为优化城乡居保财政投入责任分担机制，本章以城乡居保财政投入方式为着眼点，在分析城乡居保基础养老金财政投入和个人账户财政投入功能与问题的基础上，扎根城乡居保制度结构，变革城乡居保财政投入方式，将城乡居保统筹账户与个人账户分离，转变为名副其实的非缴费型基础养老金制度。在此基础上，设计非缴费型基础养老金财政投入责任分担机制，在确保基础养老金均等化的前提下，实现纵向政府间财政投入事权和财力的匹配。

自政府明确城乡居保财政投入责任以来，围绕城乡居保财政投入政策，学界的研究重心主要集中在以下三个方面：一是探讨城乡居保财政投入方式；二是通过量化分析研究城乡居保财政投入的可持续性；三是评估城乡居保财政投入的效果。整体来看，现有文献关注城乡居保财政投入责任分担机制的文献相对比较少。丁煜指出，新农保实施时中央财政按东部和中西部划分的财政补助方式对东部地区部分省份不公平[1]。姚槿曦认为地方政府承担的新农保财政投入事责较重，应加强中央政府的转移支付[2]。朱火云、胡翰潮以温州市为例，测算了省、市、县三级财政分担比例，研究发现县级政府负担能力不均衡，需

---

[1] 丁煜. 新型农村社会养老保险制度的缺陷与完善 [J]. 厦门大学学报（哲学社会科学版），2011（3）：32-40.
[2] 姚槿曦. 加大公共财政投入实现农村养老保险基本公共服务均等化：以广州市农村养老保险制度变迁为例 [J]. 特区经济，2013（11）：119-122.

要进一步合理划分各级财政负担①。王敏指出我国地方政府的补贴负担过重，特别是县级财政负担较重，除承担缴费补贴、附加基础养老金外，县级政府还承担隐形责任，如超过"平均余命"个人账户养老金的发放②。可见，上述文献已开始关注城乡居保财政投入责任分担问题，特别是政府层级间财政负担不均衡的问题。整体而言，当前学界对城乡居保财政投入责任分担问题的研究仍不够深入。因而，在前人研究的基础上，本章尝试从城乡统筹和顶层设计的整体观来研究政府层级间的财政投入责任分担问题，依据财政投入事权与财力匹配的视角来优化城乡居保财政投入责任分担机制，以确保城乡居保公共服务的均等化。

7.1 现行城乡居保财政投入方式的困境

城乡居保财政投入方式直接决定了财政投入资金使用用途和方向。这不仅决定了城乡居保财政投入责任分担的形式，而且直接影响了城乡居保财政投入责任分担机制的运行效率。因而，完善城乡居保财政投入责任分担机制，需要审视财政投入方式的合理性。

7.1.1 现行城乡居保财政投入方式的内容

养老保险财政投入方式主要分为两类：一是财政扮演"托底"的角色，即当养老保险基金收不抵支时，政府财政补贴资金填补缺口，保证养老保险基金收支平衡，如我国城镇职工基本养老保险补贴。二是财政作为筹资主体直接对养老保险进行补贴，如在城乡居保制度中，财政直接补贴资金和个人缴费共同进入个人账户，政府直接承担最低标准基础养老金。政府财政的直接投入是制度的最大亮点，从表7-1可以看出，城乡居保财政投入主要包括两部分：入口环节补贴和出口环节补贴。入口环节补贴又称个人账户补贴，主要是政府对参保人缴费给予的补贴，目前城乡居保规定补贴标准不低于每人每年30元，

---

① 朱火云，胡翰潮. 地方政府城乡居民养老保险财政负担与分担：基于浙江省温州市的研究 [C]. 全面深化改革：战略思考与路径选择：北大赛瑟（CCISSR）论坛文集，2014.

② 王敏. 城乡居民基本养老保险财政补贴政策研究 [J]. 中央财经大学学报，2017（12）：12-21.

财政补贴主要由地方政府负担。出口环节补贴，是政府为符合领取城乡居保待遇资格的参保人全额支付最低基础养老金，最低标准财政补贴资金主要由中央政府负担。对于中西部地区，财政补贴完全由中央政府负担；对于东部地区，中央政府负担一半，另一半由东部地区负担。

表7-1　　　　　　　　城乡居保制度的财政投入情况

财政补贴	补贴对象	中央财政	地方财政
入口环节：个人账户补贴	一般缴费群体	不补	补贴标准：不低于30元/人·年
	缴费困难群体	不补	代缴部分或全部养老保险费；补贴标准：不低于30元/人·年
出口环节：最低标准基础养老金补贴	中西部地区	全部补助	不补
	东部地区	补助一半	补助一半
	附加基础养老金	不补	全部补助

资料来源：根据《国务院关于建立统一的城乡居民基本养老保险制度的意见》整理而得。

7.1.2　城乡居保基础养老金财政投入的功能与问题

7.1.2.1　城乡居保基础养老金财政投入的功能分析

从制度模式考量，城乡居保和企业职工基本养老保险两者均实行"统账结合"的方式，且两项制度采用相同的养老金待遇支付政策。然而，辨析两项制度的内容设计，发现两者尽管形似，却存在本质的差别，而这种差别主要体现在基础养老金政策方面。从资金来源渠道和属性看，城乡居民基础养老金采取公共财政补贴的预算模式，社会统筹账户实际成为一个虚账户，而职工基本养老保险的社会统筹部分是一个实账户（何晖、殷宝明，2012）[①]。因而，城乡居民基础养老金是以一般税收为支撑的、普惠式的收入保障制度，并不强调权责对等关系（李珍，2010）[②]，而享受城镇职工基础养老金必须以缴费为前提，强调权利与义务对应。Rosen（2001）认为公共物品是那些提供给社会全体成员共同享用的而且不具有消费竞争性和受益排他性的物品，其中非排他

[①] 何晖，殷宝明."新农保"基础养老金计发办法与筹资机制研究［J］.中国软科学，2012（12）：68-77.

[②] 李珍，王海东，王平.中国农村老年收入保障制度研究［J］.武汉大学学报（哲学社会科学版），2010（5）：679-687.

性、非竞争性和不可分割性是公共产品的三个基本特征①。相比城镇职工基础养老金，城乡居民基础养老金是一项以国民身份为资格条件的、普惠式的制度安排，具有显著的非排他性特征。由于财政资源的稀缺性，尽管城乡基础养老金具有一定的竞争性和拥挤性，但非排他性是区别公共物品与私人物品的一个显著特性，因而，城乡居民基础养老金具有公共物品的属性，而城镇职工基础养老金的私人物品属性较为显著。作为一项重要的公共品，城乡基础养老金不仅具有缓解城乡老年贫困、维护社会稳定的直接效用，而且具有缩小城乡差距的间接效用。城乡居民基础养老金的效用无疑使其产生相当程度的外溢性。同时，绝大多数的公共物品和公共服务都有其特定的受益区域（Spatial Limitation Benefit Incidence），没有绝对无限的空间范围（王纬，2013）②。社会成员是否从某一公共物品的提供中受益以及受益程度的大小，受到地理等因素的影响，从而产生公共服务空间外部性问题。从受益范围来看，由于农村基础养老金的外溢性相当显著，农村基础养老金属于全国性公共物品（National Public Goods）的范畴（海龙，2016）③。通过上述分析可知，城乡居保基础养老金是一项重要的公共物品，因而，需要政府财政的投入。享受公共物品是所有城乡居民的基本权利，由税收支撑的基础养老金的主要功能在于实现公平。这种公平应主要体现在以下两个方面：一是全国所有城乡居民能够享受大致均等的公共服务。二是城乡居民基础养老金的待遇水平公平，这种公平并非要求城镇职工和城乡居民基础养老金数额相等，而是基础养老金保障效果公平，即基础养老金具备保障城乡居民生存需要的功能，更多体现为基础养老金替代率的一致。

7.1.2.2 城乡居保基础养老金财政投入存在的问题

从城乡居保基础养老金财政投入运行效果看，财政投入公平性不足，这主要体现为城乡居保基础养老金待遇水平区域非均等化现象突出且待遇水平较低。当前，我国省际基础养老金水平不平衡现象突出，致使城乡居保财政投入陷入公平性不足的困境（见表7-2）。从城乡居保基础养老金的绝对水平来看，2018年人社部上调全国最低基础养老金标准，从之前的每人每月70元，

---

① Rosen, H. S., Public Finance (6th Edition). New York: McGraw-Hill/Irwin, 2001.
② 王纬. 地方财政学 [M]. 北京：北京大学出版社，2013.
③ 海龙. 我国农村居民基础养老金的属性、困境及优化方略 [J]. 宏观经济研究，2016 (8): 49-55.

提高至每人每月 88 元。2018 年上海市基础养老金发放标准全国最高，达到每人每月 930 元；北京市城乡居保基础养老金标准位居第二位，为每人每月 705 元。当年中部地区的河北省、湖南省、山西省、黑龙江省，西部地区的贵州省，基础养老金标准最低，为每人每月 98 元，仅比全国基础养老金最低标准高 10 元。2018 年上海基础养老金标准是河北、山西等省的 9.49 倍。从城乡居保基础养老金的相对水平即基础养老金替代率水平看，2018 年上海市的城乡居民基础养老金替代率最高达到 36.74%，湖南省和浙江省两省的替代率水平较低，分别为 3.20% 和 3.35%，上海市的替代率水平是湖南省的 11.48 倍。从区域来看，中部地区基础养老金替代率平均水平为 9.02%，西部地区为 13.54%，东部地区的为 13.99%，去除上海和北京之后，东部地区的替代率水平为 10.33%。从分区域的城乡居保基础养老金替代率水平看，基础养老金替代率水平呈现出"西高中低"的现象。综上，不论是基础养老金的绝对数额，还是相对水平，我国城乡基础养老金均表现出区域不平衡特征。

表 7-2　　2018 年我国城乡居保基础养老金标准及其替代率

区域	省（区、市）	2018 年基础养老金（元）	2018 年农村人均可支配收入（元）	2018 年城镇人均可支配收入（元）	农村养老金替代率（%）	城镇养老金替代率（%）
中部	河南	103	13830.74	31874.19	8.94	3.88
	河北	98	14030.89	32977.18	8.38	3.57
	湖南	98	14092.51	36698.25	8.34	3.20
	湖北	103	14977.82	34454.63	8.25	3.59
	山西	98	11750.01	31034.80	10.01	3.79
	内蒙古	128	13803.00	38305.00	11.13	4.01
	吉林	103	13748.17	30171.94	8.99	4.10
	黑龙江	98	13803.65	29191.00	8.52	4.03
	安徽	105	13996.02	34393.08	9.00	3.66
	江西	105	14459.89	33819.40	8.71	3.73
西部	甘肃	103	8804.13	29957.00	14.04	4.13
	贵州	98	9716.10	31591.93	12.10	3.72
	宁夏	143	11708.00	31895.00	14.66	5.38
	青海	175	10393.34	31514.53	20.21	6.66
	陕西	103	11212.84	33319.25	11.02	3.71

续表

区域	省（区、市）	2018年基础养老金（元）	2018年农村人均可支配收入（元）	2018年城镇人均可支配收入（元）	农村养老金替代率（%）	城镇养老金替代率（%）
西部	四川	100	13331.38	33215.91	9.00	3.61
	西藏	180	11450.00	33797.00	18.86	6.39
	新疆	140	11975.00	32764.00	14.03	5.13
	云南	103	10767.91	30995.88	11.48	3.99
	重庆	115	13781.00	34889.00	10.01	3.96
东部	北京	705	34951.00	43512.00	24.21	19.44
	福建	118	17821.19	42121.31	7.95	3.36
	广东	148	17167.74	44340.97	10.34	4.01
	广西	116	12435.00	32436.00	11.19	4.29
	海南	178	13988.88	33348.65	15.27	6.41
	江苏	148	20845.07	47199.97	8.52	3.76
	辽宁	108	14656.33	37341.93	8.84	3.47
	山东	118	16297.00	39549.43	8.69	3.58
	上海	930	30375.00	68034.00	36.74	16.40
	天津	295	23065.00	42976.00	15.35	8.24
	浙江	155	27302.37	55574.31	6.81	3.35

注：城乡养老金替代率＝基础养老金×12/城乡人均可支配收入。

资料来源：内蒙古、天津、上海、广西、北京、重庆、新疆、西藏、宁夏、黑龙江数据来自省（区、市）政府公报，其余省份数据来自2019年《中国统计年鉴》。

7.1.3 城乡居保个人账户财政投入的功能与问题

7.1.3.1 城乡居保个人账户财政投入的功能

"社会统筹＋个人账户"的统账结合模式是我国城镇职工基本养老保险制度的关键构件。社会统筹具有社会再分配的性质，强调社会公平。我国引入个人账户的初衷主要在于强化参保个人的责任，通过多缴多得的激励机制，应对人口老龄化问题。目前，城镇职工个人账户空账运行问题广受诟病。部分学者认为个人账户制度是低效率的制度。李珍（2013）认为在目前中国人口和经济增长水平的条件下,个人账户积累制度是一个比现收现付制度成本更高的制度①。目前,城乡居保同样采用统账结合的模式,统筹账户具有普惠特征,注重公平。城乡居保与城镇职工基本养老保险的个人账户的共性在于:城乡居保强化参保个人的责任,提升制度效率。同时,与城镇职工基本养老保险个人账户最大的差别在于:城乡居保个人账户有财政补贴,即政府对参保者实施相应额度的财政补贴。公共财政对个人账户补贴主要有以下方面的考虑:一是激励城乡居民参保和选择高缴费档次参保。城乡居保制度采取自愿参保的原则,在此背景下,为鼓励城乡居民参保,政府财政为参保居民配套的资金,一并进入参保者个人账户。从32号文件和8号文件的规定来看,参保者个人缴费越多,财政补贴配套资金就越多。二是提升个人账户的养老金待遇水平。与城镇职工不同,城乡居民没有用人单位缴费。为此,政府财政补贴在某种程度上填补了用人单位缴费的空缺。从目前个人账户补贴标准看,个人账户财政补贴的标准比较低,提升个人账户养老金待遇水平的效果并不明显。城乡居保个人账户财政补贴的主要功能在于激励参保效应。

7.1.3.2 城乡居保个人账户财政投入存在的问题

从理论上看,个人账户财政补贴能够起到提高制度效率,提升城乡居民参保质量的效果。然而,在具体的实践中,个人账户财政补贴的激励效应并不明显,而且衍生出一系列的问题。

(1) 个人账户财政投入的负向激励效应。从逻辑上讲,个人账户本身就是一种激励制度,政府又通过财政补贴的形式进一步激励农村居民参保和选择更高的缴费档次②。然而,从实际的参保情况来看,个人账户财政补贴的激励效应比较差,城乡居民普遍选择低档次缴费标准参保,缴费档次"就低不就高"的逆向选择现象普遍。中国社会保险报告的数据显示,2011年城乡居民基本养老保险个人平均缴费标准为177.59元,2012年降至169.78元,2016年增长至205.75元,6年间仅增长了15.86%。2018年笔者对河南省新乡市××县的调研数据显示,2015—2018年该县选择100元缴费档次参保的比重分别为98.38%、98.11%与97.79%。赵建国、海龙(2013)的研究结果显

---

① 李珍. 基本养老保险制度分析与评估:基于养老金水平的视角[M]. 北京:人民出版社, 2013:25.

② 李珍,王海东,王平. 中国农村老年收入保障制度研究[J]. 武汉大学学报(哲学社会科学版), 2010(5):679-687.

示个人账户财政补贴机制陷入负向激励的困境,该负向激励效应扭曲了农村居民选择与其支付能力相适应的缴费标准参保的行为,诱发并加剧了逆向选择行为①。

(2) 个人账户财政投入的可持续性问题。林义(2009)认为新农保制度中,中央政府能够承担基础养老金财政支出,但部分贫困地区的政府存在支付新农保财政补贴的风险。城乡居保制度规定对于参保的农村居民给予每人每年不低于30元的财政补贴,个人缴费和财政补贴一并存入个人账户。目前城乡居保制度主要以县(区)为统筹单位,由于个人账户补贴具有财政刚性的约束,县级政府面临着财政不可持续的风险。特别是农业大县,经济发展水平较差,农业人口往往比较多,而税源较为匮乏,县级财政往往面临财政投入不可持续的问题。笔者在河南省新乡市WB区城乡居民基本养老保险中心调研发现,县(区)财政压力比较大。在调研访谈中,该中心负责人提到:"2017年区财政为独女户、双女户、建档立卡贫困户、重度残疾人员等困难群体缴纳参保养老金补助将近200万元。同时,为确保城乡居保制度惠及广大群众,中心在每个村设置了村级协管员,人口大村的协管员工资为每人每月300元,小村协管员工资为每人每月200元。据我们了解,部分县(区)城乡居保中心协管员的工资已很难兑现,我们区里暂时还能发放。区里财政负担很重。"调研过程中发现,县(区)政府不仅要为困难群体缴费,而且要承担城乡居保经办机构的办公经费,部分财政实力较弱的县(区)的财政投入持续性堪忧。

(3) 多缴多得的个人账户财政补贴机制有悖于社会公平。个人账户财政补贴主要由地方政府负担,其目标在于引导和激励城乡居民选择更高缴费档次。8号文件规定,针对参保居民选择不同的缴费档次,采取差异化的财政补贴政策。具体而言,针对选择较低标准缴费档次参保的,确保补贴标准高于每人每年30元。对于自主选择高缴费标准档次参保的,要给予一定的激励,如选择高于500元的缴费档次,配套补贴标准增加至不低于60元。各地区可结合实际确定具体的补贴办法②。可见,个人账户财政补贴属于"累进补贴",参保者选择的缴费档次越高,获得配套的财政补贴数额就越高。个人账户累进式的投入方式无疑会带来逆向再分配问题,主要表现在以下两个方面:第一,

---

① 赵建国,海龙."逆向选择"困局与"新农保"财政补贴激励机制设计 [J],农业经济问题,2013 (9):77-84,111.

② 国务院办公厅.关于建立统一的城乡居民基本养老保险制度的意见 [EB/OL]. http://www.gov.cn/zhengce/content/2014-02/26/content_8656.htm, 2019-7-23.

加大参保者和未参保者之间的收入差距。目前城乡居保采取自愿参保的原则，部分城乡居民受收入较低制约，无法参保，无法获得参保缴费补贴和领取基础养老金，而这部分低收入群体恰恰最需要养老保障，却被排斥在城乡居保制度之外。而收入较高的参保者能享受政府财政补贴，这显然有悖于财政补贴的初衷。第二，拉大低档次参保者和高档次参保者的收入差距。以河南省为例，河南省城乡居保制度共设置了 200—1000 元（每 100 元一档）、1500 元、2000元、2500 元、3000 元、4000 元和 5000 元，共 15 个缴费档次。其中：选择200—400 元参保，政府财政分别补贴 30 元、40 元、50 元；500—1000 元每增加一档提升 20 元；1500 元补贴 190 元；1500—5000 元每增加一档提升 30 元；5000 元的参保补贴达到了 340 元。城乡居民选择 5000 元最高缴费档次获得的财政补贴是选择最低缴费档次获得的补贴的 11.33 倍。显而易见，个人账户累进补贴方式实际上更有利于中高收入群体，参保的中高收入群体成为参保的最大赢家。该财政投入方式实际上补贴了缴费能力更强的人，违背了财政补贴促进社会公平的初衷[1]。

（4）个人账户财政补贴难以保值增值，且资金利用率低。目前城乡居保个人账户坚持实账运行。作为养老金体系的重要组成部分，在缴费既定的情况下，基金的收益率是基金收支平衡最重要的决定因素。在人口老龄化的背景下，基金积累财务制度比现收现付制度更为优越的前提是，GDP 及总收入增长率要低于基金收益率，否则完全积累制并无效率而言[2]。当前，个人账户储存额参考中国人民银行公布的金融机构人民币一年期存款利率计息。2019 年 7月我国四大国有银行的一年期存款利率为 1.75%，低于当前的通货膨胀水平。国家统计局数据显示，2019 年全年，全国 CPI（居民消费价格指数）比上年度上涨 2.9%。从 2019 年月度居民消费价格涨跌幅度看，全年基本表现出上涨态势。2019 年 1 月 CPI 同比上涨 1.9%，12 月 CPI 同比涨幅扩大到 4.5%。值得注意的是，食品的消费价格涨幅较大。其中，畜肉类消费价格同比上涨66.4%，鲜菜价格同比上涨 10.8%，食用油价格上涨 4.8%[3]。可见，由政府财政补贴和个人缴费共同形成的个人账户基金面临无法保值的风险，个人账户

---

[1] 王雯. 城乡居民基本养老保险财政补贴机制研究 [J]. 社会保障研究，2017（5）：3–13.
[2] 李珍. 社会保障理论（第三版）[M]. 北京：中国劳动社会保障出版社，2013：204.
[3] 2019 年 12 月份居民消费价格同比上涨 4.5%，中华人民共和国中央人民政府网站 [EB/OL]. http：//www.gov.cn/xinwen/2020 – 01/09/content_5467749.htm，http：//www.stats.gov.cn/tjsj/sjjd/201907/t20190717_1676908.html，2019 – 7 – 20.

的财政补贴资金持续缩水,资金利用效率非常低。从表 7-1 可以看出,财政补贴既补出口,又补进口。财政两头补的模式不仅增加了财政补贴资金的管理成本,而且分散了财力①。城乡居保规定参加城乡居保的周期通常不低于 15 年。在长达 15 年的周期中,个人账户的财政补贴资金一直处于"睡大觉"的状态,沉淀的财政补贴资金的效率非常低。同时,8 号文件规定,个人账户资金余额可以依法继承,这意味着个人账户财政补贴资金并未真正用于养老,这在一定程度上造成了财政补贴资金的浪费。

7.2 非缴费型基础养老金制度的确立

基于上述分析不难发现,从理论上来看,现行城乡居保财政投入方式与责任分担机制充分实现了公平与效率的有机结合。主要由中央政府负担的基础养老金面向所有 60 岁及以上的城乡老年人,彰显社会公平;完全由地方政府负担的个人账户财政补贴激励参保者多缴多得,更多体现效率。然而,现实情况是完全由政府财政投入的基础养老金尚未实现公平的目标,而个人账户财政投入不仅出现效率损失,还违背了社会公平。前面提及,无论是中央政府还是地方政府,城乡居保财政投入责任分担机制尚未实现财力与事权的匹配与公共服务的均等化,需要对现行城乡居保财政投入方式进行改革。

7.2.1 城乡居保财政投入方式改革

财政投入方式直接决定城乡居保财政投入资金的流向,影响投入资金的使用功能,城乡居保财政投入方式的改革可谓牵一发而动全身。因而,变革城乡居保财政投入方式,需要充分把握城乡居保制度的特征和目标。

7.2.1.1 城乡居保制度的主要特征

厘清城乡居保制度结构、把握城乡居保制度特征是变革的前提。国务院 32 号文件确立了城乡居保采取"社会统筹+个人账户"的基本框架,2011 年的城乡居民基本养老保险也沿用了社会统筹与个人账户相结合的模式。从

---

① 沈在春. 直击新农保三"软肋"[J]. 中国人力资源社会保障, 2010 (5): 35-36.

表7-3可以看出,新型农村社会养老保险和城镇居民基本养老保险的制度结构特征基本一致,2014年两项制度合并为统一的城乡居民基本养老保险。从制度结构来看,新型农村社会养老保险与城镇职工基本养老保险二者均采用社会统筹与个人账户相结合的模式,仔细分析发现二者"形似而神不同"。在城镇职工基本养老保险的"社会统筹与个人账户"制度中,企业缴费与职工收入关联,企业缴费形成社会保险基金并在退休人口中进行再分配,是一个典型的社会保险制度,所以城镇职工的养老保险制度可以看成是"社会养老保险+个人账户制度"[1]。32号文件规定,新农保基础养老金的资格条件是年满60周岁、未享受城镇职工基本养老保险待遇的农村有户籍的老年人。1997年《国务关于建立统一的企业职工基本养老保险制度的决定》(国发26号文件)明确规定:退休职工领取基础养老金的必要条件是参保年限不低于15年。参保缴费年限低于15年,参保人仅能领取个人账户养老金[2]。2005年《国务院关于完善职工基本养老保险制度的决定》(国发38号文件)在26号文件的基础上,规定退休时的基础养老金月标准以当地上年度在岗职工月平均工资和本人指数化月平均工资的平均值为基数,缴费每满1年发给1%[3]。可见,城乡居保基础养老金更强调普惠性,以国民身份为资格条件。领取城镇职工基本养老保险基础养老金的资格以参保缴费为前提,更强调权利与义务的对等。城乡居保制度的社会统筹账户形成的基础养老金完全由政府财政负担,且基础养老金的获取主要以年龄为资格条件,更多体现为无差异化的国民待遇,并不强调权利与义务的关系。

表7-3　　　　　　我国不同养老保险制度的主要特征

养老金制度	城镇职工基本养老保险	新型农村社会养老保险	城镇居民基本养老保险
建立时间	1951年；1997年后完善	2009年开始试点	2011年开始试点
参保对象	城镇企业职工	年满16周岁的农村居民(未参加城镇职工基本养老保险)	年满16周岁的城镇居民(未参加城镇职工基本养老保险)

---

[1] 李珍,王海东,王平. 中国农村老年收入保障制度研究 [J]. 武汉大学学报(哲学社会科学版),2010 (5):679-687.

[2] 国务院. 国务院关于建立统一的企业职工基本养老保险制度的决定 [EB/OL]. http://www.gov.cn/ztzl/nmg/content_412509.htm,2019-7-2.

[3] 国务院. 关于完善企业职工基本养老保险制度的决定 [EB/OL]. http://www.gov.cn/zhuanti/2015-06/13/content_2878967.htm,2019-7-2.

续表

养老金制度	城镇职工基本养老保险	新型农村社会养老保险	城镇居民基本养老保险
个人账户	个人工资的8%	个人缴费+政府补贴	个人缴费+政府补贴
统筹账户	社会平均工资的20%	政府财政	政府财政
是否强制	强制	自愿	自愿

资料来源：根据相关政策法规整理而得。

7.2.1.2 城乡居保财政投入改革："两头补"变为"仅补出口"

结合上述分析，从图7-1来看，现行城乡居保财政投入方式的效果并不理想，地方财政投入是城乡居保个人账户资金的主要来源，但是财政投入激励居民多缴多得的激励效果不仅没有达到，反而出现逆向补贴、投入资金贬值等系列问题。城乡居保地方财政投入资金如同进入"漏桶"，出现效率和公平双重损失。同时，城乡居保社会统筹账户资金主要来源于中央财政投入，现实问题是财政资金支撑的基础养老金水平难以有效保障城乡老年人的生存需要，且各省的基础养老金替代率存在较大的差别。中央财政投入支持的基础养老金公平不足，主要是由以下两个方面造成的：第一，政府财政事权尚未充分落实。第二，中央政府财政投入和地方财政投入的分散投资，导致有限的财政投入资金未形成合力。

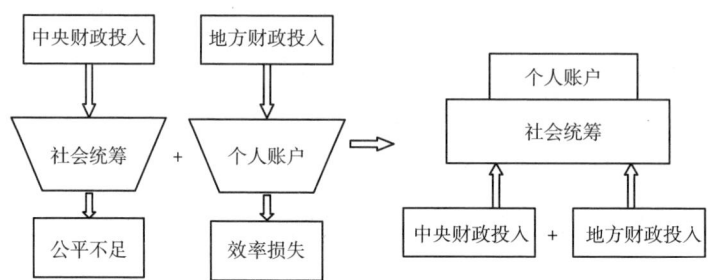

图7-1 城乡居保财政投入优化示意图

改革现行城乡居保财政投入方式的关键在于个人账户财政投入政策的调整。城乡居保个人账户财政补贴方式的失灵一方面在于累进式的财政补贴政策诱发不公平，另一方面在于个人账户制度设计中个人账户较低的记账利率造成财政补贴资金的浪费。可见，城乡居保财政投入方式的改变牵一发而动全身，需要从整体观的视角来提升城乡居保财政投入资金运行效率。具体来讲，应在完善城乡居保统账结合模式的前提下,将财政投入由"两头补"变为"出口补",进而调整财政投入的方向。

城乡居保统账相结合的模式主要沿袭了城镇职工基本养老保险制度。近些年来,由于城镇职工基本养老保险个人账户基本处于空账运行的状态,学界对个人账户制度的存废有较大的争议。有学者建议采取名义账户制,也有学者认为应该坚持统账分离,因为名义账户制削弱了社会保险的互济功能。针对城乡居保个人账户,李珍(2010)认为新农保个人账户有一些难以克服的缺点,这些缺点将导致制度无效。1992年的传统农村社会养老保险就是最好的例证。有学者认为,传统农保失败的原因是没有政府的资金支持,新农保一定会成功,因为它有政府的支持。其实,传统农保失败的原因是它在低费率、低收益率下的个人积累账户性质。如果说当初每人每月2元(一年24元)保费的个人账户制度不能起作用的话,如今一年100元保费的个人账户仍然不能起作用。如果说新农保会成功的话,那起作用的一定是政府转移支付的基础养老金而不是个人账户养老金,只是两者被捆在一起,我们不易区分罢了①。董克用、施文凯(2019)认为我国城乡居民养老保险实质上是一种混合制度,是公共养老金与个人养老金的组合,也是现收现付和完全积累的组合。城乡居民养老保险的社会统筹与个人账户在产品属性和运行机制等方面是相冲突的,而统账结合模式将公共物品同私人物品捆绑在一起,是个人账户社会公平困境产生的根源所在②。前面已提及,城乡居保与城镇职工基本养老保险的统账结合存在实质性的区别,且学界已对城乡居保基础养老金的普惠福利属性达成共识。在此背景下,应顺势将捆绑的"社会统筹+个人账户"分离,社会统筹账户形成普惠式的非缴费型公共养老金制度,个人账户建成个人缴费的第三支柱,进而搭建起产权清晰、功能明确的多层次农村养老保障制度,具体如图7-1所示。

在社会保障领域,相较于制度的形式统一,制度的实际效果更重要,实现全民有保障比实现全民有保险更可取。但是现实情况是,人们更容易观察和感知的是制度的形式,并以此评价制度。人们对制度有无、制度形式同一的关注度大大高于对制度实际效果的关注度,并进一步将制度形式的同一和基本公共

---

① 李珍,王海,王平. 中国农村老年收入保障制度研究[J]. 武汉大学学报(哲学社会科学版),2010(5):679-687.
② 董克用,施文凯. 从个人账户到个人养老金:城乡居民基本养老保险结构性改革再思考[J]. 社会保障研究,2019(1):3-12.

服务均等化、城乡统筹、社会公平联系起来。这也就不难理解为什么对城乡居民这样一个与就业者有着不同特征的群体也采取了社会保险的方式提供保障。在全民保险的思路下，不可避免会遇到经济能力较弱的贫困群体无力缴费的问题。为了解决这一问题，城乡居保制度采取了自愿原则和财政补贴机制，虽然为城乡居民提供了一定的老年收入保障，但是产生了新的问题，如财政投入资金不可持续、逆向选择、逆向再分配、低效率高成本等，不能实现全覆盖、保基本这样的目标。城乡居民老年收入保障体系是个多支柱体系，各个支柱有不同的功能定位和特点。城乡居民基本养老保险制度为了实现"保基本"的目标，在养老保险的制度要素中加入了财政补贴要素。社会保险和社会福利被嫁接在一个制度中，产生了许多问题。其实质就是在理念上过于重视社会保险，试图通过全民保险来实现全民保障，忽视其运作的基本条件，即参保人的持续缴费能力，忽视了社会保险精算平衡的理论基础①。可见，变革城乡居保财政投入方式，中央和地方财政投入资金聚焦于补出口，确立非缴费型基础养老金制度是较为理想的选择。

7.2.2 确立统账分离的非缴费型基础养老金制度

目前，社会各界对城乡居保财政投入已达成广泛共识，问题的关键是城乡居保财政投入方式如何更为科学与合理。城乡居保社会统筹与个人账户是财政投入资金的载体，城乡居保统账结合模式裂变为普惠式的非缴费型养老金制度，这要求城乡居保财政投入方式进行相应的转变。

7.2.2.1 非缴费型基础养老金制度的内容

城乡居保统账分离后，基础养老金独立成为非缴费型养老金的"零支柱"，即国民养老金或社会养老金，给老年人提供最低水平的养老金待遇，目的在于满足城乡老年人基本生存需要，消除贫困。城乡居保个人账户转变为自愿性养老储蓄计划，旨在提升养老金水平。可见，统账分离后的非缴费型养老金制度产权明晰，非缴费型基础养老金成为保障全体城乡老年人生存需要的公共物品，是一项由政府提供的应对人口老龄化、提高城乡居民老年收入水平的基本公共服务。享有基本公共服务是公民的基本权利，保障人人享有基本公共

---

① 王雯. 城乡居民基本养老保险财政补贴机制研究［J］. 社会保障研究，2017（5）：3-13.

服务是政府的重要职责①。因而，国家应全面负责非缴费型基础养老金。在此背景下，城乡居保应顺势调整财政投入方式，从当前的"两头补"集中为"出口补"。同时，从资源配置的角度看，当利率低于 GDP 经济增长率时，个人缴费和政府补贴的资金效率比较低，个人账户养老金的实际购买力也将越来越低。鉴于此，应取消个人账户和个人账户补贴，城乡居民不再缴纳养老保险费，个人账户补贴资金直接用于补出口，增加基础养老金。如此，通过优化城乡居保财政投入方式，转变城乡居保统账结构，让城乡居保制度真正成为普惠式的非缴费型养老金制度。

整体来看，非缴费型基础养老金更符合我国当前的城乡经济社会环境，更契合我国多层次养老金体系建设。众所周知，农业收入具有较大的波动性，农民收入的不确定性往往比较强，而养老保险对参保人员缴费的连续性和稳定性要求往往比较高。与城镇工薪人员不同，城乡居民收入水平相对较低且不稳定性强，这是巴西、印度等国家选择非缴费型基础养老金的重要原因。从当前参保情况来看，绝大多数城乡居民选择 100 元最低档缴费档次。这是受城乡居民收入较低的影响，城乡居民更关注即期消费。这直接造成个人账户养老金的替代率非常低，更依赖基础养老金。结合我国"三农"发展现状和城镇居民的收入，非缴费型基础养老金更适合我国农村实际和城镇灵活就业人员工作状态。

非缴费型基础养老金有利于多层次养老金体系建设。早在 1994 年，世界银行在《防止老龄危机——保护老年人及促进增长的政策》中首次提出"三支柱"概念②：第一支柱是公共养老金计划，第二支柱是职业养老保险计划，第三支柱是个人储蓄计划。2005 年，世界银行在《21 世纪的老年收入保障——养老金制度改革国际比较》中，进一步将三支柱扩展为五支柱——非缴费型养老金、缴费型养老金制度、强制性的个人储蓄账户、自愿型保险、非正规的保障形式③。世界银行增加了"零支柱"，即非缴费型养老金，旨在满足国民最基本的生存需要。第一支柱是缴费型养老金制度，主要与个人收入关联，如社会养老保险是较为典型的缴费型养老金制度，主要保障参保人的基本生活。第二支柱是强制性的个人储蓄账户，其形式可以多样，通过平滑个人生

---

① 董克用，施文凯. 从个人账户到个人养老金：城乡居民基本养老保险结构性改革再思考［J］. 社会保障研究，2019（1）：3 – 12.
② 世界银行. 防止老龄危机：保护老年人及促进增长的政策［M］. 中国财政经济出版社，1996.
③ 罗伯特·霍尔茨曼（Robert Holzmann），理查德·欣茨（Richard Hinz）. 21 世纪的老年收入保障：养老金制度改革国际比较［M］. 中国劳动社会保障出版社，2006.

命周期的收入，保障个人退休后的生活。第三支柱是自愿型保险，其形式较为灵活，个人可自主决定是否参保和缴纳的费用。第四支柱是非正规的保障模式，主要形式是家庭养老，主要通过家庭代际互助来满足老年人的养老需求。非缴费养老金改制成功后，基础养老金成为"零支柱"，个人账户成为自愿性储蓄计划，即世界银行的第三支柱。由于城乡居民收入的波动性，确立第二支柱和第三支柱存在一定的困难。非缴费养老金的基础养老金以国民基本权益和政府责任为基础，资金主要来源于财政转移支付，以消除贫困为明确目标，彰显"结果公平"。同时，城乡居民可根据实际情况自主决定和自愿参加养老个人账户。非缴费型基础养老金旨在提高老年人养老金水平，更多体现为效率。国家应积极鼓励各类社会组织和个人支持个人账户养老金缴费。可见，非缴费型基础养老金的功能更为明确，更加契合我国多层次养老金体系的建设要求。

7.2.2.2 非缴费型基础养老金制度的优势

非缴费型基础养老金制度的优点主要表现在以下几个方面：

第一，提高财政投入资金的利用效率。现行城乡居保"两头补"的财政投入方式制约了基础养老金待遇水平的提高，个人账户较低的记账利率和较高的通货膨胀率使其失去了存在的理论优势（"艾伦条件"）。个人账户养老金实际处于贬值状态，无法提供有效的保障，降低了财政投入资金的利用效率。非缴费型基础养老金制度可将稀缺的财政资金全部用于补贴当期的基础养老金，不仅有利于提升基础养老金标准，而且规避了个人账户资源配置的低效问题，财政补贴资金的效率能够有效提高。

第二，非缴费型基础养老金制度能够有效保障社会公平。在实践中，个人账户财政补贴出现逆向再分配的问题，严重影响了养老保险制度的公平性。而非缴费型基础养老金制度无须个人缴费，直接覆盖所有符合条件的老年人，有效解决了因个人短视或收入比较低而带来的参保问题，能够确保实现全民覆盖，降低了制度参保的门槛和广泛动员城乡居民参保的成本。

第三，非缴费型基础养老金制度对完善精准帮扶措施，缓解城乡老年人贫困具有重要意义。随着年龄增长，城乡老年人通过劳动获取的报酬逐渐降低，医疗费用不断增加，年龄越大陷入贫困的概率就不断增大。当前城乡老年人领取的养老金水平偏低，处于边缘贫困的老年群体增多。普惠的基础养老金能够进一步增加城乡老年人的收入，缓解城乡老年人贫困状况。

第四，非缴费型基础养老金制度能较好实现全国统筹和转移接续。2010 年颁布的《社会保险法》提及"基本养老保险实现全国统筹"。党的十九大报告又再次强调"尽快实现养老保险全国统筹"。我国城乡居保主要采取社会统筹与个人账户相结合的模式,养老保险基金主要由县级政府管理,统筹层次比较低。从社会统筹与个人账户的定位和属性看,社会统筹账户的基础养老金主要强调社会公平,基础养老金的统筹层次影响国民的社会福利水平和财政资金的使用效率,因而,需要尽快实现全国统筹。非缴费型基础养老金将个人账户分离,使得社会统筹基金对应的基础养老金成为真正全国统筹的公共养老金制度,全国城乡老年人享受统一替代率水平的养老金。可以说,非缴费型基础养老金能够以较低成本实现全国统筹,这也为城镇职工基本养老保险提供了新方案。

7.3 非缴费型基础养老金待遇水平厘定

城乡居保财政"两头补"的投入方式变为完全"补出口"的模式,需要着重考量两个问题:第一,需要重新厘定基础养老金的待遇水平,主要是界定政府的事责;第二,探寻非缴费型基础养老金财政投入责任分担机制,以确保各级政府事责和财力的均等化。厘定合理的基础养老金待遇是探讨非缴费型基础养老金财政投入责任分担机制的前提条件,而非缴费型基础养老金财政投入责任分担机制是基础养老金待遇落实的基本保障。

7.3.1 现行城乡居保基础养老金待遇水平评估

我国现行城乡居保基础养老金的保障水平并不充分,难以有效保障农村居民和参保城镇居民最基本的生存需要。北京大学国家发展研究院发布的《中国人口老龄化的挑战》显示,领取不同类型养老金的中国老年人待遇差距巨大,不同的养老保险项目提供的福利水平差异非常大。新型农村社会养老保险的养老金中位数为每人每年720元;城镇及其他居民养老保险的养老金中位数为每人每年1200元;企业职工基本养老保险金的中位数为每人每年18000元;政府或事业机构的养老金的中位数最高,为每人每年24000元[①],为新农保养

---

① 李婷,李实. 中国收入分配改革:难题、挑战与出路[J]. 经济社会体制比较,2013(5):32-43.

老金中位数的33倍多①。从表7-4来看，不论是从绝对数额看，还是从替代率水平的比较看，城乡居保基础养老金的水平远低于农村低保水平。全国各省的农村居民替代率水平均低于同期农村居民低保替代率水平，而城镇居民基础养老金的替代率水平则更低。2018年天津市低保替代率水平全国最高，达到47.86%，而同期天津的城乡居保基础养老金替代率水平仅为15.35%，城镇居民的替代率水平更低。2018年全国城乡居民基础养老金标准提高至每人每月88元，当前城乡居民更多将其视为"零花钱"，即便加上个人账户养老金，替代水平依然很低。

表7-4　　　　　　　　2018年我国城乡低保标准及替代率

区域	省（区、市）	2018年农村低保标准（元/月·人）	2018年城镇低保标准（元/月·人）	2018年农村人均可支配收入（元）	2018年城镇人均可支配收入（元）	农村低保替代率（%）	城镇低保替代率（%）
中部	河南	301.45	492.90	13830.74	31874.19	26.15	18.56
	河北	360.14	601.30	14030.89	32977.18	30.80	21.88
	湖南	341.49	468.80	14092.51	36698.25	29.08	15.33
	湖北	439.60	605.00	14977.82	34454.63	35.22	21.07
	山西	339.38	495.80	11750.01	31034.80	34.66	19.17
	内蒙古	454.48	640.50	13803.00	38305.00	39.51	20.07
	吉林	323.43	506.90	13748.17	30171.94	28.23	20.16
	黑龙江	331.18	564.90	13803.65	29191.00	28.79	23.22
	安徽	490.98	569.70	13996.02	34393.08	42.10	19.88
	江西	342.64	577.40	14459.89	33819.40	28.44	20.49
西部	甘肃	331.57	489.10	8804.13	29957.00	45.19	19.59
	贵州	349.28	591.70	9716.10	31591.93	43.14	22.48
	宁夏	330.46	570.00	11708.00	31895.00	33.87	21.45
	青海	309.43	503.20	10393.34	31514.53	35.73	19.16
	陕西	351.75	568.10	11212.84	33319.25	37.64	20.46
	四川	334.09	507.20	13331.38	33215.91	30.07	18.32
	西藏	333.81	805.00	11450.00	33797.00	34.98	28.58
	新疆	320.19	433.50	11975.00	32764.00	32.09	15.88
	云南	304.33	566.80	10767.91	30995.88	33.91	21.94
	重庆	415.41	546.00	13781.00	34889.00	36.17	18.78

---

① 北京大学国家发展研究院.《中国人口老龄化的挑战》：城乡养老保险待遇有差别［EB/OL］. http：//theory.people.com.cn/n/2013/0604/c49154-21725194.html，2019-7-31.

续表

区域	省（区、市）	2018年农村低保标准（元/月·人）	2018年城镇低保标准（元/月·人）	2018年农村人均可支配收入（元）	2018年城镇人均可支配收入（元）	农村低保替代率（%）	城镇低保替代率（%）
东部	北京	1000.00	1000.00	34951.00	43512.00	34.33	27.58
	福建	593.94	605.60	17821.19	42121.31	39.99	17.25
	广东	592.88	748.60	17167.74	44340.97	41.44	20.26
	广西	317.69	589.60	12435.00	32436.00	30.66	21.81
	海南	359.20	485.60	13988.88	33348.65	30.81	17.47
	江苏	648.09	682.40	20845.07	47199.97	37.31	17.35
	辽宁	385.81	590.20	14656.33	37341.93	31.59	18.97
	山东	373.50	532.40	16297.00	39549.43	27.50	16.15
	上海	1070.00	1070.00	30375.00	68034.00	42.27	18.87
	天津	920.00	920.00	23065.00	42976.00	47.86	25.69
	浙江	756.94	762.60	27302.37	55574.31	33.27	16.47

注：城乡低保替代率是城乡低保标准年收入占人均可支配收入的比重。
资料来源：根据民政部2018年第四季度低保标准、国家统计局网站和部分省份2018年统计公报相关数据整理计算而得。

7.3.2 非缴费型基础养老金待遇水平的厘定

养老金体系的首要目的是帮助家庭通过对整个生命周期消费的合理调整来分配生活资源，保障人们在退休期间获得必要的收入，将资源在工作期和退休期进行合理再分配[1]。《贝弗里奇报告》特别提及"社会保障主要是指达到最低标准的收入保障"[2]。显然，现行基础养老金待遇标准尚未满足城乡老年人的最基本的生存需要。

7.3.2.1 基础养老金待遇水平确定的原则

（1）统一性原则。社会保险是社会保障的主要方式，《贝弗里奇报告》认为社会保险方案应遵循以下六个基本原则："基本生活待遇标准统一；缴费费率统一；行政管理职责统一；待遇标准适当；广泛保障；分门别类，适合不同

---

[1] 莫迪利亚尼，摩拉利达尔. 养老金改革反思[M]. 北京：中国人民大学出版社，2010：1.
[2] 贝弗里奇·贝弗里奇报告：社会保险和相关服务[M]. 北京：中国劳动社会保障出版社，2008：113.

人群"①。贝弗里奇认为，给付的保险待遇标准统一是社会保险方案的第一个基本原则，保险待遇不考虑因失业、伤残或退休而中断的原收入为多少。待遇标准适当、统一的目的是保证在正常的情况下，即使没有其他经济来源，提供的基本生活最低收入也足以满足人们的基本生活需要。《贝弗里奇报告》特别强调适当的待遇标准是按参保人未参加商业保险等自愿保险来设计的②。从基础养老金的计发办法来看，城镇职工基本养老保险采取比率制发放方式，而采取的是定额制发放方式。根据社会保险六个统一的要求和上述评估结论，基础养老金标准应同城镇职工基本养老保险基础养老金标准保持一致，基础养老金待遇水平参照城镇职工基本养老保险的计发办法，采取收入关联性的统一比例计发方式，即根据上年度城乡居民人均可支配收入的一定比例来确定。

（2）均等化的原则③。基本公共服务均等化主要是指所有社会成员均能共享受到国家提供的保障生存和发展的大致均等的产品和服务。城乡基础养老金的均等化原则可以从以下两个方面来理解：一是基础养老金覆盖所有符合条件的城乡老年人。长期以来，我国城乡居民被排斥在养老保险制度之外，这有悖于社会保障制度的公平性与正义性，因而，保障所有符合条件的公民无差别地享受基础养老金，是基础养老金均等化的首要原则。二是城乡居民共享大致均等的基础养老金。当前，我国区域经济发展并不均衡，为确保各地老年人的基本生存需求，基础养老金的金额会表现出一定的异质性，但这种差别应控制在一定的范围，体现横向的均等，否则会拉大不同区域间的福利差距。三是城镇职工和城乡居民能够享受到大致均等的基础养老金。

7.3.2.2 非缴费型基础养老金待遇水平的确定

现行城乡居保基础养老金定额式的计发办法造成各地养老金水平的不均衡，现行基础养老金财政投入责任分担方法也诱发了新的不公平。因而，在统一性原则和公共服务均等化原则的指导下，非缴费型基础养老金水平可具体参照城镇职工基本养老保险基础养老金办法，将城乡居保基础养老金"定额式"

---

① 贝弗里奇. 贝弗里奇报告：社会保险和相关服务 [M]. 北京：中国劳动社会保障出版社，2008：114.
② 贝弗里奇. 贝弗里奇报告：社会保险和相关服务 [M]. 北京：中国劳动社会保障出版社，2008：115.
③ 海龙. 我国农村居民基础养老金的属性、困境及优化方略 [J]. 宏观经济研究，2016（8）：49-55.

计发办法变为与城乡居民收入挂钩的"比率式"计发办法。城镇职工基本养老金的发放由两个部分组成：社会统筹账户与个人账户。社会统筹账户（又叫基础养老金）的替代率取决于缴费年限。基础养老金月标准以当地上年度在岗职工月平均工资和本人指数化月平均缴费工资的平均值为基数，缴费每满1年发放1%[①]，按最低缴费15年计算，城镇职工基本养老保险最低标准基础养老金的替代率为15%。2018年国家统计局公报数据显示，我国农村居民人均可支配收入为14617元，同年我国各省（区、市）新农保基础养老金平均水平为每人每月173.71元，2018年农村居民基础养老金替代率水平为14.26%，略低于城镇职工基本养老保险最低标准基础养老金替代率。因而，本书将城乡居保基础养老金替代率初步定为15%，与城镇职工基本养老保险最低标准基础养老金替代率统一，既确保城乡居民的基础养老金待遇的实质公平，又实现两种险种制度形式的统一。

采取收入关联型统一比率待遇计发方式有以下几点好处：其一，非缴费型基础养老金采取统一比率的办法能够真正实现不同地区公共服务的均等化。虽然各地基础养老金的收入替代率相同，但各地基础养老金具体金额却因地而异。由于我国各地经济发展水平不平衡，各地区的消费水平存在较大的差距，因而，采取统一比率的办法才能真正体现各地区收入水平与生活标准的差异。其二，维持了基础养老金收入替代率水平的稳定。现行基础养老金待遇水平的调整表现出某种程度的随意性。自2009年新农保试点以来，分别在2015年和2018年两次调高基础养老金最低标准。这种随机性的调整方式无法与城乡居民收入状况与消费水平挂钩。在居民消费水平不断提高的背景下，基础养老金替代率不断下降在所难免。非缴费养老金与城乡居民收入挂钩，随着城乡居民收入进行动态调整，可以有效防止实际收入替代率下降。其三，统一比率的非缴费型基础养老金能够促进养老金全国统筹，与城镇职工基础养老金计发办法保持一致，有利于实现基本养老保险关系的城乡转续[②]。

[①] 刘洋. 我国企业职工基本养老保险制度养老金替代率水平研究［J］. 云南师范大学学报（哲学社会科学版），2017（2）：89-94.

[②] 何晖，殷宝明. "新农保"基础养老金计发办法与筹资机制研究［J］. 中国软科学，2012（12）：68-77.

7.4 非缴费型基础养老金财政投入责任分担机制设计

上文厘定了非缴费型基础养老金待遇水平。由于非缴费型基础养老金由中央政府和地方政府财政共同支持,因而需要确定中央政府和地方政府各自的事权,尤其是省、市、县地方政府财政事权。同时,前文评估现行城乡居保财政投入责任分担机制,发现中央政府和地方政府财政投入责任分担机制未实现层级间政府财力和事责的匹配。因而,在明确非缴费型基础养老金待遇水平的前提下,如何合理划分政府层级间财政投入事责,且实现各层级政府事权与财力的匹配,是确保制度顺利实施的重中之重。

7.4.1 非缴费型基础养老金财政投入责任分担的分析框架

7.4.1.1 公共物品层次性与政府间财政责任的衍生

提供公共物品是政府最重要的职责。在供给公共物品的过程中,社会分工的原则要求各级政府财政职能做出明确的划分。多级财政职能划分的目的是实现公共物品的有效供给。众所周知,公共物品具有共同消费的特征,但是并非一项公共物品提供之后,所有的社会成员均能从中受益。原因在于大多数公共物品具有特定的受益空间。社会成员从公共物品受益的程度大小会受到地理空间的制约。根据受益范围,可将公共物品分为全国性公共物品和地方性公共物品,这不仅是现代财政分权理论的起源,更是划分不同层级政府财政职责的重要依据。提布特(1956)、奥茨(1972)认为受地理、人口条件、地区间居民偏好、规模经济、外部性、辖区间竞争和垂直分工等因素的影响,政府财政职能应该在不同层级的政府间进行合理的划分。公共物品是政府财政配置职能的主要内容,相应层级政府提供对应层次的公共物品是实现帕累托效率的必要条件。通常来讲,全国性公共物品覆盖所有社会成员,且保证全国不同区域的居民从中均等受益。受财权的制约,地方政府往往无力或无权提供全国性公共物品,只能靠中央政府来提供。地方公共物品往往是特定辖区内居民受益,主要满足辖区内居民需求,因而,地方政府往往能更有效地搜集居民共同需求,更有针对性地提供地方公共物品。

7.4.1.2 财力与事权的匹配

事权、财权与财力是现代财政体制的三个基本要素①。国外财政学并没有"事权"的称谓和界定，通常用"政府支出"来表述政府应承担的责任②。事权是我国财政体制中的特有称谓，在市场经济环境下，事权主要体现为政府供给公共物品的职能。因此，本章将事权界定为政府提供公共物品或服务的责任，该责任可通过财政支出来表现。财权可以从广义和狭义两个层面理解。广义上的财权主要指政府的财政收入权和财政支出权；狭义上的财权主要强调政府的财政收入权。在探讨财权与事权、财力的关系时，一般采用狭义上的财权③。财力是指某一级政府直接组织和支配的财政收入④。在财政体制中，事权明确了政府应该承担事务的责任和权利，政府承担事务责任的落实，如提供公共物品，必须以相应的财政支出为保障。可见，事权处于基础性和先导性地位，事权决定财权，两者具有一致性。这种一致性主要表现在某一层级政府拥有的财权与其承担的事权相一致，能够实现财政均衡。Olson（1969）认为政府（包括功能性政府单位）所提供的每一种公共物品，均能实现该公共物品的效应覆盖范围与为该公共品支付的人群（辖区）重合，即成本与收益对称。如果外部性等因素使得某种公共物品的效应覆盖范围不能与其所在辖区重合，则该公共物品的供给效率是非帕累托最优的。为实现有效供给公共物品的目标，中央或上级政府应予以财政拨款，使其数量与产生外部性的那部分政府支出相等⑤。然而，现实经济中，事权与财权统一的方案很难找到。正如李萍所说："财权与支出责任完全相符只能是极其偶然的，不相符才是常态，特别是在一个经济发展不平衡、地区间支出成本差异较大的大国经济中，实现各地方政府的财权与支出责任匹配几乎是不可能的。"⑥ 因而，事权与财力匹配是政府间均衡的现实目标。特别是党的十八大报告提出："健全中央和地方财力与事权相匹配的体制，完善促进基本公共服务均等化和主体功能区建设的公共财

---

① 刘尚希，邢丽. 从县乡财政困难看政府间财政关系改革：以西安贫困县为例 [J]. 地方财政研究，2006：13 – 17.

② Rosen, Harvey S, Ted Gayer. Public Finance (Eighth Edition), McGraw – Hill Companies, Inc, 2008：5 – 7.

③④ 王国清，吕伟. 事权、财权、财力的界定及相互关系 [J]. 财经科学，2000（4）：22 – 25.

⑤ Mancur Olson. The Principle of "Fiscal Equivalence"：The Division of Responsibilities Among Different Levels of Government [J]. American Economic Review, 1969 (59).

⑥ 李萍，许宏才. 中国政府间财政关系图解 [M]. 北京：中国财政经济出版社，2006.

政体系。"因而，在明确非缴费型养老金政府间事权的基础上，应确保各级政府事权与财力的匹配，为非缴费型基础养老金的有效落实提供保障。

7.4.2 非缴费型基础养老金财政投入责任分担的内容

从政府层级间的角度看，城乡居保制度的财政责任包括中央政府财政责任和地方政府财政责任，地方政府财政责任又可分为省、市、县（区）政府的财政责任。非缴费型基础养老金制度改变了城乡居保投入结构，政府财政补贴责任也随之发生相应的改变，因而，需要对非缴费型基础养老金制度的财政责任分担结构重新进行设计。

表7-5显示了城乡居保制度和非缴费型基础养老金制度的财政投入责任分担情况。从补贴项目来看，城乡居保制度采用"两头补"的形式，基础养老金主要由中央政府负担，个人账户补贴则完全由地方政府负担。而非缴费型基础养老金财政投入完全聚焦于出口，其补贴项目主要分为全国基础养老金和附加基础养老金。全国基础养老金覆盖全体社会成员，60岁以上的城乡老年人均可享受均等的基础养老金；全国基础养老金由中央政府承担，充分体现了中央财政的主导作用，确保了全国范围内公共财政的再分配，更好地实现社会公平。附加基础养老金主要由地方政府负担，其原因在于我国区域经济发展不平衡，各地居民生活水平存在较大的差距，全国基础养老金可能无法满足经济发达地区居民的养老需求。因而，附加基础养老金根据当地居民生活水平提供与之相适应的养老金，这显然属于地方政府的责任[①]。

表7-5　　城乡居保与非缴费型普惠基础养老金的责任分担情况

制度类别	补贴项目	补助对象	负担主体
城乡居保	基础养老金	60岁以上老年人	中央政府为主
	个人账户补贴	参保缴费人员	地方政府
非缴费型基础养老金制度	全国基础养老金	60岁以上老年人	中央政府
	附加基础养老金	60岁以上老年人	地方政府

资料来源：依据城乡居保制度和普惠基础养老金制度整理而得。

---

① 周志凯，徐子唯，林梦芸. 论城乡居民基本养老保险制度中的财政责任［J］. 财政研究，2015（1）：20-23.

7.4.3 非缴费型基础养老金财政投入责任分担的结构

根据上述分析，非缴费型基础养老金财政投入仍需要多级政府共担。中央政府负责均等性的基础养老金，省级政府、市级政府、县级政府共担附加基础养老金，确保地区间财政负担均衡。据此，可以按上一年度城乡居民人均可支配收入的15%的替代率进行差额补贴。

如图7-2所示，非缴费型基础养老金的补贴主要由中央政府、省级政府、市级政府、县级政府共担。中央财政负担的全国性基础养老金属于全国性的公共物品，确保公共服务均等化；由省级政府、市级政府、县级政府负担的附加基础养老金属于地方性公共物品，旨在适应区域间的差异性。从图7-2可以看出，中央政府、省级政府、市级政府、县级政府所承担的公共物品的层次性逐层降低。

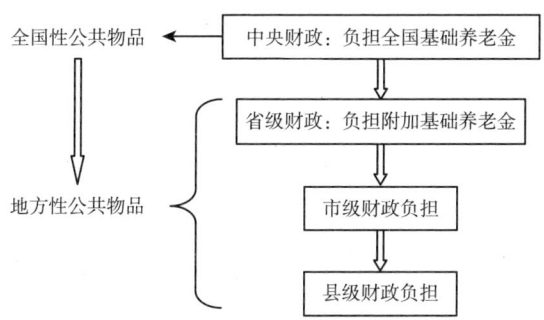

图7-2 非缴费型基础养老金制度财政投入责任分担与公共物品的层次性

首先，中央政府、省级政府、市级政府与县级政府分别按照上年度全国城乡居民、本省上年度城乡居民、本市上年度城乡居民、本县上年度城乡居民人均可支配收入的15%，依次计算出同一年度全国、本省、本市、本县的基础养老金标准。其次，如果同一年度本省基础养老金标准高于全国基础养老金标准，那么省级政府负担差额部分，即省级附加基础养老金。再次，如果同一年度本市基础养老金标准高于本省基础养老金标准，那么市级政府负担差额部分，即市级附加基础养老金。最后，如果同一年度本县基础养老金标准高于本市基础养老金标准，那么县级政府应负担差额部分，即县级附加基础养老金。因而，在完全由公共财政负担的非缴费型基础养老金制度下，筹资主体依然是中央政府和地方政府，政府各层级筹资主体的责任界定简单且明晰。图7-2

中从上到下的"倒金字塔"结构，有效减轻了较低层级政府的财政负担，特别是基层政府的财政负担。"倒金字塔"中上一层级政府的基础养老金标准在低于下一层基础养老金标准的情况下，才进行补贴，否则不给予补贴。新的筹资责任分担机制也响应和落实了2018年国务院办公厅印发的《基本公共服务领域中央与地方共同财政事权和支出责任划分改革方案》（国办发〔2018〕6号）（以下简称《改革方案》）的要求。《改革方案》指出："明确基本公共服务领域中中央和地方共同财政事权范围，制定基本公共服务保障国家基础标准，规范基本公共服务领域中央与地方共同财政事权的支出责任分担方式。"①《改革方案》也特别强调省级以下支出财政划分改革，提出："对地方承担的基本公共服务领域共同财政事权的支出责任，省级政府要考虑本地区实际，根据各项基本公共服务事项的重要性、受益范围和均等化程度等因素，结合省以下财政体制，合理划分省以下各级政府的支出责任，加强省级统筹，适当增加和上移省级支出责任。县级政府要将自有财力和上级转移支付优先用于基本公共服务，承担提供基本公共服务的组织落实责任；上级政府要通过调整收入划分、加大转移支付力度，增强县级政府基本公共服务保障能力。"② 可见，改革方案对中央政府和地方政府财权事权范围以及省级以下地方政府财权事权关系做出了原则性的规定。

7.5 非缴费型基础养老金财政投入规模测算与评估③

在划分非缴费型基础养老金财政投入责任分担机制的基础上，着重比较非缴费型基础养老金与城乡居保制度两种制度模式下的中央和各省份财政投入规模及其占同期财政收入的比重，重点评估非缴费型基础养老金财政投入责任分担机制。

---

① 国务院办公厅. 基本公共服务领域中央与地方共同财政事权和支出责任划分改革方案（国办发〔2018〕6号）[EB/OL]. http://www.gov.cn/gongbao/content/2018/content_5268760.htm, 2019-7-30.

② 同①。

③ 具体测算方法参考何晖、殷宝明（2012）的文献。考虑到农村居民是城乡居保制度的主体，测算数据围绕农村居民选取。

7.5.1 非缴费型基础养老金财政投入规模测算

7.5.1.1 省际财政投入规模测算

城乡居保财政投入规模主要由参保人数和补贴水平决定。因而，参保筹资主体和财政补贴计发标准的变化无疑会直接影响城乡居保财政投入规模和不同层级政府责任分担状况。

城乡居保制度中政府财政补贴责任分工有所区别，中央政府财政责任主要为"补出口"，地方政府补贴责任为"补入口"和"补出口"。从中央政府层面来看，中央政府仅负担东部地区基础养老金的50%，而对于中西部地区，中央政府则需全额补助基础养老金。从地方政府层面来看，地方政府主要负责发放参保人缴费补贴和地方政府加发的基础养老金。其中，东部地区和中西部地区承担的责任有所不同。相比中西部地区，东部地区需要额外承担50%的最低标准基础养老金补贴[①]。本书采用2018年度国家和各省统计年鉴，以2017年全国和各省的数据进行研究。2017年城乡居保基础养老金标准为每人每月70元，附加养老金为各地区超出70元的部分，此部分需要由各地区地方政府进行全额补贴。

《人力资源和社会保障事业发展统计公报》数据显示，2017年城乡居民基本养老保险参保人数为51255万人，2018年参保人数为52392万人，经过近10年的广泛动员，潜在的参保群体已经变少，城乡居民参保人数很难高速增长。为更准确地评估中央和地方政府的财政投入情况，假定2017年城乡居保实现所有适龄人口的全覆盖，进而测算2017年两种财政补贴模式下中央和省级政府的财政补贴规模。同时，假定2017年全国实现对所有城乡适龄居民的全覆盖，省、市两级财政对农村居民缴费给予每年不低于30元的补贴。

32号文件和8号文件规定的中央和地方政府财政补贴规模分别为：

中央政府财政投入 = 2017年度法定最低标准基础养老金 × 50% × 2017年60岁及以上农村总人口$_{东部}$ + 2017年度法定最低标准基础养老金 × 2017年60岁及以上农村总人口$_{西部}$ 　　　　　　　　　　(7-1)

[①] 本书将基础养老金划分为最低标准基础养老金和附加基础养老金。

中西部各省财政投入 = 2017 年 16—59 岁农村人口 × 30 + 附加基础养老金 × 各省 60 岁及以上农村人口 　　　　　　　　　　　　　　　(7-2)

东部各省财政投入 = 2017 年 16—59 岁农村人口 × 30 + 附加基础养老金 × 各省 60 岁及其以上农村人口 + 2017 年度法定最低标准基础养老金 × 50% × 2017 年各省 60 岁及其以上农村人口 　　　　　　　　　　　(7-3)

非缴费普惠基础养老金模式下，各省财政投入规模的计算参见式（7-4）：

各省非缴费型基础养老金财政投入规模 = 2017 年各省 60 岁及以上农村人口 × (2016 年度全省农村居民人均可支配收入 - 2018 年度全国农村居民人均可支配收入) 　　　　　　　　　　　　　　　　　　(7-4)

根据以上公式进一步考察中央和省级政府财政补贴规模，测算出城乡居保制度模式下中央财政的补贴规模约为 605 亿元，占当年中央财政收入的 0.75%；在非缴费型基础养老金机制下，中央财政的补贴规模约为 1573 亿元，占当年中央财政收入的 1.94%。

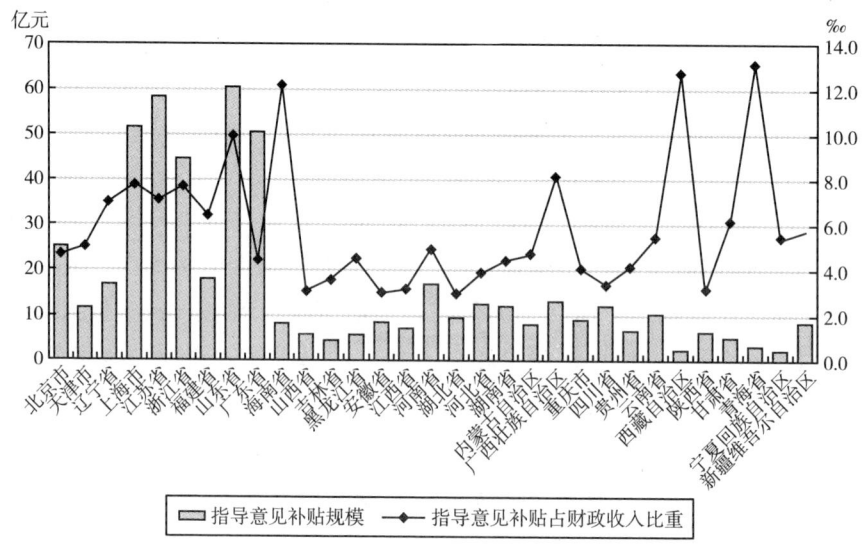

图 7-3　城乡居保制度下 2017 年各省（区、市）城乡居保财政
投入规模与占财政收入比重

资料来源：依据 2018 年《中国统计年鉴》相关数据计算整理而成。

由图 7-3 可知，2017 年我国不同省份财政补贴规模以及补贴占财政收入比重差别相当大。从财政投入规模来看，城乡居保投入规模最大的为山东省的 60.46 亿元，江苏的财政投入规模为 58.3 亿元，上海为 51.59 亿元，广东达到了50.54亿元,分别位列第二、第三、第四位。山东、江苏、上海、广州的财政补贴规模均超过50亿元。宁夏、青海、西藏也有一定的城乡居保财政补贴支出,但其规模比较小。其中,宁夏城乡居保投入规模最小,为2.27亿元。青海的城乡居保财政投入规模为3.22亿元,西藏的城乡居保财政投入规模2.36亿元。从各省城乡居保财政投入补贴规模占财政收入的比重来看,我国不同省份的财政负担率存在较大的差异。数据显示,青海的城乡居保财政投入补贴规模占财政收入的比重最高,达到13.07‰,西藏(12.71‰)、海南(12.18‰)的财政负担比率也超过了10‰。湖北省城乡居保财政投入补贴规模占财政收入的比重最低,仅为2.93‰,其他省份的财政负担比率区间为3.02‰—9.91‰。

如图7-4所示,在非缴费型基础养老金模式下,需要获得省级财政补贴的仅有10个,分别是北京、天津、辽宁、上海、江苏、浙江、福建、山东、广东、湖北。分析上述需要省级财政补贴的地区不难发现,绝大多数属于沿海经济较为发达的省份。在需要补贴的东部省份中,浙江补贴额为53.86亿元,为东部地区各省之最。其中,除江苏(38.82亿元)、山东(16.1亿元)、广东(13.92亿元)、上海(10.28亿元)补贴额高于10亿元外,其余省份的补贴均低于10亿元。其中,湖北和辽宁两省的财政补贴规模比较小。辽宁最低,为1.79亿元;湖北次之,为2.05亿元。从省级财政补贴规模占财政收入的比例来看,上述10个省(市)的省(市)级财政补贴负担率并不高,大致处于0.63‰—9.28‰的区间。其中,浙江省的财政补贴负担率最高,为9.28‰;江苏省次之,为4.75‰;福建省位列第三,为2.74‰。10个省(市)的省(市)级财政补贴负担率的整体排序情况如下:浙江(9.28‰)>江苏(4.75‰)>福建(2.74‰)>山东(2.64‰)>天津(1.91‰)>上海(1.55‰)>广东(1.23‰)>北京(1.18‰)>辽宁(0.75‰)>湖北(0.63‰)。从各省的财政补贴负担率来看,财政补贴负担率较高的地区大多为经济较为发达的沿海省份。而唯一处在中部地区的湖北的财政补贴负担率最低,仅为0.63‰。可见,在非缴费型基础养老金模式下,多数经济欠发达地区的省级政府不需要中央政府财政补贴。而需要省级财政补贴的省份中,省级政府的财政补贴负担率并不高,且经济条件越好,相应的财政补贴负担率就越高,较好实现了财权和事权的匹配。

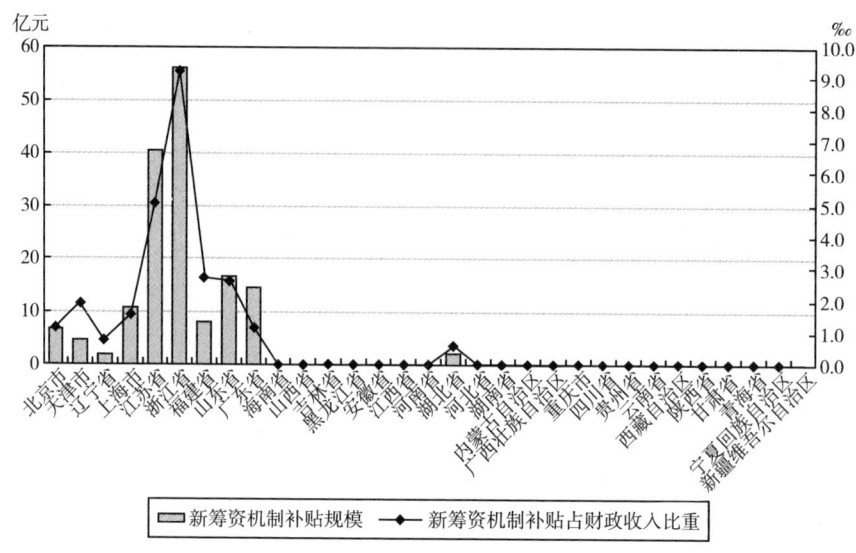

图 7-4 非缴费型基础养老金制度下 2017 年各省（区、市）
财政投入规模与占财政收入比重

资料来源：依据 2018 年《中国统计年鉴》相关数据计算整理而成。

7.5.1.2 县级政府财政投入规模考察

上文考察了非缴费型基础养老金制度下中央和各省财政投入情况。为进一步考察省、市、县政府财政投入责任分担状况，本章选取河南省新农保首批试点县区中的郑州市荥阳市、开封市通许县、洛阳市偃师市、平顶山鲁山县、安阳市内黄县、鹤壁市淇县、新乡市辉县市、焦作市修武县、濮阳市清丰县、许昌市长葛市、三门峡市卢氏县、南阳市社旗县、商丘市虞城县、信阳市罗山县、周口市扶沟县、驻马店市平舆县等为研究对象，以上述 16 个县区中相关政府部门提供的数据为依据，计算非缴费型基础养老金的投入构成、县区财政补贴规模以及补贴在财政收入中的比重。基础数据包括各县区 2017 年农村 60 岁及以上老年人口数、2017 年财政收入和 2016 年农民人均可支配收入等，如表 7-6 所示。

表7-6　河南省新农保首批16个试点县区基础养老金补贴概况

县区	各县区2017年农村60岁及以上老年人口数（万人）	各县区2017年财政收入（亿元）	各县区2016年农民人均可支配收入（元）	本市上年度农村居民人均可支配收入（元）
郑州市荥阳市	2.90	42.91	17458	18426
开封市通许县	5.44	8.14	11825	11166
洛阳市偃师市	3.11	20.58	16506	11457
平顶山市鲁山县	7.72	6.95	7889	11244
安阳市内黄县	6.16	7.11	10256	12624
鹤壁市淇县	1.30	9.43	14446	14022
新乡市辉县市	5.24	24.28	13822	12679
焦作市修武县	1.65	11.09	14179	14851
濮阳市清丰县	5.86	6.67	12052	10622
许昌市长葛市	5.05	24.33	14619	14357
三门峡市卢氏县	2.68	6.31	8016	11982
南阳市社旗县	5.77	5.46	9791	11701
商丘市虞城县	10.13	8.56	9485	9605
信阳市罗山县	7.09	5.43	10534	10651
周口市扶沟县	6.81	6.90	9510	9279
驻马店市平舆县	9.47	8.01	10036	9935

注：2016年全国农村居民人均可支配收入为12363.4元，2016年河南省农村居民人均可支配收入为11696.7元。

资料来源：依据2017年和2018年《河南统计年鉴》相关数据计算整理而得。

图7-5中，中央财政对河南省16个试点县区农村老年人基础养老金的补贴额度相同，均为每人每年1854.51元。在非缴费型基础养老金下，就省级财政而言，由于2016年河南省农民人均可支配收入低于全国，省级补贴为0。2017年16个县区的市级补贴平均值为87.18元，其中，荥阳市市级补贴为1009.39元，为各试点县之最；修武县位居第二位，为473.14元；通许县、偃师市、鲁山县、清丰县、虞城县、罗山县、扶沟县、平舆县的市级补贴均为0。在县区补贴中，偃师市、清丰县和辉县市分别补贴757.35元、214.5元和171.45元，剩余13个县区补贴的区间为0—171.45元。整体看16个县区的基础养老金标准区间为1854.51—2863.9元，县区之间差别不大。

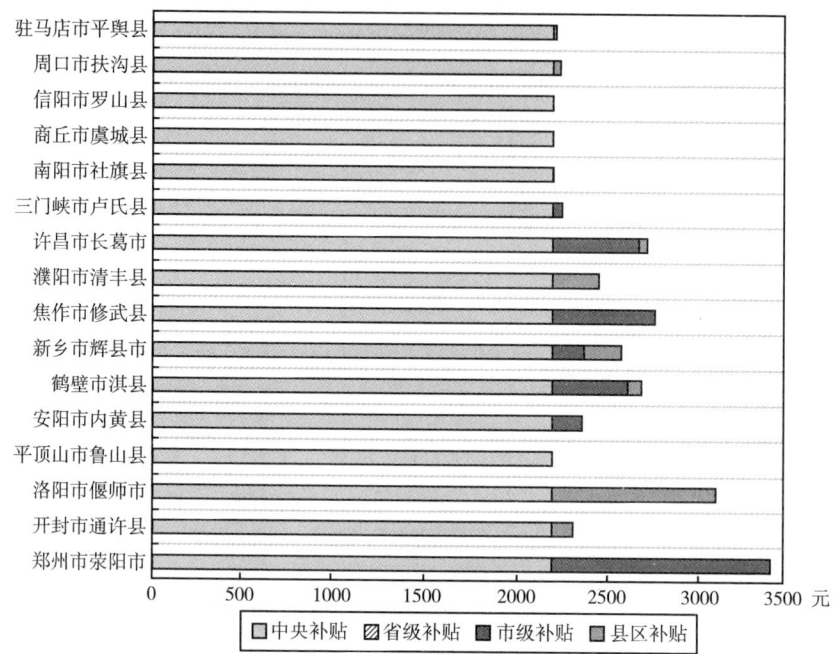

图 7-5　河南省新农保首批 16 个试点县区基础养老金的补贴构成

资料来源：依据 2018 年《河南统计年鉴》相关数据计算整理而得。

考察河南省 16 个新农保试点县区本级财政补贴规模和占财政收入的比例（见图 7-6）可知，河南省不同县区新农保财政投入规模不均衡。偃师市财政补贴规模在财政收入中的占比为 10.9‰，为各试点县之最。长葛市财政补贴规模在财政收入中的占比为 9.1‰，略低于偃师市。鲁山县、内黄县、卢氏县、社旗县、虞城县、罗山县、扶沟县、平舆县不用补贴，补贴规模与其在财政收入中的占比也表现出较强的一致性。在县级补贴层面，补贴规模排序为荥阳市（2510.24 万元）＞偃师市（2243.37 万元）＞长葛市（2214.89 万元）＞辉县市（1671.35 万元）＞修武县（613.45 万元）＞淇县（534.96 万元）＞清丰县（312.06 万元）＞通许县（104.68 万元），相应的农民人均可支配收入的排序为荥阳市（17458 元）＞偃师市（16506 元）＞长葛市（14619 元）＞淇县（14446 元）＞修武县（14179 元）＞辉县市（13822 元）＞清丰县（12052 元）＞通许县（11825 元），相应的财政收入的排序为荥阳市（42.19 亿元）＞长葛市（24.33 亿元）＞辉县市（24.28 亿元）＞偃师市（20.58 亿元）＞修武县（11.09 亿元）＞淇县（9.43 亿元）＞通许县（8.14 亿元）＞清丰县（6.67 亿元），表现出责任分担与能力大小的高度匹配。

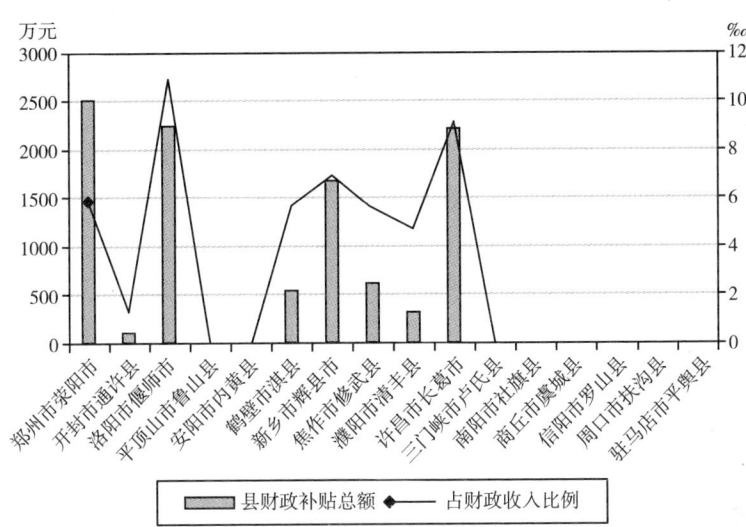

图 7-6　新筹资机制下河南省新农保首批 16 个试点县区财政补贴规模

资料来源：依据 2018 年《河南统计年鉴》相关数据计算整理而得。

7.5.2　非缴费型基础养老金财政投入责任分担机制评估

从中央和省级政府的财政投入责任分担机制以及省、市、县财政投入责任分担机制两个维度进行测算，结果显示，相比 32 号文的财政投入责任分担机制，与非缴费型基础养老金相匹配的中央—省—市—县多层分担的筹资机制更为合理，较好实现了事权与财力的匹配，符合十九大报告提出的"建立权责清晰、财力协调、区域均衡的中央和地方财政关系"。

7.5.2.1　非缴费型基础养老金责任分担机制能够更好实现中央与地方政府财力与支出责任的匹配

马万里（2018）认为当前中国政府间事权与支出责任划分的重点在于上移教育、社会保障、医疗卫生以及环境保护等原本属于中央政府的直接支出责任。原因在于1994年分税制改革后，公共服务支出过度地方化[①]。分税制改

---

①　马万里. 政府间事权与支出责任划分：逻辑进路、体制保障与法治匹配［J］. 当代财经，2018（2）：26-35.

革后，中央政府财政支出占全国的比重从 1994 年的 30.29% 逐渐下降至 2018 年的 14.81%，而同期地方政府财政支出占全国财政支出的比重从 69.71% 逐渐提升到 85.19%。从中央政府和地方政府占全国财政收入的比重来看，1999 年至 2011 年，中央财政收入占全国财政收入的比重高于地方财政收入占全国财政收入的比重。综合比较来看，在现行财政体制下，中央政府具备较强的财力，但承担的财政支出却相对比较轻。而财力不如中央政府的地方政府财政却直接负担了绝大部分的财政支出。同时，与国外比较来看，不论是单一制国家，还是联邦制国家，中央政府财政支出的比重均高于中国。2013 年法国、英国、印度、巴西的中央财政本级支出占全国财政支出的比重为 80%、73%、47%、46%，而同期我国中央政府财政支出的比重仅为 14.60%[①]。

基于公共物品层级理论，基础养老金属于全国性公共物品。中央政府应更多承担基础养老金财政投入责任。从测算结果看，城乡居保制度下的中央财政的补贴规模约为 605 亿元，占当年中央财政收入的 0.75%；非缴费型基础养老金制度下，中央财政的补贴规模约为 1827 亿元，占当年中央财政收入的 1.94%。可见，非缴费型基础养老金增加了中央政府的供给事责，符合本级政府财力与事权相匹配的要求，同时贯彻了中央"适度加强中央政府的直接支出责任"的精神。

公共财政预算收入是体现我国中央与地方财政分担的重要方面。从 1994—2018 年我国一般公共预算收入情况看（见表 7-7），我国一般公共预算收入从 1994 年的 5218.1 亿元上升到 2018 年的 183351.84 亿元，其中，中央公共财政预算从 1994 年的 2906.5 亿元上升 2018 年的 85447.34 亿元，地方公共财政预算从 1994 年的 2311.6 亿元上升到 97904.5 亿元。在 2010 年以前（包含 2010 年），地方公共财政预算一直小于中央；2010 年后，地方公共财政预算开始大于中央。截至 2018 年，地方公共预算 97904.5 亿元，中央公共预算 85447.34 亿元，地方高于中央 12457.16 亿元，未来地方大于中央的差距也会慢慢拉大。从所占比重来看，1994—2018 年中央公共预算收入从占全国的 55.70% 下降到 46.6%，地方公共预算收入从 1994 年占全国的 44.30% 上升到 2018 年的 53.40%。截至 2018 年，公共预算收入占全国公共预算的比重，地方与中央仅相差 6.8%。综上所述，在非缴费型基础养老金机制下，中央和地

---

① 马海涛，任强. 中国中央对地方财政转移支付的问题与对策 [J]. 华中师范大学学报（人文社会科学版），2015（6）：43-49.

方均有雄厚的公共预算收入做支撑。

表 7-7　　1994—2018 年我国一般公共预算收入情况

年份	一般公共预算收入（亿元）			所占比重（%）		中央比地方
	全国	中央	地方	中央占全国	地方占全国	
1994	5218.1	2906.5	2311.6	55.70	44.30	1.26
1995	6242.2	3256.62	2985.58	52.17	47.83	1.09
1996	7407.99	3661.07	3746.92	49.42	50.58	0.98
1997	8651.14	4226.92	4424.22	48.86	51.14	0.96
1998	9875.95	4892	4983.95	49.53	50.47	0.98
1999	11444.08	5849.21	5594.87	51.11	48.89	1.05
2000	13395.23	6989.17	6406.06	52.18	47.82	1.09
2001	16386.04	8582.74	7803.3	52.38	47.62	1.10
2002	18903.64	10388.64	8515	54.96	45.04	1.22
2003	21715.25	11865.27	9849.98	54.64	45.36	1.20
2004	26396.47	14503.1	11893.37	54.94	45.06	1.22
2005	31649.29	16548.53	15100.76	52.29	47.71	1.10
2006	38760.2	20456.62	18303.58	52.78	47.22	1.12
2007	51321.78	27749.16	23572.62	54.07	45.93	1.18
2008	61330.35	32680.56	28649.79	53.29	46.71	1.14
2009	68518.3	35915.71	32602.59	52.42	47.58	1.10
2010	83101.51	42488.47	40613.04	51.13	48.87	1.05
2011	103874.43	51327.32	52547.11	49.41	50.59	0.98
2012	117253.52	56175.23	61078.29	47.91	52.09	0.92
2013	129209.64	60198.48	69011.16	46.59	53.41	0.87
2014	140370.03	64493.45	75876.58	45.95	54.05	0.85
2015	152269.23	69267.19	83002.04	45.49	54.51	0.83
2016	159604.97	72365.62	87239.35	45.34	54.66	0.83
2017	172592.77	81123.36	91469.41	47.00	53.00	0.89
2018	183351.84	85447.34	97904.5	46.60	53.40	0.87

资料来源：根据1994—2018年国家统计局一般公共预算相关数据整理而得。

公共财政预算的支出是体现我国中央与地方财政分担的另一重要方面。从1994—2018年我国一般公共预算支出规模看（见表7-8），我国的一般公共预算支出从1994年的5792.62亿元上升到2018年的220906.07亿元，其中，中央公共预算支出从1994年的1754.43亿元上升至2018年的32707.81亿元，地方公共财政预算从1994年的4038.19亿元上升到188198.26亿元。从整体上来看，地方公共预算支出一直大于中央公共预算支出。从中央和地方政府公共预算支出占全国预算总支出的比重看，1994—2018年中央政府公共预算支出从占全国的30.29%下降到14.81%，地方政府公共预算支出从1994年占全国的69.71%上升到2018年的85.19%。截至2018年，公共预算支出占全国公共预算的比重，地方与中共相差70.38%。对比上文中央和地方政府公共预算收入情况的分析，可以发现地方政府财政支出事责与其财政实力并不匹配。非缴费型基础养老金制度进一步加强了中央政府财政支出的责任，有利于减轻地方政府财政投入负担，实现中央和地方政府事权和财力的匹配。

表7-8　　　　　1994—2018年我国一般公共预算支出情况

年份	一般公共预算支出（亿元）			所占比重（%）		中央比地方
	全国	中央	地方	中央占全国	地方占全国	
1994	5792.62	1754.43	4038.19	30.29	69.71	0.43
1995	6823.72	1995.39	4828.33	29.24	70.76	0.41
1996	7937.55	2151.27	5786.28	27.10	72.90	0.37
1997	9233.56	2532.5	6701.06	27.43	72.57	0.38
1998	10798.18	3125.6	7672.58	28.95	71.05	0.41
1999	13187.67	4152.33	9035.34	31.49	68.51	0.46
2000	15886.5	5519.85	10366.65	34.75	65.25	0.53
2001	18902.58	5768.02	13134.56	30.51	69.49	0.44
2002	22053.15	6771.7	15281.45	30.71	69.29	0.44
2003	24649.95	7420.1	17229.85	30.10	69.90	0.43
2004	28486.89	7894.08	20592.81	27.71	72.29	0.38
2005	33930.28	8775.97	25154.31	25.86	74.14	0.35
2006	40422.73	9991.4	30431.33	24.72	75.28	0.33
2007	49781.35	11442.06	38339.29	22.98	77.02	0.30
2008	62592.66	13344.17	49248.49	21.32	78.68	0.27

续表

年份	一般公共预算支出（亿元）			所占比重（%）		中央比地方
	全国	中央	地方	中央占全国	地方占全国	
2009	76299.93	15255.79	61044.14	19.99	80.01	0.25
2010	89874.16	15989.73	73884.43	17.79	82.21	0.22
2011	109247.79	16514.11	92733.68	15.12	84.88	0.18
2012	125952.97	18764.63	107188.34	14.90	85.10	0.18
2013	140212.1	20471.76	119740.34	14.60	85.40	0.17
2014	151785.56	22570.07	129215.49	14.87	85.13	0.17
2015	175877.77	25542.15	150335.62	14.52	85.48	0.17
2016	187755.21	27403.85	160351.36	14.60	85.40	0.17
2017	203085.49	29857.15	173228.34	14.70	85.30	0.17
2018	220906.07	32707.81	188198.26	14.81	85.19	0.17

资料来源：根据1994—2018年国家统计局一般公共预算相关数据整理而得。

7.5.2.2 非缴费型基础养老金财政投入责任分担机制确保公共服务均等化的实现

实现公共服务均等化是中央和地方财政投入的最终目标。前文提及现行基础养老金待遇水平较低，定额式的基础养老金标准导致各地的基础养老金替代率水平参差不齐，基础养老金待遇水平的均等化无法实现。2018年国务院办公厅印发的《基本公共服务领域中央与地方共同财政事权和支出责任划分改革方案》（国办发〔2018〕6号）提到："坚持保障标准合理适度。既要尽力而为，加快推进基本公共服务均等化，适时调整国家基础标准，逐步提高保障水平；又要量力而行，兼顾各级财政承受能力，不超越经济社会发展阶段，兜牢基本民生保障底线。[①]"相比城乡居保财政投入责任分担机制，非缴费型基础养老金财政投入在中央财政投入增幅不大的前提下，不仅保障了基础养老金标准合理适度，而且有效实现了基础养老金均等化。

---

① 国务院办公厅. 基本公共服务领域中央与地方共同财政事权和支出责任划分改革方案（国办发〔2018〕6号）. http://www.gov.cn/zhengce/content/2018-02/08/content_5264904.htm，2019-7-20.

7.5.2.3 非缴费型基础养老金制度下中央政府财政投入补贴方向更为精准

在非缴费型基础养老金责任分担机制下,中央政府的财政投入的瞄准效果更优。在中央财政投入模式下,有 21 个省份不需要省级财政补贴,由中央财政负担即可。从表 7-9 可以看出,除湖北省之外,需要省级财政补贴的基本属于经济较为发达的省份,这大大减轻了经济欠发达省份的财政负担。

表 7-9　　　　不同类型养老金制度下部分省份养老金财政投入占财政收入的比重

省（市）	城乡居保制度下财政投入占财政收入比例（‰）	非缴费型基础养老金财政投入占财政收入比例（‰）
北京	4.63	1.18
天津	5.03	1.91
辽宁	7.02	0.75
上海	7.77	1.55
江苏	7.13	4.75
浙江	7.70	9.28
福建	6.42	2.74
山东	9.91	2.64
广东	4.46	1.23
湖北	2.93	0.63

资料来源：根据不同省份的城乡居保财政投入办法计算而得。

在城乡居保财政投入责任分担机制中,中央政府考虑到我国区域不均衡的现实国情,对东、中西部地区采取了差异化的财政补贴政策。然而,这种"一刀切"的责任分担并没有实现横向均等化的效果,城乡居保省级财政投入规模与同期财政收入占比差别比较大。经济较为发达且财力较强的省份,财政投入负担比较小;而财政实力比较弱的地区,由于农村人口比较多,财政负担反而比较高。相较而言,北京、天津的财政投入负担比较小,青海、西藏、海南、山东等的财政负担比较重。东部地区财政负担比较重的省份,如山东、海南的财政负担远重于多数中西部省份,却无法享受中央政府全额补贴政策。而在非缴费型基础养老金财政投入责任分担机制下,山东省的财政负担得到有效减轻,海南省已不用承担基础养老金支出。中西部地区的省份基本不用承担财政补贴责任。在新的筹资机制下,浙江的财政投入比重有较大的提升,这也充分说明新机制让财政实力比较强的省份承担与其相适应的财政投入事责。整体上看,在非缴费型基础养老金责任分担体制下,各省的财政投入事责与其财政实力实现了较好的匹配,中央政府财政投入精准度更高,实现了省际财政投入与财政实力的匹配。

7.5.2.4 非缴费型基础养老金的财政补贴投入责任分担机制更有效地助力贫困地区脱贫攻坚

非缴费型基础养老金的确定以农村居民的人均可支配收入为依据,收入低的地区需要补贴的层级少,收入高的地区需要财政投入的层级多。以河南省首批新农保试点县为例,农村居民人均收入较高的许昌市长葛市、新乡市辉县市、鹤壁市淇县都需要市、县两级政府共担,而农村人均收入较低的商丘市虞城县、平顶山市鲁山县则不需要市、县财政投入。非缴费型基础养老金补贴机制更有利于经济贫困的基层政府和收入较低的农村居民。非缴费型基础养老金以全国农村居民人均可支配收入的15%来确定,显然低于全国农村居民人均可支配收入的县(区)获得的基础养老金的实际收入替代率要高于规定的15%,高于全国农村居民人均可支配收入的地区的基础养老金的实际替代率要低于15%,差额需要地方政府补齐。在河南省选取的16个试点县中,三门峡市卢氏县、南阳市社旗县、信阳市罗山县、周口市扶沟县、驻马店平舆县均属于国家级贫困县,基础养老金标准分别为1202.40元、1468.65元、1422.75元、1580.10元、1426.50元,均低于全国水平1854.51元,而上述5个国家级贫困县却均能获得1854.51元的全国水平的基础养老金,其实际替代率水平分别达到了23.13%、18.94%、19.55%、17.60%、19.50%。一方面,有利于提高贫困地区农村居民的收入,直接改善农村老年人的生活,提升农村老年人的经济社会地位。另一方面,直接减轻了贫困县的财政压力。众所周知,贫困县的税源少,财政实力往往捉襟见肘。尤其是在经济新常态下,贫困县的财政收入更为紧张。在非缴费型基础养老金机制下,贫困县往往无须财政投入,这对贫困县的脱贫攻坚产生了直接的推动作用。

7.6 本章小结

在政府财政的大力支持下，城乡居保制度取得了快速发展。城乡居保已成为世界上覆盖人口最多的养老保险制度。当前城乡居保"两头补"的财政投入方式并不合理，尤其是个人账户补贴存在逆向分配加剧、补贴资金利用效率低下等问题。应调整城乡居保财政投入方式，取消个人账户财政补贴，构建非缴费型基础养老金制度。基础养老金待遇水平确定是探讨城乡居保财政投入责任分担的前提。现行城乡居保基础养老金的计发办法采取的是定额制，该计发办法致使基础养老金替代率不平衡，待遇水平调整存在随意性。因而，在进一步明确非缴费型基础养老金属性的基础上，采取统一比例的基础养老金计发办法。在此基础上，构建了中央—省—市—县财政投入责任分担机制。非缴费型基础养老金财政投入责任分担机制保障基本公共服务均等化的实现，财政投入责任分担机制实现不同层级政府财政事权和财政实力的有效匹配，更有利于贫困地区的基层政府，有效助推当前的脱贫攻坚战。

8

国外养老保障财政投入的实践与启示

从养老保险制度发展进程来看,无论是发达国家还是发展中国家,养老保险最初主要覆盖产业工人、政府雇员等群体。随着养老保险制度的成熟,养老保险逐渐从城市延伸到农村,从最初覆盖公共部门和私人部门雇员到惠及农民、自由职业者。可以说,绝大多数国家推行农村社会养老保险计划的时间一般晚于城市。以德国为例,早在1889年就确立了雇工养老保险计划,但直至1957年养老保险制度才扩及全民。第二次世界大战后,养老保障制度快速发展,目前世界上已有100多个国家和地区建立了养老保障制度,部分国家和地区的养老保障制度相继覆盖全部农村人口。考察世界各国农村养老保障制度可以发现,农村养老保障制度建设存在一些共性和差异。这种共性主要表现为某一国家农村社会保障制度建设受城市养老保障制度的影响比较大,这主要是因为农村养老保障制度在制度模式、筹资机制、待遇给付等方面参考和借鉴城市养老保障制度。这种差异主要表现为世界各国的农村社会养老保障的覆盖范围、待遇水平、资金来源等不尽相同,这主要是受国家政治文化传统、经济发展水平、社会结构等因素的影响。整体来看,发达国家城乡社会保障的差别不大,至少从制度的覆盖面上看,做到了应保尽保[1]。近年来,发展中国家也分别根据自身实际,建立农村养老保障制度,特别是中国自2009年新农保试点推行以来,已建成世界上覆盖农村人口最多的养老保险计划。然而,相对于发达国家和部分发展中国家,我国城乡居民社会养老保险的起步比较晚,制度设

---

[1] 米红,杨翠迎.农村社会养老保障制度基础理论框架研究[M].北京:光明日报出版社,2008:11.

计尚未定型，尤其是城乡居保财政投入运行的实践经验不足。因而，应充分考察国外养老保险制度，总结和借鉴国外养老保险有益经验，进而完善和优化我国城乡居保制度和城乡居保财政投入政策。

目前，由于不同国家基本国情、政治体制、经济发展状况、文化思想传统等因素的不同，各国养老保险制度存在较大差异。方中书（2018）指出当前农村养老保险模式有以德国、美国、日本为代表的"社会保险型"养老模式，以瑞典、英国、加拿大为代表的"国家福利型"养老模式，以及以新加坡、智利为代表的"储蓄积累型"养老模式[1]。黄玉君、鲁伟（2016）研究发现大多数国家的农村养老保险制度在建立和发展的过程存在由城市扩展到农村的态势，且农业部门的发展困境大大推动了农村养老保险的建设[2]。曹信邦、李静琪（2011）提出国外农村社会养老保险制度政府责任模式主要有完全政府责任模式、政府个人责任分担模式和个人责任模式三种[3]。从国别上来看，宫晓霞、崔华泰、王洋（2015）指出财政投入是德国农村养老保险制度可持续发展的关键[4]。张国艳（2014）指出日本政府建立了多层次保障体系，实施了农村年金制度。但是由于日本农村人口的持续减少，农村年金积累较低的问题亟待解决[5]。霍改霞（2013）认为瑞典的农村养老保险制度重在体现社会公平，国家承担主要责任，但过分重视公平的同时不可避免地出现了"福利病"[6]。董大敏（2011）研究发现加拿大农村养老保险采取了混合体制。个人和企业承担了养老保险缴纳保费的主要责任，政府只提供优惠政策[7]。李轩红（2010）通过考察法国建立农村养老保险的发展历程，发现农村养老保险制度有利于保障农业劳动者的基本权益，有益于提高农业的现代化经营水平和国际竞争能力[8]。桂丽（2010）研究发现美国的养老责任由政府、社会和个人等多方面共同承担。养老保险是社会保障制度的重要组成部分，它的资金来自雇员

---

[1] 方中书. 国外三种农村养老保险制度的解析与启示 [J]. 农村工作通讯, 2018 (6): 57 – 59.
[2] 黄玉君, 鲁伟. 国外农村社会养老保险发展及对我国的启示 [J]. 求实, 2016 (6): 87 – 96.
[3] 曹信邦, 李静琪. 国外农村社会养老保险政府责任模式比较及启示 [J]. 劳动保障世界（理论版）, 2011 (9): 4 – 8.
[4] 宫晓霞, 崔华泰, 王洋. 财政支持农村社会养老保险制度可持续发展：国外经验及其启示 [J]. 经济社会体制比较, 2015 (2): 44 – 52.
[5] 张国艳. 国外农村社会养老保险制度建设经验与启示 [J]. 人民论坛, 2014 (20): 247 – 249.
[6] 霍改霞. 国外农村社会养老保险制度分析与借鉴 [J]. 科技信息, 2013 (4): 23 – 24.
[7] 董大敏. 国外农村社会养老保险模式及其对我国新农保试点的启示 [J]. 商业经济, 2011 (22): 11 – 12, 120.
[8] 李轩红. 国外农村养老保险制度对我国的启示 [J]. 东岳论丛, 2010 (12): 163 – 165.

和雇主交纳的社会保障税①。钟莹（2010）指出以南非为代表的发展中国家实施非缴费型农村养老保险制度。由于其经济条件有限，难以实施全民型的社会养老制度，因而实行了特殊群体养老金救助制度②。董理、李卢霞（2009）研究发现波兰的农村养老保险基金由国家组建，国家财政负担大于农民个人负担③。

从上述文献可以发现，国内学者围绕国外养老保障展开系列研究，对我国城乡居保制度的确立和发展产生了积极影响。同时，梳理上述文献发现现有研究仍存在以下问题：一是偏重德国、日本、法国等发达国家的养老保险实践的介绍，对亚洲、南美洲、非洲的发展中国家养老保险制度的研究比较少。二是对国外养老保险制度财政投入政策研究不足。因此，本章全面介绍欧洲、亚洲、美洲、非洲典型国家的养老保障实践和各国养老保障财政投入政策。

8.1 欧洲典型国家养老保险财政投入实践

欧洲是现代社会保险制度的发源地。1889年，德国俾斯麦政府最早建立雇员养老保险制度，随后在德国养老保险制度的影响下，波兰、奥地利等欧洲大陆国家纷纷建立了养老保险制度。本章着重考察德国、波兰社会养老保险制度的发展与养老保险财政投入实践。

8.1.1 德国养老保险制度的发展与财政投入实践

8.1.1.1 德国农村养老保险制度的发展背景

德国是世界上最早建立养老保险制度的国家，养老保险制度主要分为法定养老保险、企业补充养老保险和私人养老保险，所有的雇员都有责任参加法定养老保险。德国养老保险制度主要由雇员养老保险系统和独立经营者养老保险

---

① 桂丽. 国外农村社会养老保险的基本经验及借鉴 [J]. 全国商情（理论研究），2010（23）：95-96.
② 钟莹. 国外农村养老保险制度的比较研究及对我国的借鉴 [J]. 农村经济与科技，2010（5）：75-76.
③ 董理，李卢霞. 借鉴国外经验完善新型农村社会养老保险体系 [J]. 现代经济探讨，2009（11）：88-92.

两大部分构成。德国最早确立了雇员养老保险系统。随着经济的发展,国家建立了独立经营者养老保险,而农民养老保险则是独立经营者养老保险体系中重要的养老保险计划。长期以来,德国农业主要依赖农场私人经营。20世纪初,德国工业化水平突飞猛进,在工业化和城镇化的影响下,大量农业劳动力迁入城市,农业人口比重不断降低,从1843年的61%下降至1907年的35%[①]。第二次世界大战后,德国从事农业的人口数量和农业产值份额均持续下滑。20世纪50年代,德国政府开始重视农业生产和农业人口的养老问题。长期以来,农民并未被养老保险覆盖,在城镇化和少子化的影响下,中小农场主的养老问题逐渐凸显,甚至部分农场主达到退休年龄后不得不持续经营谋生。在此背景下,为解决农村养老问题和提升农业产出效率,德国政府开始建立农民社会养老保险制度。

8.1.1.2 德国农村社会养老保险制度

德国农村社会养老保险主要是依据1951年的《农民养老保障法》、1957年的《农村老年救济法》、1995年的《农业社会改革法》确立的。从农村社会养老保险的覆盖人群看,德国农村社会养老保险基本实现了农业从业人员的全覆盖,农场主和共同劳作的配偶、三代以内的亲属都必须强制性地参与农村养老保险制度。如农民转入其他行业工作,养老保险可以转移接续。从保费筹资来看,养老保险资金主要来源于投保人缴纳的费用和政府的财政补贴。所有参保人费用统一。缴费满15年以上、达到法定退休年龄并且转移农业生产的投保人可以领取养老金,养老金的收入与缴费年限、当期工资水平有密切的联系,当地农村养老保险机构负责保险的财政预算制定和人事安排,政府不直接参与农村养老保险制度的管理。

8.1.1.3 德国农村社会养老保险财政投入责任

财政投入在德国农村社会养老保险中发挥着举足轻重的作用。农村养老保险基金主要来源于农民缴费和政府财政补贴,其中政府财政投入是农村社会养老保险基金的主要资金来源。在德国,政府对农村社会养老保险的财政投入主要有差额补贴、保费津贴和以支定补三种方式。差额补贴主要表现为当保险费

---

① 何平. 中国农村养老保险制度改革与发展报告可持续性分析 [M]. 北京:中国经济出版社, 2011: 135.

无法承担养老金支出时,缺口差额部分由政府财政负担。保费津贴旨在为那些经济拮据的农村从业者提供补贴;德国养老保险制度规定,低于特定额度的参保人可以享受财政补贴。由于德国农村社会养老保险主要采取现收现付制度,养老金发放采取以支定收的方式,因而,财政投入责任更多地体现在保费补贴方面。目前,德国农村社会养老保险的保费补贴投入覆盖一多半的参保人口,直接造成农村社会养老保险基金中政府财政占比较高[1]。1996 年德国联邦政府农村养老保险财政投入规模高达 42 亿元,而同期参保农业人口缴费 18 亿元,财政投入是保费收入的 2.33 倍。政府财政投入和保费收入分别占农村社会养老保险总支出的 70% 和 30%[2]。2003 年德国联邦政府对农村养老保险投入约为 10 亿欧元,而农民参保缴费约为财政投入的一半[3]。德国社会保障主要强调权利与义务对等,政府财政几乎不承担补贴责任。在德国所有的社会保障项目中,政府财政对农民养老保险制度承担的责任最为充分,财政投入规模也最大。需要强调的是,德国政府对农民养老保险的财政投入责任主要由联邦政府承担,州政府承担的投入责任相对较少。德国农村社会养老保险制度在财政投入的持续推动下,不仅实现了农村社会养老保险制度的稳定发展,而且有助于德国农业生产效益提高和经济结构转型。

8.1.2 波兰养老保险制度的发展与财政投入实践

8.1.2.1 波兰农村养老保险制度的发展背景

20 世纪初期,波兰建立了仅覆盖部分工薪人员的社会养老保险。随着社会经济的发展,20 世纪 50 年代,波兰的社会养老保险逐步实现了城镇劳动者的全覆盖。相比而言,波兰农村社会养老保险制度直至 20 世纪 70 年代末才得以确立。在经济转型之前,波兰社会养老保险主要采取现收现付制模式,所有养老保险项目主要由社会保险服务局(ZUS)管理。20 世纪 80 年代,波兰开始从计划经济向市场经济转型,伴随经济转型,大量工人提前退休给社会养老保险带来直接冲击,缴费人数的急剧下降加上人口老龄化的影响,波兰当时的

---

[1] 凌文豪. 统筹城乡社会养老保障体系建设问题研究[M]. 北京:中国社会科学出版社,2017:164.
[2] 朱立志,方静. 德国农民的权益保障体系. 中国农村经济[J],2005(3):75-80.
[3] 刘影春. 农村社会养老保险制度建设的国际经验及启示[D]. 华中师范大学,2013:75.

养老保险基金收不抵支，企业缴费负担沉重，政府也无法填补养老保险基金的缺口，单一支柱的社会养老保险已难以为继。在此背景下，波兰开始对社会养老保险制度进行改革。

8.1.2.2 波兰农村社会养老保险制度

20世纪70年代末，波兰建立了特别农民养老金制度（KRUS）来解决农村居民的养老问题。1977年7月1日，波兰特别农民养老金制度（KRUS）正式推行，该养老保险计划的覆盖对象主要包括：个人农民、农业合作社成员、国营农场职工、农业生产小组的成员[①]。波兰对农民参加养老保险做出两项规定：一是农民需要在规定的时间内（男性为25年，女性为20年）向国家出售规定额度的农作物；二是缴纳规定的保险费，波兰农民养老保险计划按年收取保险费，保险费标准根据每年土地收益的一定比例计算。享受养老金的条件是农民达到退休年龄，养老保险计划规定男性65岁、女性60岁退休。但是领取养老金的农民必须将耕地转让出来。农民领取的养老金的标准主要根据自己上交的农作物价格来计算，并划分为若干个等级。

8.1.2.3 波兰农村社会养老保险财政投入责任

在波兰，农民养老保险资金主要来源于财政投入和农民缴纳的保费，其中，国家财政占2/3，农民交纳的保险金占1/3[②]，政府对农民养老保险的财政补贴甚至高达95%[③]。2007年波兰农村养老保险开支达160亿元，其中政府补贴146亿元，个人缴费14亿元[④]。可见，政府财政投入是波兰农村社会养老保险基金的主要资金来源，波兰政府公共财政对农民养老保险计划的投入力度很大。在引入名义账户制后，波兰政府下调了养老保险缴费率。相比城市工薪人员的养老保险，波兰对农民和个体经营者实行单独的养老金计划。在名义账户制下，波兰政府规定城市工薪人员的缴费由雇员和雇主共同缴付代替雇主单独缴付，从而降低了雇主的负担，相应增加了个人养老的责任，双方各承担

---

① 董理，李卢霞.借鉴国外经验完善新型农村社会养老保险体系[J].现代经济探讨，2009（11）：88-92.
② 田秋影.我国农民养老保障问题研究[D].燕山大学，2009.
③ Pension Schemes for the Self - Employed in OECD Countries. OECD Social, Employment and Migration Working Papers No. 84, 2009（12）：10-12.
④ 赵振华.波兰、爱尔兰农村养老保险制度略览[J].天津社会保险，2009（2）：60-62.

保费的一半。政府对城市工薪人员的养老保险计划仅提供政策上的税收支持优惠,不直接承担责任[①],而农民的缴费率很低。波兰使用自雇人员的净收入(收入减去必要的商业开支)作为缴款基础,个体户必须支付申报收入的19.52%,适用于较低的缴费基数门槛,相当于预算法规定的平均工资的60%。同时,为农民提供的养老金有时与社会其他阶层的养老金是分开的。可见,在筹资领域,波兰政府为确保农民的养老保障权益承担了主要的筹资责任。考虑到农民收入水平较低,政府采取一系列措施降低农民的筹资责任。

8.2 亚洲典型国家养老保障财政投入实践

相比欧洲,亚洲的社会保障体系发展滞后。日本是亚洲现代化兴起比较早的国家,社会保障体系也较为完备。印度是人口仅次于中国的发展中国家。亚洲众多国家中,本章选取日本和印度两个国家进行研究,原因在于:作为发达国家的代表,日本农村社会保障制度开展时间比较长,农村养老保险发展积累了不少经验。同时,日本与我国一衣带水,与我国在人种、人文观念等方面存在诸多相似之处。印度同我国一样是世界上的人口大国,且同属于发展中国家。同时,两国为金砖国家,在城镇化、工业化过程中存在一些类似之处。鉴于此,分别考察日本与印度农村养老保障制度建设,探索财政投入在两国养老保障发展中的作用,以期为我国城乡居保制度的发展提供经验借鉴。

8.2.1 日本养老保险制度的发展与财政投入实践

8.2.1.1 日本农村养老保险制度的发展

日本是亚洲确立农村养老保险计划较早的国家。在日本,社会养老保险计划通常被称作"年金计划"。同德国一样,日本的年金计划主要是针对城市工薪阶层,如早在1941开始推行的厚生年金计划并未覆盖农民、个体从业者等非工薪阶层。日本农村的耕地面积占国土的比重比较小且耕地比较分散,小农经济成为日本农业生产的主要形式。为应对灾害、年老、疾病等风险,日本农

---

① 刘媛媛. 转型时期中东欧国家多支柱养老体系改革研究[D]. 辽宁大学,2013.

村采取"共济"制度,它主要召集农民形成基层共济组织,参加组织的农民承担基金筹资的责任。当组织成员遭受灾害、年老、疾病等问题时,共济组织给予成员一定的经济补偿[①]。20世纪50年代,日本逐步进入高速发展时期,城市工业发展迅速,大量农民开始进入城市,农业生产从业人口减少,农业生产率下降,城乡之间的不平衡日益突出。与此同时,在农村人口持续流入城市的背景下,农村老龄化加速,日本农村传统的家庭养老模式和共济制度难以持续,日本农村养老问题凸显。在此背景下,1959年日本颁布《国民年金法》,将农民纳入其中。1971年日本为农民建立了专门的年金制度。至此,日本多层次的农民年金制度形成。

8.2.1.2 日本现行的农村养老保险制度

整体看,日本依据社会成员身份构建了三大社会养老保险制度:覆盖所有国民的国民年金制度、职业年金制度(针对农民的农业者年金制度、针对公务员的共济年金制度)、覆盖企业员工的厚生年金制度。日本农村社会养老保险制度主要由国民年金、农业者年金与国民年金基金构成,其中国民年金属于第一层次,农业者年金和国民年金基金属于第二层次。1959年,日本推行国民年金制度,首次将农民纳入其中;1985年,日本完善《国民年金法》,国民年金要求所有适龄国民必须参加,成为一项所有社会成员共同参与的社会养老保险制度。日本国民年金的参保对象包括三类:第一类包括适龄的农民与个体户;第二类为厚生年金的参保人;第三类为厚生年金的参保人配偶。国民年金对三类群体按照不同形式收取保险费。包括农民在内的第一类人群需要按月定额缴纳保费;第二类群体根据工资收入的一定比例缴纳保险费,参保人和雇主各负担一半。对于收入较低的农民,经国民年金考核和审批后可免收保险费,但退休后的养老金待遇水平会有所降低。三类人群领取国民年金的条件一致,65岁及以上且参保年限超过25年的参保人均可享受养老金。1973年被誉为日本福利元年,其重要标志在于农业者年金制度的确立和实施。农业者年金制度的参保对象是农村地区具备国民年金资格、拥有一定规模土地的农业经营者及其后继者,农业者年金制度参保对象的后继者可自主选择是否参保。与国民年金制度不同,农业者年金制度并非强制参保,农民可自由参保,但加入农业者

---

① 董理,李卢霞.借鉴国外经验完善新型农村社会养老保险体系[J].现代经济探讨,2009(11):88-92.

年金制度必须同时满足以下条件：一是已参保国民年金；二是拥有一定规模的土地①。从一定程度上看，农业者年金制度是国民年金的补充。由于农民领取的养老金待遇水平相对较低，1991年日本推行国民年金基金旨在缩小农民与厚生年金参保人的待遇水平差距。包括农民在内的第一类人群均可参加国民年金基金，但需要缴纳附加保险费，达到规定的条件后，农民可领取一份附加养老金。

8.2.1.3 日本农村养老保险财政投入责任

从日本社会养老保险制度发展来看，日本依据不同人群的需求推行多层次的社会养老保险计划，既确立了覆盖全体社会成员的国民年金制度，也设置了国民年金基金、农业者年金、厚生年金等补充养老保险计划。可以说，日本政府在每一项年金计划中发挥着主导角色。日本每一项年金计划的出台均坚持立法先行，确保制度执行的稳定性。需要强调的是，政府财政主动肩负起财政投入责任是日本农村社会养老保险顺利推行的关键。在日本国民年金计划筹集的资金中，政府财政补贴占1/3，另外2/3由包括农民在内的第一类参保人承担。为实现土地的规模化经营，日本政府对参加农业者年金的农民给予财政补贴，财政补贴标准根据参保年龄和参保年限设置了不同的标准。1959年以来，日本政府对国民年金计划的投入不断提升，并根据农村经济社会发展情况进行调整。在政府财政的支持下，2014年日本政府对农民年金的给付比重达到了65%，远远超过了1975年42%的给付比重②。同时，国民年金的所有管理费用均由政府财政承担。2009年以来，日本进一步提升了财政投入标准，政府在国民年金中的筹资比例从1/3增加到1/2。可见，在政府财政的大力支持下，日本农民享受到同其他人群一样的养老保险，并且农民与其他群体的养老金待遇水平不断缩小，较好实现了城乡公共服务的均等化。正是因为日本政府强有力的财政支撑，日本才能建立较为完备、保障水平较高的农村社会养老保险制度③。

---

① 曹信邦，李静琪. 国外农村社会养老保险政府责任模式比较及启示 [J]. 劳动保障世界（理论版），2011（9）：4-8.
② 余瑞萍. 政府主导型农村养老模式：日本的经验与教训 [J]. 世界农业，2018（3）：43-49.
③ 冯兰. 日本农村养老保险对我国的启示：基于政府责任的视角 [J]. 劳动保障世界（理论版），2012（12）：94-96.

8.2.2 印度养老保障制度的发展与财政投入实践

8.2.2.1 印度农村养老保障的发展历程

印度是当今世界重要的新兴经济体，也是发展中国家中经济发展速度较快的国家之一。同中国一样，印度是人口大国，人口数量仅次于中国位居世界第二位，但印度的人口老龄化程度比中国低。近年来，随着人口结构的变化，印度的人口老龄化问题逐渐产生。从农村养老保障制度的发展来看，从英属殖民地时期到 21 世纪初，印度农村养老保障的确立历经漫长的探索。英属殖民地时期，印度人民处于水深火热之中，英国无暇关注民生。印度独立之后，国家开始逐渐关注养老问题。印度最早主要为特殊行业工人、公共部门的雇员建立养老保险计划，如印度独立后便建立的煤炭工人养老保险计划、1952 年确立的雇员公积金计划。但这些养老保险计划并未覆盖广大农民。独立后的印度，农民养老问题的解决主要依赖家庭。由于当时印度人口老龄化程度比较低，农民养老问题并不突出。随着经济社会的发展、农村人口的流出，农村老年人养老问题引起政府的重视。20 世纪 70 年代中期，印度开始实施农村综合发展计划（反贫困计划），部分农村老年人可以享受政府的贫困津贴[①]。21 世纪初，印度实施《无组织部门工人社会保障法案》，农民正式被纳入养老保障计划。

8.2.2.2 印度农民养老保障计划

自 20 世纪 70 年代中期以来，印度实施农村综合发展计划逐渐覆盖所有农民。农村综合发展计划的主要对象是收入在贫困线以下的农民，援助的方式主要是提供物资和技术支持。对于丧失劳动能力的农村老年人，政府发放一定额度的津贴[②]。印度实施农村综合发展计划的主要目的在于解决农村贫困问题。印度的农民养老保险计划主要由两部分构成：缴费型养老金计划和非缴费型养老金计划。《无组织部门工人社会保障法案》倡导实施的养老金计划属于缴费型养老金计划，该计划规定农民必须缴纳保费，但缴费标准依据个人收入有所不同：收入在贫困线以下的个人不需要缴费，完全由联邦、邦政府负责缴费；

---

① 梁扬扬. 印度社会养老保障制度历史沿革及其启示 [J]. 黑河学刊, 2016 (6): 41-43, 50.
② 柳颖, 韩宝. 印度农村反贫困计划的选择性与精准性对我国的启示 [J]. 湖南工程学院学报（社会科学版）, 2016, 26 (4): 16-19.

收入在贫困线以上的个人每天缴纳 1 卢比,联邦政府每天缴纳 1.5 卢比,邦政府每天缴纳 0.5 卢比[①]。该计划的待遇资格是年龄 65 岁及以上。65 岁及以上的贫困老年人每月既可以领取部分津贴,还可以领取政府免费提供的米、面等实物。同时,印度的国家社会救助计划属于非缴费型计划,领取该计划的养老金需要接受家计调查。65 岁及以上且收入比较低的老年人能够领取该计划提供的养老金。

8.2.2.3 印度农村养老保障的财政投入实践

印度政府无论对农村缴费型养老金计划还是对非缴费型养老金计划都给予了直接有力的支持。在农村缴费型养老金计划方面,《无组织部门工人社会保障法案》规定联邦政府和邦政府作为缴费主体直接缴费一定数额的保费,还要补贴贫困线以下的低收入群体的参保。此外,印度承担养老基金投资运行责任,当基金收益率低于 9% 时,印度政府进行兜底,进一步保障农民老年人的养老权益[②]。印度的非缴费型养老保障计划则完全由政府财政负担。不论是现金还是实物,两种福利派送方式的非缴费型养老保障主要由联邦和邦两级政府财政负担。截至 2012 年 7 月,印度约 1370 万老年人领取非缴费型养老金,200 卢比的待遇标准为贫困线的 27%,人均 GDP 的 3%,总支出约占 GDP 的 0.04%[③]。综上,印度通过联邦政府和邦政府两级政府的财政投入,基本实现了农村居民养老保险制度的全覆盖。印度目前的养老保障计划的待遇水平尽管仍比较低,但还是有助于缓解印度二元结构的矛盾。

8.3 拉丁美洲典型国家养老保障财政投入实践

近年来,发展中国家也面临着人口老龄化的问题。不同于发达国家,发展中国家的农村老年人主要居住在农村。因而,如何应对农村养老问题成为多数发展中国家社会保障的重中之重。在拉丁美洲,巴西是人口最多的国家,巴西同中国都属于金砖国家,两国国情有诸多相似之处,且两国经济社会交流较

[①] 严运楼,严宇珺. 印度人口老龄化及养老保险制度改革策略研究 [J]. 人口与社会,2018 (6): 89 - 96.

[②][③] 梁扬扬. 印度社会养老保障制度历史沿革及其启示 [J]. 黑河学刊,2016 (6): 41 - 43,50.

多。智利社会保障改革也受到世界关注，形成了独树一帜的"智利模式"。因而，本章在拉丁美洲选取具有代表性的巴西和智利，探讨两国养老保障以及财政投入责任。

8.3.1 巴西养老保障的发展与财政投入实践

8.3.1.1 巴西农村养老保障的发展历程

巴西是拉丁美洲国土面积最大的国家，有着丰富的农业资源。同中国一样，巴西农业人口比重相对较大，且两国农村人口老龄化问题较为严峻。与德国、日本等多数国家一样，巴西社会保障最先覆盖国有企业和私营企业的工人。20 世纪 20 年代初期，巴西劳资冲突问题严重，为缓和社会矛盾，政府决定建立覆盖工人的社会保障制度。巴西政府仅在 4 年之间就实现了社会保障的快速发展。然而，被排斥在社会保障制度之外的农民养老仍靠个人和家庭来维系。随着农村人口老龄化问题的加剧和农村老年贫困群体规模的增加，巴西政府采取制度化方法解决农村老年养老问题。经过长期的探索，1971 年巴西政府决定将社会保障计划覆盖至农村劳动人口[①]。

8.3.1.2 巴西的农村养老保险制度

历史传统中的合作主义和《贝弗里奇报告》中的普遍福利思想对巴西农村社会养老保障计划的影响非常大。在上述两种重要思想的影响下，巴西政府在农村建立了非缴费型养老保险计划。巴西非缴费型养老保险计划历经了多次调整和完善。起初，巴西政府对非缴费型养老保险计划对象的资格审查比较严格。符合年龄要求的农村贫困人口、残疾人等，要具备 20 年从事农业劳动时间，在通过政府家计审查后才能领取养老金，养老金的待遇水平也比较低。在资金筹集方面，非缴费型养老保险计划不要求个人缴费。1988 年，巴西对非缴费型养老保险计划进行改革。调整后的非缴费型养老保险计划降低了待遇领取资格，如降低领取养老金的年龄，优化记录从事农业生产时间的方法。在此基础上，提高了养老金待遇水平，并且不同群体可以领到相同待遇的养老金。近年来，巴西为确保非缴费型养老保险计划覆盖有真正需求的农村居民，努力

---

① 白维军. 巴西农村养老金计划及其对中国的启示 [J]. 经济问题探索, 2010 (7): 165 – 169.

探索进入与退出机制①。

8.3.1.3 巴西农村养老保险的财政投入责任

从巴西养老保险制度的发展来看，政府自始至终居于主体地位。巴西农村公共养老金计划强调的是非缴费性以及政府对农民的养老责任，而非农民这一弱势群体的个人责任。非缴费型养老保险计划的筹资渠道主要包括政府财政补贴、农产品销售税以及工薪附加税②。其中，巴西养老保险金大部分都源于政府财政投入，政府给予养老保障计划强有力的财政支持。可见，由于农民不用缴费，巴西政府通过多元化的筹资渠道来确保非缴费型养老保险计划的持续运行。巴西政府通过农产品销售税和工薪附加税不仅实现了工业支持农业、城市带动农村的目标，而且为农村社会保障计划找到了稳定的资金来源。同时，巴西政府不断完善非缴费型养老保险计划，并持续给予强有力的财政支持，这对解决农村老年贫困问题、提升农村老年人生活水平具有举足轻重的意义。

8.3.2 智利养老保障的发展与财政投入实践

8.3.2.1 智利农村养老保险的发展历程

智利是拉美国家福利改革的先锋，其建立的完全个人账户积累制度对拉丁美洲不少国家产生了重要影响。之前，智利的社会保险主要采取现收现付的财务模式。20世纪70年代初期，智利政府发生军事政变。青睐芝加哥自由主义思想的军政府开始对社会保障进行私有化改革。在此背景下，智利政府废除了现收现付的养老保险，并在1980年确立了完全积累型的个人账户养老金模式。新确立的个人账户养老金制度也首次将农民、个体经营者纳入其中。

8.3.2.2 智利农村养老保险制度

智利所有的社会成员被强制性要求参加社会保险，按照工资的一定比例缴纳养老金，退休后将账户里的存款和利息收入付给会员。在资金的筹集上，政府只负责承担最低生活保障和最终风险，费用完全由个人缴纳，按月工资的

---

① 白维军. 巴西农村公共养老金计划及对我国新农保的借鉴意义 [J]. 科学社会主义, 2010 (4): 146–149.

② 刘影春. 农村社会养老保险制度建设的国际经验及启示 [D]. 华中师范大学, 2013: 68.

10%计入个人账户当中,个人账户上的资金由多家私人养老金管理公司进行负责。目前智利共有18家养老基金公司,投保人可以自由选择养老金管理公司进行资金的市场化运作,达到一定年限的参保人可以提取个人账户里的资金。在资金领取上,当参保者达到一定领取条件时,可以将账户上的基金留在养老基金管理公司当中,根据公司的计划领取养老金;也可以将养老金转移到保险公司中购买终身年金,保险公司进行定额的给付;也可以将一部分养老金继续留在养老金公司当中,剩余部分转移到保险公司,由保险公司支付终身年金。

8.3.2.3 智利农村养老保险的财政投入

智利的养老金主要采取完全个人责任模式,政府不直接承担财政投入的责任,通过私营机构投资政府债券、银行贷款、股票等方式,促进了养老金收入的增加和资本市场的正常运转;采用严格限量监管模式,不仅规定账户的投资种类,也规定了每种资产的最大投资比例,保障了资金的安全性。政府通过给予投资失败的养老金公司进行财政兜底,保障了投资人晚年的生活来源。个人账户模式也减轻了政府的财政负担,增强了个人的责任意识,提高了参保人投资养老的积极性。此外,养老金制度的运行,也为资本市场的运转提供了大量的资金积累。但是个人账户模式不具备社会保险制度的互济性,没有办法分担养老风险,当资本市场发生通货膨胀或者金融危机时,容易对养老金产生较大的影响,政府可能会面临巨大的财政兜底风险。智利农村养老保险在不断改革和调整的过程中出现政府不断弱化自身责任的情况。政府的财政职责被缩小,个人的责任被扩大,帮助智利政府从提供公共养老金的负担中解脱出来。在财务机制上,智利养老保险采取完全基金制,个人缴费完全进入个人账户,退休后领取的养老金也完全取决于个人账户积累的保险额和投资收益。

8.4 非洲典型国家养老保障财政投入现状

当前,全球社会保障发展不平衡。相对而言,非洲社会保障覆盖率和保障水平比较低,非洲大部分国家尚未建立养老金制度。本章选取非洲地区的南非和毛里求斯两个经济发展水平较好的国家开展研究,两个国家均建立了较有特色的养老保险制度。

8.4.1 南非养老保障制度的发展与财政投入实践

8.4.1.1 南非农村养老保障制度的发展历程

南非共和国位于非洲大陆最南端,属于中等收入的发展中国家,也是非洲经济最发达的国家之一。南非较早地建立了企业职工基本养老保险,由于部分白人没有纳入养老保险制度体系中,政府想通过建立非缴费型养老保障计划将白人纳入养老保险体系中,非缴费型养老保障计划的确立能够进一步补充正式部门职工养老保险。受种族隔离的影响,包括农民、个体经营者在内的南非本地人多数没有稳定的工作,因而被正式部门职工养老保险排斥在外。此外,政府禁止黑人和其他有色人种参加非缴费型养老保障计划,当局认为南非传统家庭养老依然奏效,在城市工作的农村人的养老需求应由农村生产来满足而非政府提供。受长期种族歧视和经济转型的影响,南非爆发了大规模的劳动运动,要求黑人享受国家提供的社会保障。在此背景下,1944 年政府允许南非黑人参加非缴费型养老保障计划。至此,包括农民在内的南非本地人才真正被非缴费型养老保障计划所覆盖。

8.4.1.2 南非农村社会养老保障制度

从南非非缴费型养老保障计划的发展来看,可以将其分为两个阶段:旧非缴费型养老保障计划阶段和新非缴费型养老保障计划阶段。1994 年之前的南非农村养老保障计划被称为旧非缴费型养老保障计划。尽管 1944 年非洲本地人被允许参加非缴费型养老保障计划,但非缴费型养老保障计划规定不同人群参保的资格条件和领取的养老金待遇水平差异非常大。从领取的养老金来看,非洲本地人领取的养老金不论是具体额度还是相对水平都远远低于南非的白人,并且苛刻的家计调查让多数农村老年人无法领取较高档次的养老金。同时,南非种族主义统治者通过各种手段限制南非本地人领取养老金的人口规模。1989 年为解决非缴费型养老保障计划中种族群体极为不平等的问题,政府开始提升非洲本地人的养老金待遇。非缴费型养老保障计划中白人与其他种族的养老金待遇差距不断缩小。整体看,旧的非缴费型养老保障计划充斥着种族歧视,具体表现为:一是类别化的家计调查标准,即白人和其他种族以不同的资金和收入标准来衡量;二是非洲本地人的受益程度远低于白人;三是养老金发放方式有别。1994年以后，南非废除了种族隔离制度，所有国民可以公平公正参加非缴费型养老保障计划，并享受统一的养老金待遇。

8.4.1.3 南非农村社会养老保障财政投入责任

南非政府在非缴费型养老保障计划中发挥着主导性作用。南非非缴费型养老保障计划的资金主要由政府承担。目前，南非的非缴费型养老保障计划占国内生产总值的比重已超过1%，这明显高于多数实行非缴费型养老保障计划的国家，这表明南非政府对非缴费型养老保障计划的财政投入力度比较大。从非缴费型养老保障计划对参保人需求的满足程度来看，非缴费型养老保障计划养老金待遇调整幅度高于同期居民消费价格指数，表明南非养老金能够灵活地根据社会物价水平进行调整；从非缴费型养老保障计划投入资金的公平性来看，养老金已实现不同种族人群的平等，但是各地区资金分配仍存在一定的差异；从非缴费型养老保障计划的覆盖率来看，非缴费型养老保障计划已覆盖了80%以上人口，基本确保符合条件的老年人领取养老金；从非缴费型养老保障计划的管理效率看，南非新政府对养老问题高度重视，每年都会对非缴费型养老保障计划中的参保对象认定、家计调查方式、管理制度等内容进行调整。

8.4.2 毛里求斯养老保障制度的发展与财政投入实践

8.4.2.1 毛里求斯农村养老保障制度的发展背景

毛里求斯是非洲的一个岛国，长期受英国的殖民统治。与其他国家不同的是毛里求斯社会保障制度的确立具有诸多的偶然性。在英属殖民地期间，毛里求斯的统治者和侨民被不同的社会保障计划所覆盖，而毛里求斯本地工人并没有福利计划。第二次世界大战期间，受战争的影响，包括毛里求斯在内的很多非洲国家青壮年参战，这使人口结构产生了巨大的改变。毛里求斯国内的养老问题成为当时重要的社会问题。为了避免社会冲突，毛里求斯当时的殖民统治者开始酝酿建立缴费型的养老保险计划。但是事与愿违，第二次世界大战后英国宣布建成福利国家，这对正在筹建养老金计划的毛里求斯产生了重要的影响。当时，毛里求斯国民强烈要求出台养老金计划，而当政者希望建立缴费型养老金计划。由于牵扯到保险精算等复杂的手续，毛里求斯殖民政府于1950年仓促出台了收入调查式的非缴费型养老金计划。至此，毛里求斯国民终于被非缴费型养老金计划所覆盖。

8.4.2.2 毛里求斯农村社会养老保障制度

自毛里求斯殖民政府出台收入调查式的非缴费型养老金计划以来，在不同的时期，政府对非缴费型养老金计划进行了多次完善。1950年确立的收入调查式的非缴费型养老金计划受到毛里求斯国民支持，但是其严格的收入调查设计备受诟病。为此，1953年毛里求斯殖民政府对收入调查式的非缴费型养老金计划进行了改革，如改革收入调查方法，将收入核算周期从每月延长至每年，提高居民收入上限。同时，放宽领取养老金的年龄限制，从65岁降至60岁，并提高了最高养老金待遇。改革后的收入调查式的非缴费型养老金计划基本为毛里求斯社会各界所接受，养老金计划能够良好持续运行。1957年，毛里求斯政府宣布取消收入调查，非缴费型养老金计划成为一项普惠式的养老保障计划，这也意味着所有成员凡是达到制度规定的年龄，均可直接领取养老金。1968年毛里求斯结束了英国的殖民统治，但受制度路径依赖的影响，毛里求斯政府保留非缴费型养老金计划并对其进行微调。1973年，为保证养老金计划的待遇，毛里求斯政府将养老金待遇与消费价格关联，这一举措增加了毛里求斯国民对养老金计划的制度信任感，也为政府后续改革赢得了坚实的群众基础。

8.4.2.3 毛里求斯农村社会养老保障财政投入责任

不论是收入调查式的非缴费型养老金计划还是普惠式的非缴费型养老金计划，其资金筹集完全靠政府财政投入。为确保非缴费型养老金计划的资金来源，政府向劳动者统一课税，即便是领取养老金的老年人也要上缴一部分税。取消收入调查后，毛里求斯的非缴费型养老金计划覆盖的人口更多，即便如此政府仍然提高养老金待遇水平。为确保非缴费型养老金待遇水平不降低，毛里求斯政府将养老金待遇与消费价格关联，并且养老金待遇上调的幅度比消费价格更高，让制度覆盖的所有成员能共享经济社会发展的成果。同时，政府设计了累进的养老金待遇水平计发办法。该办法旨在保证那些年龄更大的老年人能够领取更高额度的养老金。相比而言，高龄老人需要的医疗、养老支出更高，高龄老人陷入贫困的概率更高。因而，毛里求斯政府实施的累进的养老金待遇水平计发办法能够降低高龄老人陷入贫困的概率，大大提升了政府财政投入资金的利用率，而且能够满足不同年龄阶段群体的需要，充分体现了一种人性化的原则。

8.5 国外养老保障财政投入经验总结

通过对欧洲、亚洲、拉丁美洲、非洲等典型国家社会养老保障计划及财政投入实践的分析可知，各国纷纷结合自己的国情建立了形式多样的养老保障计划，如以德国为代表的现收现付的养老保险模式、以智利为代表的完全积累制的养老保障计划以及以巴西为代表的非缴费型养老保障计划。尽管各国建立养老保障计划的时间早晚不一，各国养老保障模式多种多样，但上述国家发展农村养老保障计划的具体实践仍存在诸多的共性：第一，享受养老保障是农村劳动者的基本权益。上述国家农村养老保障计划确立的时间，均在不同程度上晚于本国城市职工养老保障计划。尽管农村养老保障计划确立的时间晚，但均受到各国政府的高度重视，这表明农村养老保障是国计民生的重要组成部分。农村居民享受养老保障的权利可能会迟到，但不能缺位。第二，农村养老保障计划是国民经济发展中的重要组成部分。农村养老保障制度的确立对应对农村人口老龄化问题，提升农业生产竞争力，甚至对一个国家经济社会发展战略都具有重要的意义。综上，国外农村社会养老保险财政投入的经验主要总结为以下几点。

8.5.1 政府财政投入是养老保障计划发展的核心推动力

从世界范围来看，不论是发达国家的农村养老保障计划，还是发展中国家的农村养老保障计划，其确立的时间均晚于本国城市雇员养老保障计划，其原因主要在于两个方面：第一，产业革命之后，城市工业快速发展，工业生产效率大大超过农村小农经济的效率；第二，农民劳动收入水平不仅低于雇员劳动收入水平，而且收入往往表现出较强的波动性。在上述因素的影响下，农业人口参加农村养老保障计划，特别是缴费型的保险计划具有一定的劣势。同时，为支撑城市工业发展，多数国家的农业人口涌入城市，传统的农村家庭养老模式举步维艰。单靠农民自身的缴费无法有效确保农村社会养老保险的持续发展。世界上多数国家都以不同形式给予农村社会养老保险财政支持。作为农村养老保险制度的最终担保人，政府要加大对农村养老保险制度的财政投入力度，使广大农民共享改革发展成果。如德国农村养老保险基金虽然来源于农民缴费和政府财政补贴，但政府财政投入是农村社会养老保险基金的主要构成部分。20世纪70年代末，波兰建立了特别农民养老金制度（KRUS），政府对农民养老保险的财政补贴高达95%[①]。在日本，国民年金计划筹集的资金中，政府财政补贴占1/3，后来逐渐提升至1/2。巴西、毛里求斯、南非等国的非缴费型养老保险计划则完全由政府来承担。除智利外，德国、日本、巴西等国家都直接给予了农村养老保障计划直接的财政投入，各国的政府财政都是作为农村养老保障计划的筹资主体来履行财政投入责任的。可见，农村养老保障计划离不开政府财政支持，政府财政支持是农村养老保障计划的核心推动力。

8.5.2 明确中央和地方政府的财政投入责任

德国、日本、巴西、南非等国尽管建立了财政投入型的农村养老保障计划，但是各国农村养老保障计划中的政府与个人、政府间的投入责任关系并不尽相同。从资金来源看，具体划分为投保资助型农村养老保障计划、政府完全负担型非缴费型养老保障计划以及个人完全负担的农村养老保障计划（如智利）。每一类型农村养老保障计划不仅明确规定了政府和个人的权责关系，而且明确了中央和地方政府的财政投入责任。如德国农村养老保障计划规定了政府对农村社会养老保险的财政投入方式，主要包括差额补贴、保费津贴和以支定补三种。差额补贴主要表现在当保险费无法承担养老金支出时，缺口差额部分由政府财政负担。保费津贴旨在为那些经济拮据的农村从业者提供补贴。德国养老保险制度规定，低于特定额度的参保人口可以享受财政补贴。由于德国农村社会养老保险主要采取现收现付制度，养老金发放采取以支定收的方式，因而，财政投入责任更多地体现在保费补贴方面。在政府间财政投入责任界定方面，德国农村养老保障计划更强调联邦政府政府的投入责任，州政府在农村养老保障计划中承担的投入责任相对较少。印度实施的农民缴费型养老保障计划主要由联邦政府和邦政府共同补贴，如收入在贫困线下的个人不需缴费，完全由联邦、邦政府负责缴费，且联邦政府承担的责任要高于邦政府，基本按照3∶1的比例来补贴。

---

① Pension Schemes for the Self‑Employed in OECD Countries. OECD Social Employment and Migration Working Papers. 2009（12）：10–12.

在明确中央政府和地方政府责任的前提下，国外中央政府在农村养老保障计划中往往发挥着主导性所用，这种主导性作用主要表现在中央政府主导农村养老保障计划的顶层设计和承担大部分财政投入责任。这主要是由农村养老保障计划的内在属性决定的。农村养老保障计划是社会保障的重要构成部分，往往具有较强的外部性和收入分配效应，对实现社会公平与社会和谐具有积极的作用。从上述国家来看，农村养老保障计划往往由中央政府统一制定政策，统一进行集中管理。中央政府不仅直接作为筹资主体对农村养老保障计划进行补贴，而且往往作为兜底人，承担起弥补农村养老保障计划收入不足的责任。

8.5.3 通过立法规范政府与个人的权责关系

立法是维护和保障农村社会养老保障制度平稳运行的关键。从上述国家农村社会养老保障计划的推行来看，绝大多数表现出了立法先行的规律。如德国20世纪50年代年颁布的《农民养老保障法》《农民养老援助法》保障了德国独立的农村社会养老保障计划的确立。日本颁布的《国民年金法》为农民建立了基础养老保障，颁布的《国民年金基金》《农业者年金》为农民构建了补充养老保险计划。巴西、南非、毛里求斯等国通过一系列法案为农村社会养老保障计划的确立奠定了基础。可见，上述国家都充分意识到法律维护农村社会养老保障计划权威和稳定的作用。德国、日本、巴西、南非、毛里求斯等国通过立法确定了政府与个人的权利与责任、中央政府与地方政府的责任关系。这对个人和政府各自履行责任给予了强有力的监督，特别是在中央政府与地方政府履行财政投入责任、政策设计职责，以及农村社会养老保障计划中政府间财政关系的协调中形成了稳定机制，进而为农村社会养老保障计划的稳定发展奠定了基础。

8.5.4 积极拓展资金筹集渠道

通过多元化的筹资渠道，筹集充足的资金是保障农村养老保障计划持续稳定发展的关键。国际劳工组织认为社会保障资金的筹集应尽可能考虑低收入群体的负担，参保职工缴费不能超过工资收入的50%，筹资机制尽可能适合本国国情。从上述国家的筹资渠道来看，既有农民和政府财政共担的农村养老保障计划，也有政府完全负担的农村养老保障计划。不论是哪种类型的农村养老保障计划,当前均面临着政府财政投入可持续性的问题。众所周知,人口老龄化已成为困扰社会保障基金可持续的重要影响因素。值得一提的是,农村人口老龄化的问题更为突出,这也给农村养老保障计划基金平衡带来巨大挑战,特别是财政投入的可持续性面临前所未有的压力。在此情形下,为确保农村养老保障计划的稳定性,各国尝试从多方筹集资金以减轻财政投入负担。比较典型的是巴西,巴西农村养老保障计划的资金虽然主要来源于财政投入,但是巴西通过征收农产品购买者税和工薪税为农村养老保障计划筹集资金。巴西这种征税不仅为农村养老保障计划提供了资金支持,而且通过征税实现城市反哺农村,对缩小城乡差距意义重大。此外,波兰政府通过出售国有资产或国有资产私有化为农村养老保障计划筹集资金。多元化的筹资渠道减轻了财政投入负担,也保障了农村养老保障计划的稳定发展。

8.5.5 重视多层次养老保障体系建设

2005 年世界银行在之前"三支柱"养老保障计划的基础上又提出了"五支柱"养老保障计划。其实,不论是"三支柱"养老保障计划还是"五支柱"养老保障计划,其目的是实现法定养老保障计划与其他养老保障计划的协调发展,从而保障每一位老年人的养老保障权益。从德国、日本、巴西、毛里求斯、印度等国农村养老保障计划来看,各国均在努力通过财政补贴、税收优惠等手段建立起多层次的农村养老保障计划,以弥补单支柱农村养老保障计划的不足。如日本在多层次农村养老保障计划的建设方面取得了较大的成效。日本的农村养老保障计划主要包括两层:一是包括农民在内的国民年金计划,主要向国民提供最基本的养老金。二是农业者年金制度和国民年金基金制度。国民年金对战后日本的快速发展发挥了重要的作用。然而,随着日本少子化、老龄化问题的凸显,经济发展的萎靡,日本政府在支付待遇水平并不高的国民年金方面困难重重。为此,日本通过财政补贴的手段确立了完全积累型的农业者年金制度和国民年金基金制度。毛里求斯在确立非缴费型养老保障计划的基础上,经过曲折摸索,又建立了国民储蓄基金作为非缴费型养老保障计划的补充。可以说,多层次农村养老保障计划不仅直接增加农村老年人的待遇水平,而且在一定程度上减轻了财政投入负担,更重要的是实现不同养老保障计划的共同持续发展。部分国家养老保障制度概况如表 8-1 所示。

表 8-1　　部分国家养老保障制度概况

国家	巴西	毛里求斯	阿根廷	南非
计划的名称	农村养老金	基本养老金	养老金专用条款	老年人补助金
引入时间	1963 年	1950 年（方案首次实施），1958 年（方案普及）	1994 年	1927 年第一个白人计划，1944 年计划扩大到整个人口，1996 年实现完全均等
当地货币金额	678	3623	1610	1350
美元	300	118	198	125
购买力平价	340	202	547	248
目标市场选择	符合领取养恤金资格和从事农业生产或维持生计生产的个人	全体	经过收入调查的个人	经过收入调查的个人
领取年龄	60（男性）55（女性）	60	70	60
领取者人数（人）	5851554	180770	48394	2924511
60 岁以上人口比重	28%	102%	1%	65%
占人均国内生产总值比重	31%	14%	25%	23%
总成本（占 GDP 的百分比）	0.98%	2.178%	0.035%	1.152%
超过适用资格的人口的百分比	42%	159%	1%	100%

资料来源：Help Age International Pension Watch Database (2015).

8.6　本章小结

自德国首创社会养老保险制度以来，社会养老保险制度逐渐从经济发达的欧洲国家扩展到经济欠发达的亚洲和非洲等国家，社会养老保险制度的参保对象也逐渐从早期仅产业工人到农民和自由职业者。本章选取欧洲、亚洲、拉丁美洲、非洲等典型国家的社会养老保障制度，重点考察了德国、波兰、日本、印度、巴西、智利、南非、毛里求斯等国家的社会养老保障制度的政府财政投入实践。研究发现，政府财政投入是养老保障计划发展的核心推动力，要明确中央和地方政府的财政投入责任，积极发挥中央政府的主导作用，通过立法规范政府和个人的权责关系，积极扩展资金筹集渠道，减轻财政负担，重视多层次社会养老保险体系建设。

9

优化城乡居保财政投入责任分担机制的原则与方略

9.1 优化城乡居保财政投入责任分担机制的原则

9.1.1 坚持城乡统筹和顶层设计的原则

城乡居保是我国社会保障体系的重要构成部分。与其他社会保障项目相比，只有面向城乡居民的养老保险是从无到有，填补了有史以来重要社会保障制度的空白[①]。2018年末城乡居民基本养老保险参保人数达到52392万人，其中，实际领取待遇人数15898万人。目前，以城乡居民为主体的城乡居民基本养老保险制度已成为世界上参保人数最多的养老保险。因此，应将城乡居保置身于城乡统筹发展和乡村振兴战略的大背景下进行谋划，将其作为增强国家治理能力现代化、增进城乡居民获得感、缩小城乡收入差距的重要举措。基于此，城乡居保制度发展的最终目标是实现城乡社会养老保险全国统筹。因而，城乡居保财政投入责任分担机制应该放在城乡统筹的大背景下进行设计，而非仅仅"就事论事"。从短期来看，受市场竞争能力不足和民生领域欠账太多的影响，养老保险城乡统筹不能一蹴而就。现阶段国家应进一步加大财政对城乡居保的投入力度，优化城乡居保财政投入方式，逐步提升城乡居保制度的待遇保障水平。同时，加强新型职业城乡居民队伍建设，提升城乡居民收入水平，

[①] 郑功成. 中国新型社保制度建设的重要里程碑：论城乡居民养老保险制度的建立与发展 [J]. 中国社会保障，2016（3）：28-31.

逐步缩小城乡差距。

顶层设计原是工程学的一个术语，最早出现在中共中央"十二五"规划建议中，后逐渐应用到社会科学领域。这里的顶层设计主要强调从全局的视角，通过系统论的方法来考量城乡居保财政投入责任分担机制的设计。《贝弗里奇报告》提出了社会保障改革与发展三条指导性原则，第一条原则是："在规划未来的时候既要充分利用过去积累的丰富经验，又不要被这些经验积累过程中形成的部门利益所限制。世界历史上的划时代时刻属于破旧立新的变革，而不是头疼治头、脚痛治脚的改良。"[1] 尽管我国城乡居保制度取得快速发展，但当前制度尚未成熟与定型。因而，城乡居保财政投入责任分担的设计需要充分考虑基础养老金待遇水平、财政投入方向、政府财政事责和财力的匹配度等，实现城乡居保制度相关构件能够围绕制度目标形成有机衔接、关联和匹配。

9.1.2 坚持公平与效率相协调的原则

公平与效率是社会保障领域常被提及的话题，也往往是最难以达成共识的话题。从本质上看，社会保障通过税费征收和转移支付对人们的收入进行再分配，这种干预是否公平和有效一直是争论的焦点[2]。社会保障制度更是面临公平与效率的取舍。审视我国社会养老保险的历史演进，不难发现我国经济社会不同阶段对公平与效率的认识深深影响了社会养老保险的走向。在老农保建设阶段，我国正处于计划经济体制向市场经济体制转型的关键期，当时经济社会的主流理念是"坚持效率优先、兼顾公平的原则"，这一理念对社会养老保险制度设计产生了深刻的影响。20世纪90年代初期，老农保在资金筹集方面实行"个人缴纳为主，集体补助为辅，国家给予政策扶持的原则，个人缴纳要占一定比例；集体补助主要从乡镇企业利润和集体积累中支付；国家予以政策扶持，主要是通过对乡镇企业支付集体补助予以税前列支体现"。可见老农保充分体现了效率优先、强化个人责任的理念。党的十六大报告提出："初次分配注重效率，发挥市场的作用，鼓励一部分人通过诚实劳动、合法经营先富起

---

[1] 贝弗里奇. 贝弗里奇报告：社会保险和相关服务 [M]. 北京：中国劳动社会保障出版社，2008：2.

[2] 李珍. 社会保障理论（第3版）[M]. 北京：中国劳动社会保障出版社，2013：63.

来。再分配注重公平，加强政府对收入分配的调节职能，调节差距过大的收入。"[①] 在再分配注重公平理念的主导下，社会保障制度快速发展。2003年新型农村合作医疗制度确立，2009年新型农村社会养老保险试点开始推行。在财政投入的支持下，新农保和新农合制度取得快速发展。以公平与效率考量我国农村社会养老保险的变迁，不难发现过度强调效率是老农保失败的根本原因，而注重公平和强调政府财政责任是城乡居保制度快速发展的关键所在。

当前的城乡居保，在注重公平的同时，不能忽略效率。党的十八大报告提出："初次分配和再分配都要兼顾效率和公平，再分配更加注重公平。"财政投入责任分担机制实质上是在既定的财政资源下，中央政府和地方政府如何承担相应的财政责任，既确保城乡居民享受大致均等的公共服务，又确保财政事责与自身财力匹配。因此，城乡居保财政投入责任机制首要强调公平，确保各地城乡居民享受大体一致的新农保公共服务，确保城乡居保待遇水平的均等化，从而为城乡养老保险全国统筹做好铺垫。效率则体现为中央政府和地方政府财政投入责任要明晰，特别是省、市、县政府财政责任分担明确，这主要是由城乡居保公共产品的层次性决定的。城乡居保基础养老金具有全国公共物品属性，应由中央政府承担。由于各地区经济发展水平和居民消费水平存在较大的差距，附加基础养老金应由省、市、县共同分担，以确保各级政府提供城乡居保公共物品的成本与收益相匹配。如果受外部性影响，城乡居保覆盖范围无法与其辖区重合，则城乡居保供给效率未实现帕累托最优。由此可见，城乡居保财政投入责任分担机制若片面强调公平或过度追求效率，都会影响新农保财政投入功效，偏离城乡居保制度目标，制约城乡居保制度的健康持续运行。因而，城乡居保制度内在属性和新农保财政投入责任分担机制需要充分兼顾公平和效率。

9.1.3 坚持法制化与客观性的原则

健全的法制是城乡居保财政投入责任分担机制平稳运行的根本保障。城乡居保财政投入责任分担的法制化是指各级政府对城乡居保财政投入有着明确的

[①] 江泽民. 全面建设小康社会，开创中国特色社会主义事业新局面：在中国共产党第十六次全国代表大会上的报告［EB/OL］. http：//cpc.people.com.cn/GB/64162/64168/64569/65444/4429125.html，2019－7－3.

责任界定和具体的投入标准。在此基础上，以法律法规的形式将其明确，通过强制性和法定性的形式确保各级政府城乡居保财政投入资金按时按量到位。诺思在《制度、制度变迁与经济绩效》一书中指出："在一切社会，从最原始的直至最先进的，人们无不在自己身上施加种种约束，以此来为自己与他人的联系提供结构。在信息和计算能力有限的情况下，比之无制度的世界，约束降低了人类互动的成本。从宪法到成文法、普通法，这些正式规则能够补充和强化非正式约束的成本，它们能降低信息、监督以及实施的成本。"① 改革开放以来，特别是分税制之后，中央政府和地方政府的利益结构逐渐分化，由于提供公共物品的短期收益很低，地方政府财政投入的积极性往往不足。城乡居保财政投入责任分担若没有清晰界定，政府之间就会存在博弈空间，增加制度交易成本，导致财政投入的稳定性比较差。可见，城乡居保财政投入责任分担应强化法制建设，以法律法规形式明确中央和地方政府财政投入责任，以及地方政府之间财政投入责任，通过法律的强约束力降低交易成本，确保各级政府财政投入的稳定性。

客观性是要求城乡居保财政投入责任分担机制植根于我国经济社会发展的国情，并与经济发展同步。党的十九大报告明确提出："中国特色社会主义进入新时代，我国社会主要矛盾已经转化为人民日益增长的美好生活需要和不平衡不充分的发展之间的矛盾。"② 在中国特色社会主义新时代背景下，我国经济发展进入新常态，城乡区域发展和收入分配的差距依然很大，社会保障、就业、居住等民生领域还存在短板，这是我国城乡居保制度和城乡居保财政投入责任分担机制所面临的客观现实。城乡居保财政投入责任分担机制要充分考虑我国区域发展的不平衡、不充分的现实，在确定各地区政府财政投入责任时，应充分测算辖区财政投入规模，财政支出能力，居民收入水平、消费水平，这些相关数据的客观性决定了新农保财政投入责任分担机制的合理性。同时，城乡居保财政投入具有增加城乡居民收入，缩小城乡差距的效应。然而，城乡居保财政投入规模和责任分担方式受经济发展水平的制约。经济发展是城乡居保财政持续投入的物质基础。因而，城乡居保财政投入责任分担机制应同经济发

---

① 道格拉斯·诺思. 制度、制度变迁与经济绩效 [M]. 杭行译，韦森，译审. 上海：格致出版社，上海三联书店，上海人民出版社，2008：43，55.

② 习近平. 决胜全面建成小康社会 夺取新时代中国特色社会主义伟大胜利：在中国共产党第十九次全国代表大会上的报告 [EB/OL]. http：//cpc. people. com. cn/n1/2017/1028/c64094 - 29613660. html，2019 - 7 - 3.

展相适应,如脱离经济发展的城乡居保财政投入责任分担机制则无法实现城乡居保财政投入的健康运行。扎根于我国现实国情,对城乡居保财政投入标准应坚持"尽力而为,又量力而行"。"尽力而为"要以城乡统筹为着眼点,稳步提高财政投入标准。同时又"量力而行",财政投入标准要确保各级政府财政能够负担。可见,要保持同经济发展的适应性,在此基础上不断完善城乡居保财政投入责任分担机制。

9.2 优化城乡居保财政投入责任分担机制的方略

目前,城乡居保财政投入责任分担机制面临的较大问题是政府层级间财政投入责任分担政策模糊,现行财政投入责任分担政策不公平,财政投入资金的利用效率比较低,财政监管机制不健全。在前文研究的基础上,本章提出从加大政府财政投入力度,科学界定政府层级间投入责任,财政投入事权和财力公平匹配,采取财政投入方式的完善和增长机制的建立、财政投入资金的监管等一系列措施,进一步优化城乡居保财政投入责任分担机制。

9.2.1 进一步加大对城乡居保的财政投入力度

财政投入是城乡居保制度快速推行和稳定发展的核心动力。国家财政投入的多寡不仅决定城乡居保制度的质量,而且影响城乡居保财政投入责任分担和各级政府财政责任的落实。可以说,缺乏稳定、充足的财政资金投入,任何科学合理的财政投入责任分担机制都是"空中楼阁"。从世界多数农村养老保障计划来看,政府均给予农村养老保障制度强有力的财政支持,其原因主要在于:一方面,农村居民收入相对较低且具有波动性和不稳定性的特征;另一方面,国家财政支持养老保障制度建设,城乡差距逐渐缩小。近些年来,我国政府一直将"三农"问题作为工作的重中之重,采取一系列惠农富农政策,取得了显著效益。我国城乡在基础设施、居民身份、居民收入方面的差距逐步缩小。然而,受城乡二元体制的影响,在长期工农"剪刀差"的影响下,"三农"为我国城市建设发展承受了巨大的福利损失。截至当前,农村居民在公共服务、家庭财产、隐性权利等方面与城镇居民仍存在较大差距,特别是在收入不断提高的现实情境下,农村居民对养老、医疗、教育等民生需求更高。

2018年初,中共中央和国务院出台《关于实施乡村振兴战略的意见》,明确提出:"农业农村农民问题是关系国计民生的根本性问题。当前,我国发展不平衡不充分问题在乡村最为突出,主要表现在:农村基础设施和民生领域欠账较多,国家支农体系相对薄弱。"① 可见,在实施乡村振兴战略的大背景下,需要政府进一步加大财政支农力度,欠账较多的农村民生领域更是财政投入的重点,这既是弥补"三农"福利损失的需要,也是当前我国决胜全面建成小康社会的需要。同时,加大政府财政投入是缩小城乡养老待遇水平差距的迫切要求。自2009年新农保试点开展以来,城乡居保制度在各级政府财政投入的支持下,切实提升了全国城乡老年人的安全感和获得感。自2009年以来,中央和地方政府在不同程度上提高了城乡居保基础养老金标准和参保缴费补贴标准,但当前城乡居保制度的待遇水平仍比较低。首先,现行城乡居保制度养老金总和替代率远低于国际劳工组织《社会保障最低标准公约》的最低标准。《社会保障最低标准公约》规定养老金最低替代率应高于55%。其次,城乡居保养老金待遇水平远低于城镇职工基本养老保险与机关事业单位养老保险。北京大学的调研数据显示:新型农村社会养老保险的养老金的中位数为每年720元;城镇及其他居民养老保险的养老金中位数为每年1200元;企业职工基本养老保险金的中位数为每年18000元;政府或事业机构的养老金的中位数最高,为每年24000元,是养老金的中位数的33倍多②。最后,不论是从绝对数额看,还是从替代率水平的比较,城乡居保基础养老金水平均低于农村低保水平。可以说,现行城乡居保基础养老金难以满足老年人基本生存需要。因此,无论是助力乡村振兴和缩小城乡差距,还是扭转现行城乡居保待遇水平过低状况,都需要中央和地方政府进一步加大财政投入力度,既要充分利用现有存量资产,更要充分利用各种手段增加城乡居保财政投入增量。

9.2.2 实现政府层级间财政责任的明晰化和法制化

科学界定各级政府财政投入责任并加以法制化是确保城乡居保财政投入责任分担机制有效落实的前提。城乡居保财政投入责任主要包括各级政府(中

---

① 中共中央和国务院. 中共中央和国务院关于实施乡村振兴战略的意见 [EB/OL]. http://www.gov.cn/zhengce/2018-02/04/content_5263807.htm,2019-7-15.

② 北京大学国家发展研究院. 中国人口老龄化的挑战:城乡养老保险待遇有差别 [EB/OL]. http://theory.people.com.cn/n/2013/0604/c49154-21725194.html,2019-7-31.

央政府、省级政府、市级政府、县级政府)应承担的资金筹集责任、资金支出责任与政府间相互协同配合的责任①。目前,在城乡居保制度框架内,中央政府和地方政府有着不同的分工。这种纵向政府间财政投入事责主要表现在:中央政府负责补贴给付,即主要承担最低标准基础养老保险资金的投入。《指导意见》规定:"政府对符合领取条件的参保人全额支付新农保基础养老金。"地方政府主要负责补贴入口环节,即负责对参保人员个人账户进行资金补贴。同时,地方政府入口环节补贴又涉及省级政府、市级政府与县级政府财政投入的负担。政府间投入责任分担机制为确保城乡居保制度的推行发挥了不可替代的作用。从财政投入责任分担的形式来看,城乡居保制度对政府间财政投入责任做出了基本的框架式的界定,这种基本财政投入事责的安排是我国社会保障发展与改革的重要事件,对完善社会保障制度具有显著的积极意义。值得注意的是,当前城乡居保政府间框架式的财政投入责任界定也暴露出一些问题,其主要表现在新农保财政投入责任界定因不尽细致和科学而导致政府财政投入责任运行出现问题。城乡居保财政投入责任界定不尽细致主要体现为地方政府财政投入责任界定尚未明确。《指导意见》关于缴费补贴仅仅提及"缴费补贴标准由省(区、市)人民政府确定"。除补贴缴费外,地方政府还需要承担附加基础养老金、困难群体参保缴费补贴等。从各省出台的城乡居保制度看,省级政府、市级政府与县级政府各自的财政投入事责并没有明确规定,这给政府间财政投入事责分担留下了博弈空间。城乡居保财政投入责任界定不科学主要表现为中央政府、省级政府、市级政府与县级政府财政投入责任功能的界定。城乡居保财政投入责任划分明确了各级政府财政投入的任务和方向,但各级政府财政投入责任的目标定位没有科学界定。如在现行城乡居保框架下,中央政府负责的基础养老金最低标准应达到何种替代率水平,地方政府承担缴费补贴应实现何种程度的激励效应。城乡居保财政投入责任目标定位不明确直接影响政府财政投入标准的确定,最终影响财政投入效果。因而,完善城乡居保财政投入责任分担机制的首要任务在于进一步明确各级政府财政投入事责,特别是省级政府、市级政府与县级政府的财政投入事责,各省可进一步出台政府间财政投入事责划分细则。同时,国家应坚持城乡统筹和顶层设计原则,科学界定各级政府财政投入责任的目标定位。各级政府财政投入责任的目标定位要符合养老保障发展的客观规律,实现城乡居保制度目标与各级政府财力的有机统一。

---

① 政府间相互协同配合责任主要是指纵向政府间财政支持新农保的互动和协调。

在此基础上，确保各级政府财政投入事责的规范化和法制化。城乡居保政府层级财政投入责任法制化能够有效规避各层级政府之间的讨价还价，增强城乡居保财政投入责任分担机制的透明度。应借鉴国外经验，通过立法形式保障财政投入责任分担机制在实际运行过程中不走样、不变形。科学界定的城乡居保财政投入责任分担体系应纳入我国《社会保险法》，为城乡居保财政投入责任分担机制提供强有力的保障。

9.2.3 确保政府间财政投入事权与财力的匹配

实现政府间财政投入事权与财力的匹配是城乡居保财政投入责任分担机制的基本目标，也是城乡居保财政投入城乡居保分担机制持续运行的根本保障。财政投入责任分担指的是各级政府共同分担新农保财政补贴资金，以确保城乡居保制度稳定持续发展的制度安排。这一制度安排实质上是从中央政府到地方政府，通过财政资源的纵向配置实现城乡居保制度的稳定发展，其主要包括两个方面：第一，确定不同层级的政府的事责，即在城乡居保财政资金筹资环节中的责任；第二，某一层级政府的事责的确定需要相应财力的保证，即政府具有承受城乡居保财政事责的收入来源和能力。在确定各级政府财政投入事责的基础上，城乡居保财政投入事责的落实需要财力的保证。公共物品层次理论揭示了城乡居保财政投入事责分担的合理性，而公共服务均等化理论与财政地位均等化理论要求中央政府、省级政府、市级政府与县级政府城乡居保财政投入事责与财力相匹配。考察现行城乡居保财政投入责任分担机制，不论是中央政府和省级政府财政投入责任分担机制，还是地方政府财政投入责任分担机制，均未实现公共服务均等化效果。目前，中央政府和地方政府在城乡居保财政补贴筹资责任方面有着具体的分工，中央政府将各省（区、市）划分为东部地区和中西地区两类，并对两类不同地区采取不同的财政补助方式。《指导意见》规定："中央财政对中西部地区按中央确定的基础养老金标准给予全额补助，对东部地区给予50%的补助。"考虑到我国区域经济发展不平衡的现实，中央政府分别对东部地区和中西部地区采取不同的分担政策，测算结果显示中央政府财政补贴向中西部地区倾斜的初衷和导向是正确的。然而，仅仅根据我国区域经济状况制定"一刀切"式的财政补贴办法显然欠妥，难以发挥中央政府补助实现各省份财力横向均等化的作用。同时，"一刀切"财政补贴办法在某种程度上甚至诱发了新的不公平性，各省份财政负担不均的情况严重。与此同时,地方政府财政投入责任分担机制难以有效实现公共服务的均等化。实际调研结果显示,博弈能力较弱的基层政府财政投入负担往往更重。在我国区域经济水平差异较大的背景下,中央政府和省级政府制定的"一刀切"式的财政投入责任分担机制不仅让政府间财政投入负担陷入不平衡的困境,而且无法实现城乡居保公共服务均等化的效果。因而,扭转现行城乡居保财政投入责任分担机制的困局,实现政府间财政投入事权与财力的匹配是关键措施,促进社会公平是根本目的。实现政府间财政投入事权与财力的匹配需要充分考虑政府辖区内的财政收入、农业人口规模、人均财政收入等一系列客观经济社会指标,通过制定补助计发公式来确定补助金额。本章以政府投入事责为基点,构建了一套新的中央政府—省级政府—市级政府—县级政府财政投入责任分担机制。该财政投入责任分担机制使城乡居保财政投入事责瞄准给付环节,以城镇职工基本养老保险最低标准基础养老金替代率水平为参照来确定基础养老金标准。新的财政投入责任分担机制首先实现全国不同地区基础养老金替代率水平的均等化。其次,各地区基础养老金待遇水平以城乡居民的人均可支配收入为依据,收入较低的地区需要补贴的层级较少,而收入较高的地区需要财政投入的层级较多,真正实现了各层级政府财政投入事责与财力的匹配。最后,新的财政补贴投入责任分担机制切实缓解了贫困地区基层政府财政压力,有效助力贫困地区脱贫攻坚。在新的财政投入责任分担机制框架下,贫困县政府往往无须财政投入,直接降低县级政府财政投入负担对贫困县的脱贫攻坚产生了直接的推动作用。

9.2.4 优化城乡居保财政投入方式

城乡居保财政投入方式直接影响新农保财政投入责任分担机制的运行效率。养老保险财政投入方式主要分为两类:一是财政承担"托底"的角色,当养老保险基金收不抵支时,政府财政补贴基金缺口,保证养老保险基金收支平衡;二是财政作为筹资主体的角色直接对养老保险进行补贴,如在新型农村社会养老保险制度中,财政直接补贴和个人缴费共同进入个人账户。财政投入方式显然属于第二类。城乡居保财政投入主要包括两部分:入口环节补贴和出口环节补贴。入口环节补贴又称个人账户补贴,主要是政府对参保人缴费给予的补贴,补贴标准不低于每人每年30元,财政补贴主要由地方政府负担;出口环节补贴,是政府为符合城乡居民养老保险待遇条件的参保人全额支付基础养老金，财政补贴主要由中央政府负担。对于中西部地区，财政补贴完全由中央政府负担；对于东部地区，中央政府负担一半，另一半由东部地区负担。从理论上来看，现行城乡居保财政投入方式与责任分担机制充分实现了公平与效率的完美结合，主要由中央政府负担的基础养老金面向所有60岁及其以上的城乡老年人，完全由地方政府负担的个人账户财政补贴更多体现了效率，激发参保者多缴多得。现实情况是：完全由政府财政投入的基础养老金尚未实现公平的目标；而个人账户财政投入不仅出现了效率损失，而且违背了社会公平。在城乡居保制度运行过程中，城乡居保地方政府个人账户财政投入是新农保个人账户资金的主要来源，但是地方财政投入激励居民多缴多得的效果不仅没有达到，反而出现逆向补贴，拉大了低档次参保者与高档次缴费标准参保者之间的差距。城乡居保制度参照中国人民银行公布的金融机构人民币一年期存款利率计息，致使个人账户的财政补贴资金持续缩水，资金利用效率非常低。可以说，在现行财政投入方式下，地方政府财政投入资金如同进入"漏桶"，出现效率损失。与此同时，中央政府财政承担的基础养老金难以有效保障城乡老年人的生存需要。中央财政投入支持的基础养老金公平不足，主要是由以下两个方面造成的：一是政府财政事权尚未充分落实。二是中央政府财政投入和地方政府财政投入的分散投资，导致有限的财政投入资金尚未形成合力。可见，目前城乡居保分散的投入方式导致城乡居保财政投入责任分担机制运行效率并不高。华中师范大学城乡统筹发展研究课题组的研究结果显示，城乡居保中财政投入的纯技术效率在逐渐递减，这说明城乡居保中财政投入对于制度运行的完善与结构的优化作用并不明显[①]。这可能与财政投入方式不合理有较大关联。因此，需要优化现行城乡居保财政投入方式，提升财政投入资金的运行质量。完善现行城乡居保财政投入方式的关键在于调整个人账户财政投入政策。现行城乡居保个人账户财政投入补贴资金的激励效应低且出现效率损失，应转变城乡居保财政投入两头补的方式为财政投入资金对准出口，将稀缺的财政补贴全部用于补贴当期的基础养老金，不仅有益于提升基础养老金标准，而且规避了个人账户资源配置的低效问题，财政补贴资金的效率能够有效提高。同时，城乡居保财政投入事责瞄准给付环节也有利于多层次养老保障体制建设。取消个人账户财政补贴后，社会统筹账户形成普惠式的公共养老金制度，个人账户建

---

① "城乡统筹发展研究"课题组. 中国农村公共财政投入现状与需求［J］. 华中师范大学学报（人文社会科学版），2015（5）：1-11.

成个人主导的第三支柱，进而搭建起产权清晰、功能明确的多层次养老保险制度。

9.2.5 构建稳定的财政投入增长机制与资金监管机制

在养老保障领域，政府承担的责任主要包括政策设计责任、执行责任、监管责任和托底责任。稳定的财政投入增长机制是确保城乡居保财政投入责任分担机制保持活力的重要举措；而政府加强对城乡居保财政投入资金的监管，是政府作为城乡居保制度的主导者和公共管理者的内在要求，更是新农保财政投入责任分担机制稳定运行的重要保证。前面提及，城乡居保财政投入事责主要是基础养老金发放。建立稳定的财政投入增长机制主要是确保基础养老金及时发放和足额投入，保障基础养老金能满足基本生存需求。目前，我国尚未建立城乡居保财政投入增长机制，中央政府和地方政府财政投入调整的随意性比较大，不利于农村居民预期的形成。中央政府和地方政府财政投入调整的不规范性，从最低标准基础养老金的调整中可见一斑。2009年城乡居保试点展开，中央政府承担的最低基础养老金标准为每人每月55元。2015年人力资源和社会保障部首次提高基础养老金，将基础养老金标准从每人每月55元提高至每人每月70元。2018年颁布的《关于2018年提高全国城乡居民基本养老保险基础养老金最低标准的通知》再次将基础养老金标准提高了18元，从每人每月70元增至每人每月88元。城乡居保基础养老金调整的频次和调整标准直接折射出城乡居保财政投入增长机制的不规范。城乡居保财政投入调整的时间点和投入增长的幅度并没有相关的依据。地方政府对附加基础养老金和缴费补贴的调整更是一省一策，表现出较强随意性。因而，当前应建立城乡居保财政投入增长机制，确保财政投入城乡居保的规范性和稳定性，增强农村居民对财政投入的预期。合理的城乡居保财政投入机制应以基础养老金的实际购买力为着眼点，以缩小城乡居民养老待遇差距为目标，以让城乡居民共享经济社会发展成果为归宿。政府对新农保制度建设的责任不仅仅是托底，更重要的是承担城乡居保制度发展的责任。目前，相比城镇职工基本养老保险和机关事业单位养老保险，我国城乡居保制度建设仍较为滞后，城乡居保实际待遇水平与农村居民养老诉求仍存在较大的差距。随着人口老龄化的加剧、福利水平的刚性增长，财政投入成为制约新农保制度发展与改革的重要因素。因此，首先，应充分利用城乡居保财政投入增量，尽快形成稳定的财政拨款增长机制，探索建立城乡居保财政投入的长效机制，稳步提升城乡居保财政投入占财政支出的比重。其次，调整财政支出结构。长期以来经济建设支出在财政支出中的比重比较高，而养老、教育、医疗等民生支出占财政支出的比重比较小，这是造成当前民生短板的主要原因。老有所养是乡村振兴战略的重要目标，也是保障民生的关键环节，今后一个时期将新农保财政投入作为各级政府财政安排的优先环节，加以重点支持。调整财政支出结构，有效改变经济建设支出占财政支出比重过高的局面，增收资金优先用于支持制度，提高城乡居保占财政支出的比重，逐步实现民生财政，更加突出公共财政的特征。

随着城乡居保财政投入资金规模的持续增加，加强财政投入资金监管显得越来越重要。目前，城乡居保制度由人力资源和社会保障部负责，人社部门应协同财政部门、审计部门按照范围明确、标准统一、支出规范、用向明确的原则监管和检查城乡居保财政投入资金，建立城乡居保财政投入资金跟踪和绩效反馈机制，以约束政府财政对城乡居保的投入，进而确保城乡居保财政投入资金的筹集、管理、支出符合规范和法制要求，保障城乡居保制度运行的规范性和有效性。与此同时，还要加强城乡居保财政风险的预警和防范。城乡居保财政风险会引发连锁效应，带来不可估量的社会后果，因而，需要尽快构建科学和精准的财政预警体系，防患未然。

参 考 文 献

一、中文著作

［1］丁建定．社会保障制度论：西方的实践与中国的探索［M］．北京：社会科学文献出版社，2016．

［2］郑功成．中国社会保障改革与发展战略［M］．北京：人民出版社，2011．

［3］李珍．基本养老保险制度分析与评估［M］．北京：人民出版社，2013．

［4］林义．统筹城乡社会保障制度建设研究［M］．北京：社会科学文献出版社，2013．

［5］郑功成．中国社会保障发展报告［M］．北京：中国劳动社会保障出版社，2017．

［6］袁志刚．养老保险经济学——解读中国面临的挑战［M］．北京：中信出版集团，2016．

［7］陈共．财政学［M］．北京：中国人民大学出版社，2002．

［8］王玮．地方财政学［M］．北京：北京大学出版社，2013．

［9］丁建定．中国社会保障制度体系完善研究［M］．北京：人民出版社，2013．

［10］储敏伟，章辉．财政学（第四版）［M］．北京：高等教育出版社，2018．

［11］刘晓梅．中国农村社会养老保险理论与实务研究［M］．北京：科学出版社，2010．

［12］海龙．新型农村社会养老保险财政补贴政策研究［M］．北京：经济科学出版社，2016．

［13］丁建定．社会福利思想［M］．武汉：华中科技大学出版社，2009．

［14］郑秉文．中国养老金发展报告2015——"第三支柱"商业养老保险

顶层设计[M].北京：经济管理出版社，2016.

[15] 丁建定.社会保障概论新编[M].北京：中国人民大学出版社，2016.

[16] 王晓洁.城乡居民养老保险财政保障机制研究[M].北京：人民出版社，2016.

[17] 凌文豪.统筹城乡社会养老保障体系建设问题研究[M].北京：中国社会科学出版社，2016.

[18] 米红，杨翠迎.农村社会养老保障制度基础理论框架研究[M].北京：光明日报出版社，2008.

[19] 何平.中国农村养老保险制度改革与发展报告可持续性分析[M].北京：中国经济出版社，2011.

[20] 贝弗里奇.贝弗里奇报告——社会保险和相关服务[M].北京：中国劳动社会保障出版社，2008.

[21] 李珍.社会保障理论（第3版）[M].北京：中国劳动社会保障出版社，2013.

[22] 道格拉斯·诺思.制度、制度变迁与经济绩效[M].杭行译，韦森，译审.上海：上海人民出版社，2015.

[23] 柯卉兵.中国社会保障转移支付制度研究[M].北京：人民出版社，2014.

[24] 莫迪利亚尼，摩拉利达尔.养老金改革反思[M].北京：中国人民大学出版社，2010.

[25] 丁建定.中国养老服务发展研究报告（2018）[M].武汉：华中科技大学出版社，2018.

[26] 曹信邦.新型农村社会养老保险制度构建——基于政府责任的视角[M].北京：经济科学出版社，2012.

[27] 高培勇，崔军.公共部门经济学[M].北京：中国人民大学出版社，2011.

[28] 古拉扎蒂.《计量经济学基础》[M].第4版.北京：中国人民大学出版社，2005.

[29] 古拉扎蒂.经济计量学精要[M].北京：机械工业出版社，2011.

[30] 寇铁军.财政学教程.[M].大连：东北财经大学出版社，2007.

[31] 刘晓梅.中国农村社会养老保险理论与实务研究[M].北京：科学

出版社，2010.

［32］刘昌平，殷宝明，谢婷. 中国新型农村养老保险制度研究［M］. 北京：中国社会科学出版社，2000.

［33］杨刚. 中国农村养老保障制度研究［M］. 北京：北京师范大学出版社，2011.

［34］苑梅. 我国农村社会养老保险制度研究［M］. 大连：东北财经大学出版社，2011：37.

［35］张红梅. 中国农村社会养老保险商业化运作模式研究［M］. 北京：科学出版社，2012.

［36］中华人民共和国财政部社会保障司. 财政视角下的社会保障改革与发展［M］. 北京：中国财政经济出版社，2011.

［37］张敬一，赵新亚. 农村养老保障政策研究［M］. 上海：上海交通大学出版社，2007.

［38］陈振明. 公共政策分析［M］. 北京：中国人民大学出版社，2003.

［39］戴维·L. 韦默. 公共政策分析理论与实践［M］. 刘伟译校. 北京：中国人民大学出版社，2017.

［40］袁志刚，封进. 养老保险经济学：解读中国面临的挑战［M］. 北京：中信出版集团，2016.

［41］陈庆云. 公共政策分析：第 2 版［M］. 北京：北京大学出版社，2011.

［42］张敬一，赵新亚. 农村养老保障政策研究［M］. 上海：上海交通大学出版社，2007：88－91.

［43］李萍，许宏才. 中国政府间财政关系图解［M］. 北京：中国财政经济出版社，2006.

二、中文期刊

［1］郑功成. 中国新型社保制度建设的重要里程碑——论城乡居民养老保险制度的建立与发展［J］，中国社会保障，2016（3）：28－31.

［2］毕红霞，薛兴利. 财政支持农村社保的差异性及其有限责任［J］. 改革，2011（2）：41－48.

［3］潘楠，杨春雷. 农村养老保险财政供给效率探析［J］. 人民论坛，2013（8）：152－153.

［4］张永春，王姣，张立琼，等. "新农保"筹资机制的可持续发展研

究 [J]. 西北大学学报（哲学社会科学版），2014（4）：71-76.

[5] 郭光芝，杨翠迎，冯广刚. 国家新农保制度中政府财政责任的动态评估：基于国际经验的比较分析 [J]. 人口与经济，2014（2）：120-128.

[6] 徐强，张开云. 财政投入责任分担视角下我国"新农保"制度质量优化研究 [J]. 宏观质量研究，2015（2）：71-80.

[7] 张登利，杨斌. 新型农村社会养老保险制度待遇调整的原则及战略选择 [J]. 贵州社会科学，2018（4）：71-76.

[8] 邓大松，方晓梅. 从公共政策的角度看政府在社会保障中的职能 [J]. 经济评论，2001（6）：53-55.

[9] 陈少晖. 农村社会保障：制度缺陷与政府责任 [J]. 福建师范大学学报（哲学社会科学版），2004（4）：35-41.

[10] 李永杰，游炳俊. 论社会保障的政府责任 [J]. 华南师范大学学报（社会科学版），2004（1）：30-35，43-158.

[11] 周志凯，徐子唯，林梦芸. 论城乡居民基本养老保险制度中的财政责任 [J]. 财政研究，2015（1）：20-23.

[12] 毕红霞，薛兴利，焦民赤. 新农保地方财政责任：差异下的选择：基于山东省的实证研究 [J]. 经济与管理评论，2014（5）：149-154.

[13] 杨翠迎，米红. 农村社会养老保险：基于有限财政责任理念的制度安排及政策构想 [J]. 西北农林科技大学学报（社会科学版），2007（3）：1-7.

[14] 刘海英. 城乡居民基本养老保险的财政激励机制研究：基于效率与公平双重价值目标的考量 [J]. 兰州学刊，2016（2）：144-152.

[15] 郭光芝，杨翠迎. 新农保中地方财政补贴责任的区域比较研究 [J]. 人口学刊，2011（4）：75-82.

[16] 郭光芝，杨翠迎，冯广刚. 国家新农保制度中政府财政责任的动态评估：基于国际经验的比较分析 [J]. 人口与经济，2014（2）：120-128.

[17] 杨斌，丁建定. "五维"框架下中国养老保险制度政府财政责任机制改革的环境分析 [J]. 社会保障研究，2015（1）：22-26.

[18] 舒晏丹. 新农保地方财政补贴负担的区域差异研究：基于2010年和2011年新农保试点地区相关数据估算 [J]. 农业科研经济管理，2015（2）：20-27.

[19] 杨斌. 城乡居民养老保险政府财政责任和负担的地区差异 [J]. 西部论坛，2016（1）：108-114.

[20] 杨斌,丁建定. 经济增长视角下城乡居民基本养老保险地方财政责任评估 [J]. 江西财经大学学报, 2016 (3): 37-44.

[21] 汤艳. 河南省"新农保"制度实施中的问题及对策研究: 基于财政负担能力分析 [J]. 河南农业, 2017 (18): 18-19, 22.

[22] 景鹏,陈明俊,胡秋明. 城乡居民基本养老保险的适度待遇与财政负担 [J]. 财政研究, 2018 (10): 66-78.

[23] 王敏,李济博. 我国城乡居民养老保险财政负担的历史嬗变 [J]. 河南财政税务高等专科学校学报, 2017 (4): 1-4.

[24] 杨翠迎,郭光芝,冯广刚. 新型农村社会养老保险的财政责任及其可持续性研究: 基于养老金支出视角的分析 [J]. 社会保障研究, 2013 (1): 85-96.

[25] 周志凯,徐子唯,林梦芸. 论城乡居民基本养老保险制度中的财政责任 [J]. 财政研究, 2015 (1): 20-23

[26] 朱梅,唐丹. 农村社会保障中地方政府财政责任的内涵: 基于社会治理的视角 [J]. 农村经济与科技, 2015 (5): 174-175, 190.

[27] 陆淑平. 论城乡居民基本养老保险政府财政责任和负担的地区差异 [J]. 中国集体经济, 2017 (28): 125-126.

[28] 高萍,刘崇涛. 城乡居民基础养老金财政补贴政策优化研究 [J]. 海南大学学报 (人文社会科学版), 2018 (5): 86-94.

[29] 邓大松,仙蜜花. 新的城乡居民基本养老保险制度实施面临的问题及对策 [J]. 经济纵横, 2015 (9): 8-12.

[30] 刘柳. 政府责任对农民参与新型农村社会养老保险的影响: 基于2013年四省调查的实证研究 [J]. 贵州社会科学, 2015 (9): 108-113.

[31] 尹海燕. 我国新农保差异化财政补贴政策研究 [J]. 呼伦贝尔学院学报, 2015 (4): 8-12, 46.

[32] 郭婷. 城乡居民基本养老保险中央财政补贴政策探讨: 基于公平视角 [J]. 财政监督, 2016 (14): 65-70.

[33] 张慧芳,雷咸胜. 精准扶贫背景下新农保财政补贴机制的优化设计 [J]. 税务与经济, 2017 (1): 25-29.

[34] 王雯. 城乡居民基本养老保险财政补贴机制研究 [J]. 社会保障研究, 2017 (5): 3-13.

[35] 王敏. 城乡居民基本养老保险财政补贴政策研究 [J]. 中央财经大

学学报,2017(12):12-21.

[36] 林芬. 城乡居民基本养老保险财政补贴机制探究[J]. 劳动保障世界,2018(15):16.

[37] 史征征. 新农保地方财政补贴方式探讨[J]. 经贸实践,2018(15):178,180.

[38] 杨娅. 城乡居民基本养老保险待遇水平确定及缴费机制探讨[J]. 学术探索,2018(6):53-61.

[39] 王晓洁. 新型农村养老保险制度中财政补贴对农民缴费能力影响分析:基于2010年河北省37个试点县数据的考察[J]. 财贸经济,2012(11):29-36.

[40] 郑秉文. 居民养老保险制度再思考[J]. 中国人力资源社会保障,2014(4):26-27.

[41] 王晓洁,王丽. 农村新型养老保险"全覆盖"中财政补贴的激励效应分析[J]. 经济研究参考,2015(15):4-7.

[42] 郑军,朱甜甜. 政府财政补贴与社会效果:新农保制度的绩效评估:以西藏自治区为例[J]. 西藏大学学报(社会科学版),2015(1):17-24.

[43] 宋元梁,郑亚楠. 陕西农村居民社会养老保险财政支持研究[J]. 农村经济与科技,2017(7):222-226.

[44] 刘海宁. 契合收益公平期望的城乡居民基本养老保险财政补贴研究:以辽宁省沈阳市方案为例[J]. 辽宁大学学报(哲学社会科学版),2018(1):79-87.

[45] 郭光芝,杨翠迎,冯广刚. 国家新农保制度中政府财政责任的动态评估:基于国际经验的比较分析[J]. 人口与经济,2014(2):120-128.

[46] 郭光芝,杨翠迎. 新农保中地方财政补贴责任的区域比较研究[J]. 人口学刊,2011(4):75-82.

[47] 李琼,汪慧. 统一的城乡居民基本养老保险筹资机制构建研究[J]. 甘肃社会科学,2015(2):100-103.

[48] 徐强,张开云. 财政投入责任分担视角下我国新农保制度质量优化研究[J]. 宏观质量研究,2015(2):71-80.

[49] 赵建国,海龙. 我国新农保财政补贴筹资责任分担机制研究:基于公共服务横向均等化的视角[J]. 宏观经济研究,2014(7):10-20,57.

[50] 李迎生. 论我国农民养老保障制度改革的基本目标与现阶段的政策

选择 [J]. 社会学研究, 2001 (5): 105-116.

[51] 曹信邦. 农村社会养老保险政府责任供给机制的构建 [J]. 社会保障研究, 2012 (1): 92-106.

[52] 刘海英, 梅琳. 公共财政视角下农村社会养老保险制度变迁研究 [J]. 社会保障研究, 2015 (6): 3-14.

[53] 吴连霞, 吕学静. 新老农保制度成败原因之对比 [J]. 山东工商学院学报, 2012 (2): 86-91.

[54] 杨斌, 丁建定. "五维"框架下中国养老保险制度财政责任机制改革的环境分析 [J]. 社会保障研究, 2015 (1): 22-26.

[55] 马孟琛. 习近平民生思想对社会保障的指导探究 [J]. 劳动保障世界, 2019 (11): 27-28.

[56] 袁妙彧. 新农保试点中的制度认知与制度推介: 基于湖北省10个行政村的调查 [J]. 理论月刊, 2013 (2): 164-167.

[57] 潘林, 郑毅. 农民对新农保政策的认知问题研究: 基于安徽省四县的问卷调查 [J]. 兰州学刊, 2013 (9): 198-202.

[58] 陈荣卓, 颜慧娟. 农民眼中的"新农保": 认知、意愿与评价: 基于湖北省4县763位农民的调查 [J]. 华中农业大学学报 (社会科学版), 2013 (2): 53-58.

[59] 邓道才, 蒋智陶. 知沟效应、政策认知与新农保最低档次缴费困境: 基于安徽调查数据的实证分析 [J]. 江西财经大学学报, 2014 (1): 90-97.

[60] 胡绍雨, 申曙光. 农民参加新型农村社会养老保险制度的影响因素研究: 基于Logistic回归模型和WLS修正分析 [J]. 经济与管理评论, 2016 (2): 22-28.

[61] 方菲, 龙霏. 农民对新农保制度实施效果评价研究 [J]. 学习与实践, 2018 (7): 119-126.

[62] 姚俊. 经济理性、外部激励与新农保缴费档次变动 [J]. 人口与经济, 2018 (2): 114-121.

[63] 方菲, 胡勋峰. 主体认知、理性自觉与农民对新农保满意度关系研究: 基于湖北省3个村庄调查数据的Logistic回归分析 [J]. 西北人口, 2018 (3): 100-108.

[64] 徐晓君, 薛兴利. 农民参加城乡居民基本养老保险缴费水平影响因素分析: 基于山东省莒南县的调查 [J]. 新疆农垦经济, 2016 (8): 82-88.

[65] 沈云帆. 影响农村居民养老保险参保的因素分析: 以江西省 Y 区为例 [J]. 农村经济与科技, 2016 (13): 202-204.

[66] 邓大松, 李玉娇. 制度信任、政策认知与新农保个人账户缴费档次选择困境: 基于 Ordered Probit 模型的估计 [J]. 农村经济, 2014 (8): 77-83.

[67] 孙慧波, 赵霞. 区域差异、感知价值与"新农保"满意度 [J]. 哈尔滨工业大学学报 (社会科学版), 2016 (4): 129-135.

[68] 邵文娟, 袁泉. 新农保经办机构服务满意度研究 [J]. 中外企业家, 2018 (21): 217.

[69] 衡元元. 新农保基础养老金的满意度及影响因素分析: 基于河南省 D 村的实证调查 [J]. 河南机电高等专科学校学报, 2017 (3): 35-40.

[70] 周晓艳. 新农保参保农民满意度测评研究 [J]. 企业技术开发, 2013 (31): 93-95.

[71] 薛惠元, 曹立前. 农户视角下的新农保政策效果及其影响因素分析: 基于湖北省 605 份问卷的调查分析 [J]. 保险研究, 2012 (6): 119-127.

[72] 柳清瑞, 闫琳琳. 新农保的政策满意度及影响因素分析: 基于 20 省市农户的问卷调查 [J]. 辽宁大学学报 (哲学社会科学版), 2012 (3): 66-73.

[73] 肖云, 刘培森. 新型农村社会养老保险满意度影响因素分析 [J]. 经济体制改革, 2011 (5): 66-70.

[74] 方菲, 胡勋峰. 主体认知、理性自觉与农民对新农保满意度关系研究: 基于湖北省 3 个村庄调查数据的 Logistic 回归分析 [J]. 西北人口, 2018 (3): 100-108.

[75] 刘西国, 刘晓慧. 基于断点回归法的"新农保"主观福利效应检验 [J]. 统计与信息论坛, 2017 (5): 90-95.

[76] 成志刚, 曹平. 新型农村社会养老保险满意度研究 [J]. 湘潭大学学报 (哲学社会科学版), 2014 (5): 35-41.

[77] 黎瑞, 苏保忠. 农民对新型农村养老保险满意度分析: 基于河北省 3 个县的调研 [J]. 调研世界, 2014 (1): 39-42.

[78] 周新发, 白薇. 张博洋. 基于 Logistic 模型的新型农村养老保险制度满意度实证研究 [J]. 经济视角 (下), 2013 (1): 80-83, 97.

[79] 崔萍. 政府政策对新型农村社会养老保险的制约与攻略 [J]. 知识经济, 2010 (8): 69.

[80] 赵建国，海龙．我国新农保财政补贴筹资责任分担机制研究［J］．宏观经济研究，2014（7）：10-20，57．

[81] 杨燕绥，杨娟．论社会保障公共服务［J］．社会保障研究，2009（1）：14-16．

[82] 刘影春．农村社会养老保险制度建设的国际经验及启示［D］．华中师范大学，2013：46．

[83] 田秋影．我国农民养老保障问题研究［D］．燕山大学，2009．

[84] 段盼盼．东欧国家养老金制度改革研究［D］．东华大学，2017．

[85] 邵爽．非缴费型养老保障计划运行机制的比较研究［D］．西南财经大学，2012．

[86] 方中书．国外三种农村养老保险制度的解析与启示［J］．农村工作通讯，2018（6）：57-59．

[87] 黄玉君，鲁伟．国外农村社会养老保险发展及对我国的启示［J］．求实，2016（6）：87-96．

[88] 曹信邦，李静琪．国外农村社会养老保险政府责任模式比较及启示［J］．劳动保障世界（理论版），2011（9）：4-8．

[89] 宫晓霞，崔华泰，王洋．财政支持农村社会养老保险制度可持续发展：国外经验及其启示［J］．经济社会体制比较，2015（2）：44-52．

[90] 张国艳．国外农村社会养老保险制度建设经验与启示［J］．人民论坛，2014（20）：247-249．

[91] 霍改霞．国外农村社会养老保险制度分析与借鉴［J］．科技信息，2013（4）：23-24．

[92] 董大敏．国外农村社会养老保险模式及其对我国新农保试点的启示［J］．商业经济，2011（22）：11-12，120．

[93] 李轩红．国外农村养老保险制度对我国的启示［J］．东岳论丛，2010（12）：163-165．

[94] 桂丽．国外农村社会养老保险的基本经验及借鉴［J］．全国商情（理论研究），2010（23）：95-96．

[95] 钟莹．国外农村养老保险制度的比较研究及对我国的借鉴［J］．农村经济与科技，2010，21（5）：75-76．

[96] 董理，李卢霞．借鉴国外经验完善新型农村社会养老保险体系［J］．现代经济探讨，2009（11）：88-92．

[97] 朱立志，方静．德国农民的权益保障体系 [J]．中国农村经济，2005（3）：75-80．

[98] 瞿艳，唐亚武．波兰养老保险制度改革对中国的启示 [J]．科技创业月刊，2011（12）：103-105．

[99] 赵振华，波兰．爱尔兰农村养老保险制度略览 [J]．天津社会保险，2009（2）：50-52．

[100] 刘媛媛．转型时期中东欧国家多支柱养老体系改革研究 [D]．辽宁大学，2013．

[101] 杨丽莎．农村社会养老保险制度国际比较及借鉴 [D]．河北经贸大学，2013．

[102] 苏莉娅，韩国丽，郭伟世．日本农村社会养老保险制度及对我国的启示 [J]．现代经济信息，2014（17）：101-102．

[103] 余瑞萍．政府主导型农村养老模式：日本的经验与教训 [J]．世界农业，2018（3）：43-49．

[104] 冯兰．日本农村养老保险对我国的启示：基于政府责任的视角 [J]．劳动保障世界（理论版），2012（12）：94-96．

[105] 严运楼，严宇珺．印度人口老龄化及养老保险制度改革策略研究 [J]．人口与社会，2018（6）：89-96．

[106] 林怀玉．国外农村社会保障制度经验借鉴 [J]．农村工作通讯，2013（4）：60-62．

[107] 张文镝．简论印度农村的社会保障制度 [J]．当代世界与社会主义，2008（6）：184-187．

[108] 白维军．巴西农村公共养老金计划及对我国新农保的借鉴意义 [J]．科学社会主义，2010（4）：146-149．

[109] 邓丰昌．南非的社会保障与减贫 [J]．老区建设，2014（11）：55-58．

[110] 白帅男．金砖国家财政社会保障支出比较：以巴西、南非和中国为例 [J]．劳动保障世界，2018（11）：23．

[111] 唐俊．毛里求斯多支柱养老金体系探析 [J]．西亚非洲，2009（9）：20-24．

[112] 林治芬，魏雨晨．中央和地方社会保障支出责任划分中外比较 [J]．中国行政管理，2015（1）：34-38．

[113] 林义, 林熙. 国外农村社会保障制度改革的新探索及其启示 [J]. 国家行政学院学报, 2010 (4): 111-116.

[114] "城乡统筹发展研究"课题组. 中国农村公共财政投入现状与需求 [J]. 华中师范大学学报 (人文社会科学版), 2015 (5): 1-11.

[115] 柯卉兵. 社会保障转移支付制度的基本原则 [J]. 中国社会保障, 2011 (11): 32-33.

[116] 柯卉兵. 加拿大政府间社会保障转移支付制度研究 [J]. 社会保障研究, 2015 (2): 71-84.

[117] 柯卉兵. "投入—产出"视角下的社保服务均等化 [J]. 中国社会保障, 2016 (6): 33-34.

[118] 丁煜. 新型农村社会养老保险制度的缺陷与完善 [J]. 厦门大学学报 (哲学社会科学版), 2011 (3): 32-40.

[119] 姚槿曦. 加大公共财政投入实现农村养老保险基本公共服务均等化: 以广州市农村养老保险制度变迁为例 [J]. 特区经济, 2013 (11): 119-122.

[120] 朱火云、胡翰潮. 地方政府城乡居民养老保险财政负担与分担: 基于浙江省温州市的研究 [A]. 全面深化改革: 战略思考与路径选择: 北大赛瑟 (CCISSR) 论坛文集·2014.

[121] 王敏. 城乡居民基本养老保险财政补贴政策研究 [J]. 中央财经大学学报, 2017 (12): 12-21.

[122] 何晖, 殷宝明. "新农保"基础养老金计发办法与筹资机制研究 [J]. 中国软科学, 2012 (12): 68-77.

[123] 李珍, 王海东, 王平. 中国农村老年收入保障制度研究 [J]. 武汉大学学报 (哲学社会科学版), 2010 (5): 679-687.

[124] 李珍, 王海东, 王平. 中国农村老年收入保障制度研究 [J]. 武汉大学学报 (哲学社会科学版), 2010 (5): 679-687.

[125] 赵建国, 海龙. "逆向选择"困局与"新农保"财政补贴激励机制设计 [J]. 农业经济问题, 2013 (9): 78-84, 111.

[126] 王雯. 城乡居民基本养老保险财政补贴机制研究 [J]. 社会保障研究, 2017 (5): 3-13.

[127] 沈在春. 直击新农保三"软肋" [J]. 中国人力资源社会保障, 2010 (5): 35-36.

[128] 李珍, 王海东, 王平. 中国农村老年收入保障制度研究 [J]. 武

汉大学学报（哲学社会科学版），2010（5）：679-687.

[129] 董克用，施文凯. 从个人账户到个人养老金：城乡居民基本养老保险结构性改革再思考 [J]. 社会保障研究，2019（1）：3-12.

[130] 王雯. 城乡居民基本养老保险财政补贴机制研究 [J]. 社会保障研究，2017（5）：3-13.

[131] 海龙. 我国农村居民基础养老金的属性：困境及优化方略 [J]. 宏观经济研究，2016（8）：49-55.

[132] 刘洋. 我国企业职工基本养老保险制度养老金替代率水平研究 [J]. 云南师范大学学报（哲学社会科学版），2017（2）：89-94.

[133] 何晖，殷宝明. "新农保"基础养老金计发办法与筹资机制研究 [J]. 中国软科学，2012（12）：68-77.

[134] 刘尚希，邢丽. 从县乡财政困难看政府间财政关系改革：以西安贫困县为例 [J]. 地方财政研究，2006（3）：13-17.

[135] 王国清，吕伟. 事权、财权、财力的界定及相互关系 [J]. 财经科学，2000（4）：22-25.

[136] 周志凯，徐子唯，林梦芸. 论城乡居民基本养老保险制度中的财政责任 [J]. 财政研究，2015（1）：20-23.

[137] 杨斌，丁建定. 经济增长视角下城乡居民基本养老保险地方财政责任评估 [J]. 江西财经大学学报，2016（3）：37-44，131.

[138] 马万里. 政府间事权与支出责任划分：逻辑进路、体制保障与法治匹配 [J]. 当代财经，2018（2）：26-35.

[139] 马海涛，任强. 中国中央对地方财政转移支付的问题与对策 [J]. 华中师范大学学报（人文社会科学版），2015（6）：43-49.

三、外文文献

[1] ADB. Old-Age Pensions for the Rural Areas: From Land Reform to Globalization, Asia Development Bank, Manila. 2000.

[2] ADB. Technical Assitance to People's Republic of China: Rural Pension Reform Asia Development Bank, Manila. 2009.

[3] World Bank. China's Pension System: A Vision. 2013.

[4] Herd Richard, Yu-Wei Hu, Vincent Koen. Providing Greater Old-age Security in China. OECD Working Paper. http://www.oecd.org/china/economic survey of china 2010 providing greater old-age security.htm. 2010.

[5] Shen C, Williamson J. B. , China's New Rural Pension Scheme: Can it be Improved?" *International Journal of Social Welfare*, Vol. 14, 2005.

[6] Help Age International, New Pension Insurance in Rural China Benefits Older People, 2008.

[7] Shen C, How to improve New Pension Insurance in Rural China, *World Development*, Vol. 35, No. 1, 2010.

[8] P. J. Tichenor, G. A. Donohue, C. N. Olien. Mass Media Flow and Differential Growth in Knowledge [J]. *The Public Opinion Quarterly*, 1970.

[9] Tiebout, Charles. A Pure Theory of Public Sector. *Journal of Public Economy*, 1956.

[10] Gilbert Neil. Transformation of the Welfare State. New York: Oxford University Press, 2002.

[11] Pension Schemes for the Self – Employed in OECD Countries. OECD Social, *Employment and Migration Working Papers*, No. 84, 2009.

[12] Rosen, H. S. . Public Finance: 6th Edition. NewYork: McGraw – Hill/Irwin, 2001.

[13] Harvey, S. Rosen, Ted Gayer. Public Finance: 8th Edition. NewYork: McGraw – Hill, 2008.

[14] M. Olson. The Principle of Fiscal Equivalence [J]. *American Economic Review*, 1969.

[15] Ding S, Chen C. Rural Old – age Security in Economic Transition in China, Beijing, Chinese Financial Economics Publishing House. 2005.

[16] Johnson, J. K. M. , Willamson, J. B. . Do Universal Non – contribution Old – age Pensions Make Sense for Rural Areas in Low – income Nations [J]. *International Social Security Review*. Vol. 59, 2006.

[17] Purohit, B. C. . Policymaking for Diversity among the Aged in India [J]. *Journal of Aging and Social Policy*, Vol. 15, No. 4, 2003.

[18] Willamson, J. B. . Assessing the Pension Reform Potential of Notional Defined Contribution Pillar [J]. *International Social Security Review*. Vol. 57. No. 1, 2004: 47 – 64.

[19] Tito Boeri. Agar Brugiavini. Pension Reform and Women Retirement Plans [J]. *Journal of Population Aging*, Vol. 1, No. 1, 2008.

[20] A. Charnes, W. W. Cooper. Measuring on the Efficiency of Decision Making Units [J]. *European Journal of Operrational Research*, No. 4, 1979.

[21] Briller, Sherylyn Hope. Whom can I Count on Today? Contextualizing the Balance of Family and Government Old Age Support for Rural Pensioners in Mongolia, Case Western Reserve University, PHD, 2000.

[22] Ellen Kirner. Problems of Providing Income Security in Old Age can not be Solved Merely by Changing the Mode of Financing. Economic Bulletin, September 14, 2000.

[23] Help Age International. New Pension Insurance in Rural China Benefits Older People. Retrievedfrom: http://www.globalaging.org/pension/world/2008/insurance.htm, 2008.

[24] Luis Frota. Social Insurance for Aging Rural Households: A Comparative Perspective http://www.worldbank.org/eapsocial/asemsocial/files/Social Insurance.pdf, 2001.

[25] Poland Report. Labor Market and Social Security, 2003.

[26] Robert Holzmann. Social Protection of the Rural Population: The Need to Think outside the box. The World Bank Report, 2004.

[27] Smuelson, P. A.. The Pure Theory of Public Expenditures [J]. *The Review of Ecnomics and Statistics*, No. 36, 1954.

[28] Van Ginneken. Extengding Social Security: Policy for Developing Countries, ESS Paper, ILO, Geneva, No. 13, 2003.

[29] World Bank. Averting the Old Age Crisis, Oxford University Press, 1994.

[30] Mehdi Ben Braham. Structual Pension Reform: The Chilean Experience, Indiana State University Working Paper. WP20, October, 2007.

[31] Fultz E. Pension Privation in the Baltic States: Expectations and Early Experiences [J]. *European Journal of Social Security*, No. 8, 2006.

后　　记

本书是我主持的国家社科基金项目"新农保财政投入责任分担机制研究"（项目号：2015CSH043）的最终成果。党的十九大报告提出："按照兜底线、建机制的要求，全面建成覆盖全民、城乡统筹、权责清晰、保障适度、可持续的多层次社会保障体系。"构建覆盖全民的基本养老保障的难点和重点是如何尽快为广大农村居民和城镇灵活就业人员建立基本养老保险制度。2009年以来，我国相继推行了覆盖农村居民的新农保制度和覆盖城镇非从业居民的城镇居保制度。2014年新农保制度和城镇居保制度并轨为统一的城乡居民基本养老保险制度，这标志着我国覆盖全民的基本养老保险制度的确立。城乡居保制度的最大创新之处在于政府作为筹资主体直接给予财政补贴，这是有别于城镇职工基本养老保险和"老农保"的典型特征。目前，城乡居保财政补贴由多级政府共同分担。因而，研究城乡居保财政投入责任分担机制对实现城乡居保制度高质量发展具有重要的理论和现实意义。

感谢河南师范大学学术出版基金、河南省社会工作与社会治理软科学研究基地、河南师范大学青少年问题研究中心、河南省社会学重点学科的联合资助；感谢项目组成员的辛勤付出，特别感谢河南科技学院尹海燕老师、钱江、高珊、李丹、封苗慧、陈秋雨等在项目调研和文稿校对方面倾注了大量的时间和精力；感谢本书注释和文献引用的学者们，如果离开前人的成果支持，是无法顺利完成项目的；也感谢家人的无私付出，家人的期待和付出更是我前进的动力。

最后感谢中国财政经济出版社胡博编辑细致、周到的安排，让本书更加完善。